· 智慧供应链创新管理系

U0597939

采购和供应链
全流程控制与运营管理

采购成本控制+供应商管理+库存管理
+物流管理+绩效管理+风险控制

李文发◎著

人民邮电出版社
北京

图书在版编目（CIP）数据

采购和供应链全流程控制与运营管理 ：采购成本控制+供应商管理+库存管理+物流管理+绩效管理+风险控制 / 李文发著. -- 北京 ：人民邮电出版社，2020.11
　（智慧供应链创新管理系列）
　ISBN 978-7-115-54911-2

Ⅰ．①采… Ⅱ．①李… Ⅲ．①采购管理－研究②供应链管理－研究 Ⅳ．①F25

中国版本图书馆CIP数据核字(2020)第179317号

内 容 提 要

　　当下企业的竞争不再仅是企业之间的竞争，更是供应链之间的竞争。企业要想在激烈的市场竞争中赢得一席之地，供应链的运营与管理必不可少。本书立足于供应链全流程各个节点的控制与管理，讲述了进行供应链管理变革的必要性、供应链管理的基础及核心竞争要素、做需求预测与计划管理的方法、采购成本控制策略、精益化成本降低策略、供应商管理的策略、库存控制及物流信息技术和工具、供应链管理的技术应用、供应链从业者管理、供应链成本控制、供应链绩效管理，以及供应链风险控制等具体内容。

　　本书内容丰富，适合供应链从业者学习使用。

◆ 著　　　　　李文发
　　责任编辑　李士振
　　责任印制　周昇亮

◆ 人民邮电出版社出版发行　　北京市丰台区成寿寺路 11 号
　　邮编　100164　　电子邮件　315@ptpress.com.cn
　　网址　https://www.ptpress.com.cn
　　北京捷迅佳彩印刷有限公司印刷

◆ 开本：720×960　1/16
　　印张：20　　　　　　　　　　2020 年 11 月第 1 版
　　字数：357 千字　　　　　　　2025 年 3 月北京第 21 次印刷

定价：79.80 元

读者服务热线：(010)81055296　印装质量热线：(010)81055316
反盗版热线：(010)81055315

在这个全球化、信息化、智能化的时代，面对复杂多变的竞争环境，越来越多的企业管理者开始感到茫然；面对"新零售""新物流"等概念，或是各种管理理论，企业管理者会更加手足无措。

很多企业都曾遇到过这样一种情况：当对某一传统竞争对手使出浑身解数时，却突然迎来其他行业"大佬"的入局，这导致行业形势顷刻间发生变化，企业原有的竞争优势瞬间崩塌。

内外环境的不确定性、竞争对手和竞争策略的层出不穷，甚至其他行业龙头企业的降维打击，都使企业的生存发展愈发困难。

几乎每位企业管理者都在寻找新时代的出路，但出路又在何方？新时代的竞争，不再仅仅是企业之间的竞争，供应链之间的竞争突显。当市场竞争的主体不再是单一企业时，企业要想在激烈的市场竞争中赢得一席之地，就必须整合整条供应链的力量，从采购、物流到生产、销售，实现供应链全流程的控制与运营管理。

"适者生存，不适者被淘汰"是全球各行业企业共同遵循的市场基本法则。而要适应新时代的竞争环境，一个完善的供应链管理体制必不可少。只有如此，供应链才能实现协同作战，并对市场变化快速做出反应，在准确预测并满足市场需求的同时，实现全流程的降本增效。

然而，供应链管理涉及上下游等多个企业，又覆盖了物流链、信息链、资金链、增值链等多个链条，而且需要需求预测与计划、精益化成本管理以及从业者素质和能力作为支撑……如何对如此多的供应链管理要素进行整合优化，进而推动供应链竞争力的整体提升？这样的问题萦绕在每一位企业管理者的头脑中，大家都在追寻其中的答案，而这正是本书的创作初衷。

本书立足于供应链全流程各个节点的控制与管理，对供应链管理的概念进行分解，在梳理整个供应链管理流程的同时，针对各种成本控制、供应商管理、库存管理、物流管理、绩效管理、风险控制等要点进行深入剖析，并对常用的供应链管理工具进行阐述，结合丰富的图表、案例，全面且逐步深入地描绘出一幅完整的供应链管理蓝图。

本书适合生产企业管理者，零售电商创业者、从业者，新形势下直播电商供应链从业者，供应链相关领域从业者，以及供应链研究者与爱好者等学习和使用。希望读者能够通过阅读本书对供应链管理形成全面、深刻的认知，并结合企业自身的特点，量体裁衣，制定出适合自己的供应链管理策略。

编者

目录

第 3 章　供应链下的需求预测与计划管理

第4章　供应链下的战略采购与采购成本控制策略

第 5 章 供应链下的精益化成本降低策略

第 8 章 供应链管理的五大技术工具及应用

第9章 供应链从业者的态度转变及职业化工作

第 10 章　供应链成本控制体制的建立和考核

第 11 章　供应链环境下的绩效管理

第 12 章　供应链风险的识别、分析与防控

第1章

智能时代：
企业为什么必须进行供应链变革

　　"适者生存，不适者淘汰"是全球各行业企业共同遵循的市场基本法则。智能时代已经到来，随着全球化、信息化的不断变化与发展，固守传统模式而不愿变革的企业，将愈发深刻地体验到时代革新带来的束缚。此时，供应链变革成为一种必然，而要在供应链变革的过程中实现超越，企业要明确地了解现代企业供应链管理系统的发展趋势。

1.1 供应链管理变革的必要性

智能时代的竞争不再仅仅是企业之间的竞争，供应链之间的竞争突显。如果企业仍未进行供应链管理变革，那么就不可能在供应链运营上具备竞争优势。

1.1.1 企业竞争环境剧烈变化的需求

在这个全球化、信息化、智能化的时代，企业面临的内外环境的不确定性增多，无论是市场、资源，还是客户群体、企业文化等竞争要素，都与过去截然不同。身处这样的竞争环境，企业的竞争对手及其竞争策略同样层出不穷，这让很多企业管理者眼花缭乱、手足无措。

深究当今企业的竞争环境，几乎每个竞争要素都在发生剧烈变化。具体来看，当今的企业竞争环境呈现出以下特点。

1. 产品的寿命周期不断缩短

市场上的每件产品都有其寿命周期，都要经历从开发、引进到成长、成熟，直至衰退、被淘汰的过程。在不同市场环境下的不同产品，其寿命周期也有所区别。

但在智能时代下，大多数产品的寿命周期都在加速缩短。这是因为消费者对产品的性能需求及样式需求不断变化。在大多数企业看来，如今的消费者似乎特别"喜新厌旧"，就如手机行业里迅速更替的技术热点：从 4G 到 5G，从有线快充到无线充电再到无线快充，数码相机的像素从 1 000 万到 1 亿……

2. 交货期不断缩短

基于产品寿命周期的不断缩短，供应链对交货期的要求也更高。在有限的产品寿命周期内，企业必须循序将产品推入市场，并快速销售，避免产品的销售窗口期因交货期而缩短。

交货期的不断缩短集中体现在企业的物流仓储环节。在新零售时代，很多线下门店演变为"体验店"，销售几乎都已转移到线上。在这种市场背景下，"新物流"也随之而生，各类第三方物流公司不断发展，"前店后仓"、通达"最后一公里"等的模式愈发完善——交货期的不断缩短因此有了相应的物流能力作为支撑。

3. 产品质量不断提高

虽然产品的寿命周期不断缩短，但消费者对产品的质量要求却不断提高：一方面，性价比已经成为消费者进行消费决策的重要依据，产品质量也成为市场竞争的基本要素；另一方面，"质量"的含义不断丰富，不再局限于产品的硬件质量，还包括产品的"软件"质量，如品牌定位、企业文化等。

4. 成本不断降低

"价格战"始终是企业竞争的重要手段，而支撑企业在"价格战"中胜利或存续的关键则是成本。没有企业可以一直"赔本赚吆喝"，而在原料、人工、场地等要素成本持续增加的今天，企业也必将面临更大的成本压力。

当原料、人工等要素成本无法有效控制时，越来越多的企业发现，供应链协同成本以及企业采购成本、库存成本的有效控制，能带来更好的成本控制效果。但要实现这一目标，离不开有效的供应链管理，这又要求企业进一步提升供应链全流程控制与运营管理的能力。

5. 服务不断改进

谁能为消费者提供更好的服务，谁就能持续获得消费者，并真正"黏住"消费者。在同质化竞争愈发激烈的当下，当市场上的竞品大致相同时，改进服务则成为企业竞争的必然选择。同样以手机行业为例，虽然大部分国产手机的性能已经能够与苹果手机相媲美，但 iOS 系统的服务却仍然能够吸引大批"果粉"。

6. 市场反应速度不断提高

信息时代的信息爆炸以及技术更新，使得消费者能够在短时间内接收大量新信息，也使企业能够应用各类新技术。在需求与技术的碰撞中，企业就必须不断提高市场反应速度，对消费者的新需求快速做出反应，并寻找新技术的应用场景，抢占新需求、新技术催生出的新市场，这需要所有供应链伙伴的配合才能实现。

7. 弹性不断提高

无论是缩短产品寿命周期，还是缩短交货期、降低成本、提高市场反应速度，在应对这些剧烈变化的企业竞争环境时，企业必须建立起弹性思维，对供应链各个节点的信息进行整合，并实现关联与重建，从而发现真正的潜在需求，融入真正打动人心的"黑科技"，在市场竞争中实现快速反应、即时采购、快速生产和精准营销。

毋庸置疑，智能时代的市场竞争领域不断拓展、市场竞争的深度不断加深、竞争速度也不断提高。企业想要在剧烈变化的企业竞争环境中灵活应对，就离不开有效的供应链管理，而这又需要企业结合自身特点来量体裁衣，制定出适合自己的供应链运营战略。

1.1.2 传统企业运营面临的九大问题

从各个方面来看，在剧烈变化的企业竞争环境下，有效的供应链管理已经成为企业存续和破局的关键。但长期以来，在社会经济的快速发展中，传统企业大多着眼于眼前收益，而非供应链竞争力的整体提升。

在这种情况下，供应链各节点不仅无法协同发展，很多供应链的上下游企业之间更是形成一种恶性的对抗关系，上游要求下游压货、下游拖延上游账期……传统企业运营的种种问题，都在阻碍企业的供应链管理变革。传统企业运营的问题表现在以下几个方面。

1. 企业经营系统存在设计缺陷

在设计企业经营系统之初，很多传统企业没有考虑到供应链的影响。事实上，在一些传统企业眼中，不仅同行是竞争者，供应链上下游企业也是竞争者。因此，传统企业的经营系统表现出典型的对抗性。而在供应链管理变革成为必然的当下，这样一套系统也阻碍了企业与供应链中其他企业的有效对接和协同发展。

2. 供、产、销系统没有形成"链"

在社会经济的快速发展中，很多产业的企业都呈现出"小、散、乱"的特征，无论是供应、生产还是销售企业，大多都处于各自为战的状态。以生产企业为例，企业可能拥有大量的供应渠道或销售渠道，但都未建立起深入的合作关系，而只是一般的采销关系，这就难以真正构建起一条完整的链条，更难以实现供应链全流程的控制与运营管理。

3. 存在部门主义障碍

从传统企业内部来看，部门主义的障碍也极为明显：供应商就归采购部门管，销售就归销售部门管，其他部门对此则漠不关心。然而，正如供应链管理需要供、产、销各系统的协同运营，企业内部各部门之间同样需要充分交流，关注整体利益，而非某一部门或某一岗位的利益。

4. 信息系统落后

智能时代的竞争环境变化离不开各种智能技术的广泛应用。即使企业建立起新时代所需的弹性思维，但如果缺乏相应的技术手段，企业也难以及时挖掘需求并做出相应的反应。但目前来看，很多企业的信息系统仍然十分落后，未能形成完善的信息化管理体系，企业的信息处理不准确、不及时，不同地域的数据也没有集成。

5. 库存管理系统满足不了供应链管理的要求

供应链管理的一个核心环节就是库存管理。对企业经营来说，"库存是万恶之源"，库存不仅无法给企业带来利润，还会消耗仓储等各种成本，而库存占用的资金和场地也会减少企业的发展机会。要提高整条供应链的库存管理效率，企业就要进一步完善库存管理系统，并与供应链上下游进行有效对接。

6. 缺乏有效的评价与激励机制

无论是供应链管理变革，还是企业运营，最终都要落实到供应链中的每个员工身上，但很多传统企业忽视对员工工作评价与激励机制的完善：如果销售部门只考核短期业绩指标，那就可能出现不顾客户服务的短视行为；如果物流部门只考核交付期，那就可能忽视市场效应能力的提升；如果采购部门只考核物料成本管理指标，那就不会在供应链管理上投入更多精力。

7. 系统协调性差

供应链全流程的控制与运营必然需要各环节的系统协调。然而，在很多传统企业尚未完成自身管理系统建设的当下，供、产、销各环节之间的系统协调就更显不足，这也使得供应链的合作效率处于较低水平。

8. 没有建立对不确定性变化的跟踪与管理系统

企业的竞争环境正在发生剧烈变化，任何企业的"三年计划"都可能在实施的第二年就被市场证明无效。很多企业尚未认识到这一点，虽然企业对各业务流程有跟踪与管理，却忽视了对不确定性变化的跟踪与管理，而这种不确定性变化可能暗藏巨大风险，同时也可能蕴藏巨大机遇。

9. 与供应商和经销商都缺乏合作的战略伙伴关系

相比于传统的一般合作关系或是单纯的采销关系，战略伙伴关系的建立能够真正将企业与供应链和经销商连接在一起，打造出真正关注供应链整体利益的"命运共同体"。否则，企业就会陷入"零和博弈"的泥沼，难以有效应对新时代的竞争环境。

1.1.3　企业为什么必须由重资产模式向供应链模式转型

很多企业的一个朴素目标就是"做大、做强"，因此，很多传统企业也由此走向重资产模式，不断扩大厂房、扩招工人、引进设备……企业的规模增长极为直观，但在智能时代的冲击下，重资产企业的利润增长却出现停滞，很多企业更是陷入"开机就亏钱"的困境。

之所以出现这种情况，正是因为，在愈发强调弹性竞争、快速应变的当下，重资产企业显然不具备这样的灵活性。因此，很多重资产企业不得不转型为互联网企业的"代工厂"，此时，这类企业的核心竞争优势也被简化为成本优势，生存环境愈发恶劣。究其原因，主要表现在以下方面。

1. 技术变革日新月异

技术变革的速度愈发加快，使得企业必须持续进行技术更新，但在投入大量研发、试验和改进成本的同时，此类技术的销售窗口期却很短，重资产企业很难抓住这样的窗口期来创造利润。

（1）产品利润在投产初期最高，在产品成熟后迅速下降。

（2）客户总是希望得到最先进的产品，并愿为之多付钱。

（3）销售收入和人力资源的 15% 以上用于检验和试验。

（4）需为客户不断改进设计，以提高性能、降低成本。

2. 需求变化无常

多变的市场需求，必然会沿着供应链不断向上传递，企业不得不做出灵活应对。

但与此同时，市场需求信息在传递过程中很容易出现变化，这也导致企业难以准确预测需求，其生产、采购计划也因此难以有效实施。

（1）企业大部分销售额一般集中在少数客户身上。

（2）产品销售需经过制造商、分销商，方可到达消费者手中，企业难以得到真实和实时的需求，订单的更改和取消成为常态。

（3）由于预测的不可靠，企业不得不储备大量的材料以备不时之需，过多的材料最终只能作废。

3. 供应链复杂化

剧烈变化的市场竞争环境需要供应链的协同发展，而复杂的供应链管理，绝非企业某一个部门就能妥善进行。只有当企业转型为供应链模式时，才能真正实现供应链全流程的控制与运营。

（1）产品从零件生产、装配到测试是一个多层次、关系复杂的供应链。

（2）为缩短生产周期，零件生产、装配到测试的过程必须同步。

（3）部分加工过程需要外包处理。

（4）产品的种类和版本繁多。

4. 客户要求不断提高

智能时代的市场需求是多样的，但重资产企业的竞争却容易陷入同质化。因此，供应链下游客户对企业的要求也不断提高，这就需要企业采用精细化的运营模式，而非只顾"做大、做强"。

（1）客户总是在施加压力，要求提高准时交货率。

（2）销售交货数量、日期的确定是一个与客户相互沟通的过程。

（3）成品合格率 99.9% 和 99% 之间的细微差距，决定了企业是否能接到订单。

（4）即使尚无降低成本的措施，客户仍有定期逐步降价的要求。

5. 资本密集度高

重资产模式使得企业的资本密集度处于较高水平，企业在建厂、引进生产线和模具时都需要投入大量资本。企业想要让资本创造更大效益，同样需要供应链模式作为支撑。

（1）建立高标准厂房和精密高新设施需巨额投资。

（2）不同的产品需要不同的专用模具，价格昂贵。

（3）设备利用率比材料利用率更重要。

（4）要求建立合理的产品生产组合，以提高总体设备利用率，使有效产出最大化。

6. 市场全球化

全球化的市场为企业竞争环境注入了更多的变量，企业的供应链上下游可能遍布全球。要实现全世界、全供应链的协同配合，其复杂度也进一步提升，供应链管理变革也就成为必然。

（1）客户来自世界各地，需求将是"24 小时 ×7 天"。

（2）企业在选择供应商时，也不可能局限于国内。

（3）随着企业的发展，需要在全国甚至全球范围设立生产、销售机构。

（4）同其他系统的数据双向交流。

综合来看，智能时代的变化正在颠覆企业的生产运营环境以及盈利模式，而我们都知道，当企业陷入价格战的"绞肉场"时，企业的利润空间也必然被不断压缩，甚至不得不"亏本续命"。为了挣脱这一困局，重资产企业的唯一出路就是向供应链模式转型。

1.2　现代企业供应链管理系统的发展趋势

在这个世界上，能够生存并持续发展的企业，永远不是最强大的或最聪明的企业，而是真正适应时代发展趋势的企业。要遵循适者生存的法则，企业就必须深入了解现代企业供应链管理系统的发展趋势，并结合自身的特点，进行有效的供应链管理变革。

1.2.1　新形势：全球化与信息时代

自改革开放以来，我国已经走过 40 多年的快速发展时期，成为全球经济体系的重要参与者。尤其是 2001 年加入世界贸易组织（World　Trade　Organization，WTO）之后，伴随信息技术的快速发展，我国企业也迎来了全球化与信息时代的新形式。

1. 全球化经济进程势不可挡

改革开放和加入 WTO 让我国企业享受到了全球化经济的红利。2013 年，我国提出建设"一带一路"的倡议，积极发展与沿线国家的经济合作伙伴关系。

在国家层面的不断推动下，我国企业也开始加速"走出去"的进程。在开展跨国经营、海外并购，积极开拓海外市场的同时，也开始从源头上获取产业链主动权，使我国企业能够更加深入地加入全球化经济。

2. 信息时代风起云涌

信息时代的不断发展让全球经济体系散发出新的生机与活力。20 多年来，信息业已经完成产业化发展，成为社会经济发展的支柱产业，与此同时，传统企业也开始接受信息化改造。

在信息时代，"信息就是金钱"，企业想要建立自己的竞争优势，就必须掌握信息技术，不断挖掘信息、分析信息并使用信息，借助信息系统提升运营效率，并借助信息数据提升企业价值。

3. 企业竞争模式变革

基于全球化竞争的需求和信息时代的技术应用，现代企业供应链管理系统的建立也成为必然。经过多年的实践发展，企业竞争模式由此发生了根本性的改变，如新形势下的竞争模式如图 1.2-1 所示。

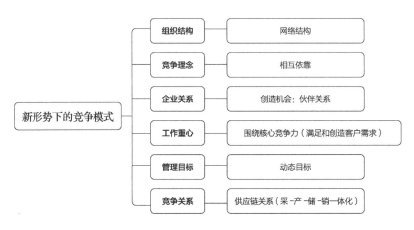

图 1.2-1　新形势下的竞争模式

1.2.2　新地位：从战术职能变为战略职能

长期以来，传统企业对供应链管理的认知都停留在战术层面，供应链管理承担的战术职能仅是为企业寻找更具成本优势的供应商和更具渠道优势的经销商。但在当下，供应链管理作为企业竞争的重要管理系统，其职能也已经上升到战略层面。

1. 供应链管理的战略职能

伴随着全球化与信息时代的到来，日趋激烈的竞争环境不断挤压着企业的利润空间。当产品的销售价格被限定在一定范围时，企业想要促使利润增长，就只能借助利润的杠杆效应——降低成本，而这正是供应链管理的核心战略职能。

具体而言，供应链管理的战略管理能从 4 个方面提升企业竞争力，如图 1.2-2 所示。

图 1.2-2　战略管理对提升企业竞争力的贡献

高效的供应链管理能降低供应链的协作成本，让企业从无休止的谈判和合作商的变换中挣脱出来，与优质的供应商和经销商建立起战略伙伴关系，从而保证产品的质量和交期，进一步降低相关成本。与此同时，基于这种高效、优质的供应链合作关系，企业的柔性也将得到显著增强。

2. 物流系统管理的地位提升

物流系统的产业基础就在于市场需求，即商流。正是在商品的规模流通以及工业化的进程中，物流系统的功能才逐渐形成。

然而，在工业化初期到中期的较长时期内，相对较小的生产规模，有限的商品种类和狭窄的商流渠道，使得物流的基本功能局限于简单的运输和仓储，其核心只是为了实现商流的物体形态的转移。

智能时代的到来以及供应链管理系统发展的需求，则带来了物流功能的变更，物流的价值也不再局限于传统的商品转运，而拥有了优化渠道、创造价值的功能，物流系统管理在供应链中的地位也显著提升。

随着商流规模的日趋扩大，以及渠道体系的持续扩张，物流规模也处于不断增长的过程中。基于愈趋完善的物流设施和革新升级的物流技术，物流行业已经能够充分满足和实现基本的商流转移功能。

因而，物流系统的功能也得以进一步丰富，在完成基本的转运任务的同时，物流系统也可以完成分拣、包装等诸多工作，并与采购、分销、配送、维修等系统进一步结合，真正实现物流效能的提升和渠道流程的优化，为供应链运营创造价值。

1.2.3　新思路：从传统管理模式向供应链集成服务转变

立足于供应链管理变革的需求，以及现代企业供应链管理系统的发展趋势，企业也要适时调整供应链管理的思路，从传统管理模式向供应链集成服务转变。对此，企业可以结合物流整合的进化过程来理解。

传统物流一般只承担商品的转运工作，但随着商品经济的愈趋发达，尤其是电商业务的普及，物流作为商业基础设施的重要性也不断凸显，物流产业开始走向整合，并由此实现进化。

（1）职能独立。物流整合的一个典型进化方向就是职能独立，在社会分工不断细化的过程中，第三方物流公司由此崛起，如顺丰、"三通一达"（圆通、申通、中通、韵达 4 家快递公司的简称）等公司，正是通过提供低成本、多选择的专业物流服务，获得了众多企业的认可。

（2）内部整合。与职能独立相对的，部分企业则通过对内部物流资源进行整合，完善自建物流体系，来实现物流服务的进化。例如京东从 2007 年就开始自建物流，为京东客户提供优质物流服务。

（3）外部整合。外部整合则是通过与外部企业合作，自建物流或打造更具针对性的第三方物流公司，如供应链上下游合作建立的仓储中心，或与顺丰等第三方物流公司合作建设"智能仓"等。

理解了传统物流的模式转型，企业就能更好地认清供应链集成服务的新思路。

伴随社会经济的不断发展，供应链体系也在不断完善，其管理特征也愈发明确。经过多年的实践与研究，市场上也形成了关于供应链管理要点和原则的统一认知，基于这些认知，虽然各个企业的供应链管理方式并不相同，但其核心竞争要素却相似。本书第 2 章将对此进行详细阐述。

1.2.4　新机制：制度化、规范化、程序化

在全球化与信息时代的新形势下，企业想要发挥供应链管理的战略职能，让供应链管理的新思路切实落地，就必须依靠完善的机制建设，通过制度化、规范化、程序化的管理，让企业员工真正理解新思路并履行新职能。供应链管理的新机制如图 1.2-3 所示。

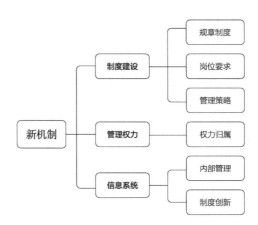

图 1.2-3　供应链管理的新机制

1.2.5　新策略：供应链管理系统策略

供应链管理的新思路，以及智能时代的诸多信息技术，为企业提供了更多的管理手段，而这些手段的结合实施，则又形成了供应链管理的新策略。

很多企业对供应链管理的理解仍然停留在策略层面，希望有一个"拿来就能用、用了就有效"的"万能策略"。但实际上，供应链管理涉及的要素纷繁复杂，各个企业的内外环境均有不同，这样的"万能策略"并不存在。

企业必须基于完善的市场分析和策略学习，才能构建起属于自己的供应链管理系统策略。一般而言，供应链管理系统策略主要有以下 6 种。

（1）综合的采购策略，如集中采购、招标采购、网上采购、准时采购、全球采购、间接采购。

（2）延迟策略，如生产延迟策略或物流延迟策略。

（3）供应商管理库存（Vendor Managed Inventory，VMI）和联合库存管理（Jointly Managed Inventory，JMI）策略。

（4）精细化生产（Lean Production，LP）、准时化（Just In Time，JIT）生产策略。

（5）合作计划、预测与补给（Collaborative Planning Forecasting and Replenishment，CPFR）策略。

（6）有效客户反应（Efficient Consumer Response，ECR）策略。

1.2.6　新趋势：供应链管理系统未来的发展趋势

如今，"智能时代的竞争不再是企业之间的竞争，而是供应链之间的竞争"这一观点已经被越来越多的企业认知。而在各个企业纷纷进行供应链管理变革之后，供应链管理系统在未来也将呈现出新的发展趋势。

1. 以信息技术为核心

借助条形码（BarCode）、地理信息系统（Geographic Information System，GIS）、全球定位系统（Global Positioning System，GPS）、电子数据交换（Electronic Data Interchange，EDI）和智能交通系统（Intelligent Transportation System，ITS）等信息技术，供应链上下游必将协同进行内部管理的整合和优化，从而实现控制成本、提高效率的目的。

2. 以绿色（健康、安全）为基本发展方向

供应链管理系统必须遵循绿色发展的方向，对系统内的污染进行有效控制，并确保员工的健康、安全作业，如引进排污量小的生产设备、货车等。未来甚至会出现专业、成熟的处理工业或生活废料的第三方物流系统。

3. 以内外部资源整合为主要策略

内外部资源整合，如外包、参股等，是供应链发展的必然趋势，也是避免生产过剩的必然选择。未来，随着社会分工的不断细化，专业的第三方公司能够提供更加专业、高效的外包服务，如物流、仓储等；与此同时，企业也可通过参股、收购等形式进行资源整合。

4. 以客户个性化需求为发展方向

未来，客户个性化需求将得到更大的释放。为适应大规模客户定制生产的需求，企业需要借助延迟策略，尽可能地将产品定制延迟到供应链的最终阶段，在需求确定的同时进行生产或发送物流，从而及时满足不同地区的客户对产品的不同需求。

第 2 章

供应链管理的基础及其核心竞争要素

时代的发展正在倒逼企业进行供应链变革，只有能够整合、优化整条供应链力量的企业，才能在未来的供应链竞争中赢得一席之地。但这一切的前提是，企业必须理解供应链管理的基础及其核心竞争要素。否则，再多的"策略""技巧"也难以落地，企业无法通过体系设计来解决供应链管理问题。

2.1 供应链及供应链管理

究竟什么是供应链？什么是供应链管理？很多企业管理者对供应链只有一个模糊的概念，将之简单看作产业上下游的集合。但其实供应链的概念比这丰富。供应链并非一条简单的单链，而是一条复杂的网链，因此，供应链管理也不只是供应商、经销商管理而已。

2.1.1 何谓供应链

根据国家标准《物流术语》（GB/T 18354—2006）中的定义，供应链的概念是："生产及流通过程中，涉及将产品或服务提供给最终用户所形成的网链结构。"

很多企业对供应链的简单理解为：供应链就是将原材料与终端客户串联起来的一个链条，中间涉及原材料、供应商、生产企业、经销商等多个节点。

然而，这样的理解只涉及供应链的表层。供应链不仅是连接各利益相关者的链条，也是连接各类业务流程的链条，更是一个多方并行的网链。

1. 供应链是连接利益相关者的链

从企业外部来看，供应链连接了产业中的各个利益相关者，如供应商、生产工厂、零售商等。物料及产品在各个节点间流转，并不断加工、完善，直至销售给终端客户，如图2.1-1所示。

图 2.1-1　供应链是连接利益相关者的链

2. 供应链是连接业务流程的链

从企业内部来看，供应链则是将企业各类核心业务流程串联起来的链，从产品研发到物料采购、产品制造，乃至成品的配送及销售，如图 2.1-2 所示。

图 2.1-2　供应链是连接业务流程的链

3. 供应链是多方并行的网链

在实际运营过程中，供应链并非一条简单的单链结构，而是多方并行的网链结构。通常而言，我们以某个核心企业为供应链核心，对供应链进行梳理，而在核心企业的上游，既有多个供应商，还有多个供应商的供应商；在核心企业的下游，则有多个分销商，及其对应的终端客户，如图 2.1-3 所示。

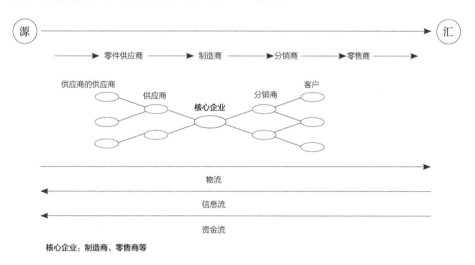

图 2.1-3　供应链是多方并行的网链

与此同时，供应商服务的对象一般也不只是一家企业，如屏幕制造商京东方的客户就包括华为、联想、戴尔等多个企业。在这样的复杂网链结构下，供应链的完整形态应当如图 2.1-4 所示。

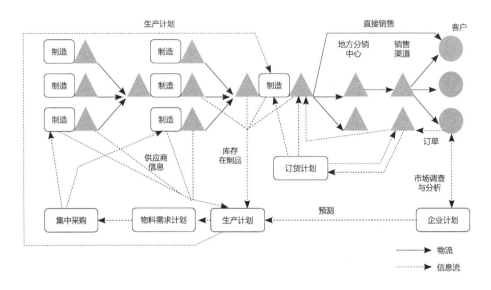

图 2.1-4　供应链的完整形态

2.1.2　供应链的三大特征

当企业管理者能够深入理解供应链的概念和结构之后，才能发现供应链的核心特征，并据此对供应链进行有效管理。

1. 供应链的每个节点都是供应链的必不可少的参与者

从范围上观察，供应链把对成本有影响的和在产品满足客户需求的过程中起作用的每一方都考虑在内：从供应商、制造商、分销商、零售商、物流服务商，直到终端客户。供应链上的节点企业间是供需协调、物流同步的关系，如图 2.1-5 所示。

图 2.1-5　供需协调、物流同步的供应链关系

2. 供应链是一条物流链、信息链、资金链、增值链

供应链不仅是一条连接从供应商到终端客户的物流、信息和资金的链，而且是一条增值链，使所有供应链的参与者受益。物流在供应链上因加工、包装、运输、

配送等过程增加了其价值，给相关企业带来了收益。

3. 供应链是由若干供应链集成的网链结构

一个企业可以是一条供应链的成员，也可以是另一条供应链的成员，众多的供应链形成交叉连接结构。供应链往往由多个、多类型，甚至多国企业构成，如图2.1-6所示。

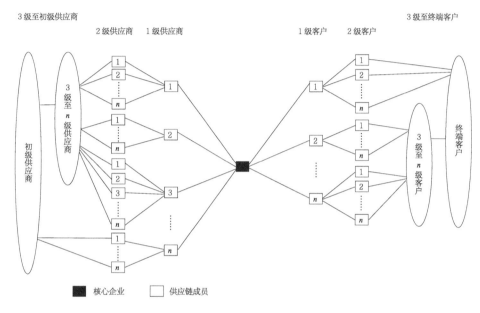

图 2.1-6　供应链网链结构

2.1.3　供应链管理

根据国家标准《物流术语》（GB/T 18354—2001）中的定义，供应链管理的概念是："利用计算机网络技术全面规划供应链中的商流、物流、信息流、资金流等，并进行计划、组织、协调与控制。"

在国家标准《物流术语》（GB/T 18354—2006）中，供应链管理则被定义为："对供应链涉及的全部活动进行计划、组织、协调与控制。"

对比 GB/T 18354—2001 版和 GB/T 18354—2006 版的定义，不难发现，国家标准对"供应链管理"的定义进行了明显的简化。这是因为，实际上供应链管理涉及的活动愈趋复杂，采取的手段、技术也不断革新，我们已经很难对其进行限定。

因此，从这个角度来理解，供应链管理（Supply Chain Management，SCM）就是业务与其供应链中的其他企业协同运营、协同管理、优化供应链，共同为客户提供优质产品和服务，共同降低成本和库存，赢得市场。

1. 供应链管理思想

早期供应链管理的重点在于库存管理，将库存管理作为平衡有限的生产能力和适应客户需求变化的缓冲手段。供应链管理的目的是通过各种协调手段，寻求产品迅速、可靠地送到客户手中所需要的费用与生产、库存管理费用之间的平衡点，从而确定最佳的库存投资额。

20 世纪 90 年代以来，随着科学技术的不断进步和经济的不断发展、全球化信息网络和全球化市场逐步形成，为适应全球化市场竞争的要求，供应链管理思想发生了改变。现在的供应链管理是把供应链上的各个企业作为一个不可分割的整体，使它们分担采购、生产、分销和销售的职能，成为一个协调发展的有机体。

因此，当代供应链管理关注的并非供应链的某一个节点或某一类业务，而是供应链涉及的全部活动，力求实现供应链各节点的协同运营、协同管理，在优化供应链中赢得市场。

2. 全球供应链关系

基于不同的管理思想，全球供应链的关系也随之不断改变。

（1）20 世纪 70 年代，采用竞争（Competition）来驱动成本下降和伙伴选择。

（2）20 世纪 80 年代，转向用通信（Communication）来促进与内外部合作商建立更好的关系。

（3）20 世纪 90 年代，合作（Cooperation）成为与有影响的外部组织更好地同步组织目标和目的的手段。

（4）21 世纪以来，供应链各节点需要协作（Collaboration）来有效地运用排除时间和距离障碍的先进技术，以实现更好的发展。

2.2 供应链管理的发展阶段、特征与原则

根据供应链及供应链管理的基本概念，可通过梳理供应链管理的发展历程总结出供应链管理的特征、领域、要点及原则，通过分析复杂、动态、多变的供应链管理活动，找到供应链管理工作的指导性方案。

2.2.1 供应链管理发展的四大阶段及核心逻辑

供应链管理突破传统管理模式，离不开 20 世纪 80 年代信息技术的快速发展。此后的每一次供应链管理变革几乎都伴随着信息技术的迭代。

事实上，追溯到 20 世纪 80 年代的信息技术普及，信息产业本身的变革就已经昭示了供应链管理的模式革新。

20 世纪 50 年代之后，国际商业机器公司（International Business Machines Corporation，IBM）一直是信息产业的龙头，但在 1981 年推出第一台个人计算机（Personal Computer，PC）之后，IBM 忽视了 PC 市场的战略地位，在制定了 PC 标准之后，就将作为 PC 核心技术的中央处理器和操作系统开发外包给了英特尔（Intel）公司和微软（Microsoft）公司。在短短的 10 年间，这两家公司凭借 PC 市场的蓬勃发展，成为世界级的信息产业巨头。

由此，IBM 掌控的信息产业纵向产业模式由此变为横向产业模式。随后，企业联盟和协同理论逐渐形成，拥有核心优势能力的上下游企业相互协作，支撑起一条稳定的链状结构，现代供应链管理自此进入新的发展阶段。

1. 供应链管理的发展阶段

在梳理供应链管理的发展阶段时，为了便于理解，我们可以将供应链各个节点简化为零部件制造商、最终装配、分销中心、零售商及终端客户。

（1）传统的供应链管理。在信息技术推动供应链管理变革之前，传统的供需市场大多呈现出"供不应求"的特征，因此，传统的供应链管理几乎由供应链上游推动：上游生产什么，下游销售什么。由于市场竞争的压力较小，供应链管理的效率一般也较为低下。传统的供应链管理如图 2.2-1 所示。

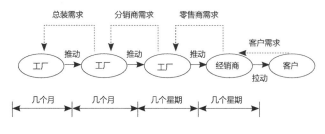

图 2.2-1　传统的供应链管理

（2）精细化供应链管理。随着信息时代的到来，信息技术的广泛应用推动了社会生产效率的极大提升，客户需求能够反向拉动供应链管理，市场竞争也日趋激烈。因此，供应链管理也逐渐走向精细化，看板管理开始应用到供应链管理当中。精细化供应链管理如图 2.2-2 所示。

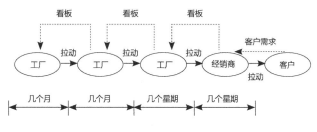

图 2.2-2　精细化供应链管理

（3）集成化的敏捷供应链管理。全球化经济的发展，使得供应链上下游可能遍布全球，此时，供应链管理就必须建立一个全球物料计划系统，并借此对物料、库存、需求进行统筹管理。与此同时，供应链竞争的日趋激烈，也促使供应链管理发展为集成化的敏捷供应链管理，供应链管理效率出现明显提升，尤其是在装配、销售环节。集成化的敏捷供应链管理如图 2.2-3 所示。

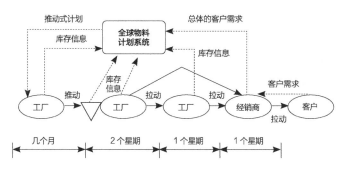

图 2.2-3　集成化的敏捷供应链管理

（4）客户化的敏捷供应链管理。进入 21 世纪之后，互联网技术的发展进一步拉近了供应链各节点的距离，使得供应链协同效率得到极大提升。随着电子商务的发展，销售链条也被极大简化，分销中心可以直接接触客户，而客户需求对供应链的影响也更加直接。因此，供应链管理进一步发展为客户化的敏捷供应链管理，如图 2.2-4 所示。

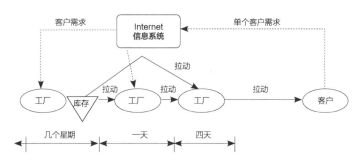

图 2.2-4　客户化的敏捷供应链管理

2. 供应链管理发展的核心逻辑

供应链发展过程体现在企业在市场竞争中的成熟与发展之中。企业可通过供应链管理的合作机制（Cooperation Mechanism）、决策机制（Decision Mechanism）、激励机制（Incentive Mechanism）和自律机制（Self-discipline Mechanism）等来实现满足客户需求、使客户满意以及留住客户等功能目标，从而实现供应链管理的最终目标，即社会目标（满足社会就业需求）、经济目标（创造最佳利益）和环境目标（保持生态与环境平衡）的三合一。这可以说是对供应链管理思想的哲学概括，也是供应链管理发展的核心逻辑。

2.2.2　供应链管理的五大核心特征

通过梳理供应链管理的四个发展阶段，我们就能把握供应链管理的核心脉络，从而拨开笼罩在供应链管理上的各种概念、策略、技巧的迷雾，真正挖掘出供应链管理的五大核心特征。

1. 供应链管理的过程是"从需求市场到供应市场"

在传统的市场竞争中，客户就如嗷嗷待哺的婴孩，供应链能够生产什么、销售什么，客户就只能借此来满足自身需求。但如今，社会生产力水平和商品经济的高度发达，使得客户拥有太多选择来满足自身需求。随着客户消费水平的不断提升，单纯的产品、服务都不再能够获得真正的市场优势，客户为了自我实现而追求更具个性化、人性化的产品、服务。

客户需求的不断升级，成为供应链管理变革的主要推动力量，供应链管理的过程也由此变为"从需求市场到供应市场"。事实上，在当今时代，产品不再由企业设计，而是由客户设计；各行各业都在努力挖掘客户需求，以客户需求为核心。

2. 供应链管理的概念是观念上的创新

随着供应链管理的不断实践和发展，再加上各类新兴技术和管理思想的融入，供应链管理表现出的形象愈发复杂，企业也似乎拥有了更多的选择来对供应链进行管控。

但实际上，供应链管理的概念核心并不在于技术或模式，而是一种观念上的创新。因此，企业必须摒弃以往妄自尊大的观念，不仅是对供应链管理，也不仅是对客户，更是对整个市场竞争和发展趋势持有谦卑的态度，以应对各种新变化。

3. 供应链管理的核心手段是资源配置创新

供应链管理并不能直接为供应链各节点创造资源，其降本增效的核心手段其实是创新性的资源配置。供应链上下游的分离，使得大量的资源损耗在协作、库存、物流等环节产生，但供应链管理则是站在较高层面，对整条供应链的所有资源及相应活动进行计划、组织、协调与控制，这就能最大限度地避免资源浪费，并在供应链上下游及客户需求的有效对接中实现快速反应。

4. 供应链有4种基本"流"在流动

为了确保供应链的有效管理，企业要认识到，在供应链的各个链条上，实际上有4种基本"流"在流动。

（1）物流，即原材料、半成品、成品等各类物资的流动。

（2）资金流，是从客户消费到供应链源头的资金流动。

（3）信息流，包括客户需求信息、生产信息、库存信息等各类信息的流动。

（4）增值流，即供应链的各个节点都要进行增值活动，而非单纯地加价转卖。

5. 供应链管理要搭建集成系统

"供应链管理是对供应链涉及的全部活动进行计划、组织、协调与控制。"而要实现供应链各环节、各节点、各类业务的全面协同，供应链管理就必然要搭建一个集成系统，将供应链涉及的全部活动集成到一个系统当中，形成一个个流程及模块，从而真正实现供应链的降本增效，进而增强供应链竞争力。

2.2.3 供应链管理的四大主要领域

供应链管理涉及的内容纷繁复杂，但总体而言，我们可以顺着产品的增值流，将供应链管理分为以下四大主要领域。

1. 供应采购（Supply）

采购业务的质量与供应链生产经营息息相关。采购物料的质量和价格，供应商的选择，采购合同的订立，物资的运输、验收等状况，在很大程度上决定了供应链的生存与可持续发展。因此，供应链管理必须关注供应采购领域的相关业务，不断优化供应采购流程。

（1）提供不间断的物料、供应和服务。

（2）保持合理的库存水平。

（3）保持并提高物料质量。

（4）发现或发展有竞争优势的供应商。

（5）确保总成本最低。

2. 生产计划（Schedule Plan）

生产是供应链增值流的主要实现环节。在生产环节，原材料或半成品被加工成最终产品，进而走向消费市场。但在这个环节，同样存在诸多浪费，与此同时，生产的滞后或提前都会造成供应链的运营风险，如销路不畅或库存积压等。

因此，供应链管理就必须制定合理的生产计划，对生产环节的所有活动进行有效计划，并根据供应链的协作情况和市场信息的反馈来进行实时调整。

3. 物流（Logistics）

无论是原材料被送至生产线，还是产品被送至消费市场，都需要物流作为支撑，物流也是供应链的 4 个基本"流"之一。在市场竞争愈发强调及时反应的当下，物流效率也成为供应链管理的重要内容。

随着供应链分工协作的不断发展，物流服务也逐渐从供应链中独立出来，扮演着更加丰富的角色。

（1）运力提供商。运力提供商的专长就在于运输、仓储环节。在新物流的需求下，运力提供商应逐步回归专长，并借助物流科技应用，专注于物流运营效率的提升，如线路规划、运力调度、服务培训等。运力提供商的角色定位就在于"运输专家"，他们应聚焦于物流交付时效性和稳定性的提升，并降低运输成本、增强服务能力。

（2）基础设施提供商。基础设施提供商的核心竞争力源自仓储网络布局和库内高效周转，这也是供应链对提升柔性能力的需求结果。基础设施提供商的定位是"赋能专家"，通过仓储网络分析及规划、土地资源获取、柔性科技研发及应用，他们可以为供应链各节点赋能，以提升供应链的运营效率。

（3）供应链整合商。身处前端的供应链整合商，距离消费者更近，因而具有更强的数据获取能力。供应链整合商可以充分发挥数据获取优势，提升数据分析能力，为供应链提供更加合理的供应链计划，并为利益相关方提供指导。供应链整合商在供应链环节中的定位就是"计划者"和"整合者"，他们将充分发挥数据驱动、供应链计划及三方资源整合能力，站在全局角度增加供应链的协同效应，并释放规模效应。

4. 客户需求（Demand）

供应链管理的关键，就是通过信息网络、组织网络，对生产及销售环节进行有效连接（增值流），并推动物流、信息流和资金流的合理流动，最终将合适的产品、以合理的价格、在恰当的时间推送到客户手中。

从某种意义上讲，供应链管理的运营发展的主要力量就源自客户需求的拉动。在以客户为核心的市场现状下，供应链管理的出发点和落脚点都是为客户创造更多价值，从而激发市场需求、推动供应链优化。

随着全球商业竞争的愈趋激烈，现代商业环境给企业带来了巨大压力：企业不仅要生产和销售优质的产品，还要为客户提供满意的服务，从而提高客户的满意度，进而建立市场竞争优势。

正如"现代营销学之父"菲利普·科特勒（Philip Kotler）所说的："客户就是上帝，没有他们，企业就不能生存。一切计划都必须围绕挽留客户、满足客户进行。"

2.2.4 供应链管理的四个要点

供应链管理涉及的内容纷繁复杂，涉及的领域跨度也极大，因此，在供应链管理的过程中，企业应当把握以下四个要点。

（1）供应链中，各环节不是彼此分割的，而是通过链的联系成为一个整体。

（2）供应链管理是全过程的战略管理，企业必须从总体来考虑。如果只依赖于部分环节的信息，由于信息的局限或失真，企业的管理计划也可能会失真。

（3）不同链节上的库存观不同，在关于物流的供应链管理中，企业不要把库存当作维持生产和销售的措施，而应将其看作供应链的平衡机制。

（4）对供应链管理，企业应善于学习采用新的管理方法，如用总体综合方法代替接口的方法，用解除最薄弱链的举措寻求总体平衡，用简化供应链的方法防止信号的堆积放大，用经济控制论方法实现控制等。

2.2.5 供应链管理的六个原则

为了确保供应链管理的有效性，企业进行供应链管理时必须遵循以下六个原则。

（1）以客户为中心的原则。以客户需求为焦点，将管理变为服务型。

（2）密切合作、共享利益、共担风险的原则。贸易关系由对立变为合作，坚持双赢与长期合作，并据此签订风险协议。

（3）应用信息技术实现管理目标的原则。供应链管理要善于应用各类信息技术，如标识 ID 代码及 EDI 等。

（4）提供优质产品组合的原则。根据市场需求的扩大，供应链管理应及时考虑产品的删减、增加、优化等，向市场提供更优的产品组合。

（5）缩短产品生产、销售周期的原则。根据市场需求的多样化，供应链管理要缩短产品从生产到销售再到运营的周期，加强市场的响应能力。

（6）提升市场需求匹配效率的原则。根据市场需求的不确定性，供应链管理应缩短供给市场与需求市场的距离，实现二者的高效匹配。

2.3 供应链管理的模式与实施原则

在供应链管理的不断发展中，根据不同的产业特征和市场情况，供应链管理也逐渐形成不同的管理模式。但无论采用何种管理模式，供应链管理都应当遵循基本的实施原则。

2.3.1 供应链管理的三大模式

目前来看，根据主导企业的不同，供应链管理可以分为制造型、零售型和物流服务型三大模式。

1. 以制造企业为主导的供应链管理

长期以来，大多数传统供应链管理都以制造企业为主导。由于生产能力是制造企业的核心竞争力，所以，在此类供应链管理模式中，制造企业负责需求预测、产品研发及生产等核心工作，并根据相应发展计划向上游采购原料、向下游分销产品，如图 2.3-1 所示。

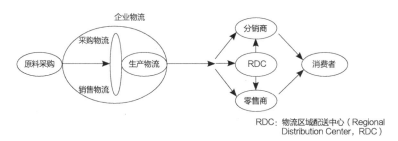

图 2.3-1 以制造企业为主导的供应链管理

2. 以零售企业为主导的供应链管理

随着商品经济的不断发展，销售能力的竞争优势愈发凸显，以零售企业为主导的供应链管理模式也逐渐形成。在这种模式下，零售企业，尤其是连锁超市，承担着需求预测、订单处理等核心职能，并向上游下达订单，上游企业据此进行生产和配送，如图 2.3-2 所示。

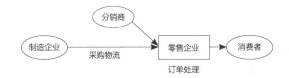

图 2.3-2　以零售企业为主导的供应链管理

3. 以第三方集成物流供应商为主导的物流服务供应链管理

随着社会经济的进一步发展，市场竞争日趋激烈，单纯的生产能力或销售能力都难以在市场上形成绝对的竞争优势。在这种情况下，供应链上下游间的协同运营就显得尤为重要，而第三方集成物流供应商（Third - Party Logistics，3PL）作为串联起供应链上下游的物流服务商，能够借助信息技术来增强供应链协同性、提升供应链竞争力，新的供应链管理模式也由此形成，如图 2.3-3 所示。

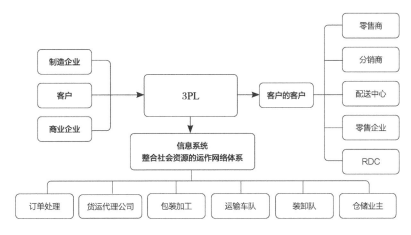

图 2.3-3　以 3PL 为主导的物流服务供应链管理

与前两种模式对比，第三种模式更强调整合，更注重整条供应链的完整性，它能为合作企业带来以下价值。

（1）降低成本，取得竞争优势。信息畅通有利于控制和降低库存，并减少成本（包括人力成本）。

（2）提高效率，快速反应，加快资金周转。合作企业可以在信息系统中实时看到各地进出库信息和库存数据，财务人员则能根据系统动态结果及时开出发票，加速资金周转。

2.3.2 供应链管理的两大实施原则

社会经济的发展与信息技术的进步，使得供应链管理走向创新性变革，并形成各种适应供应链发展需求的管理模式。但在这一过程中，企业也需要掌握供应链管理的两大实施原则，避免盲目创新或跟风模仿导致供应链管理失效。

1. 抓住供应链管理的本质

供应链管理的本质就在于整合。无论是以制造企业、零售企业还是 3PL 为主导，其本质特征都是借助自身在供应链中的主导地位或效率优势，对供应链各个节点进行有效整合。因此，实施供应链管理的核心就在于发挥企业的整合力量，真正实现降本增效。

2. 循序渐进地实施管理

长期以来，供应链各节点都是独立经营的主体，相互之间的合作大多也未能走向战略层面。而供应链管理则需要对供应链涉及的所有活动进行管理，并尽可能地让利益相关者走向联合，这必然要循序渐进地进行，而不能期待通过某一次创新或某一种模仿一蹴而就。

2.4 供应链的运营方式

当代供应链管理必然需要以客户为核心、以市场需求为原动力。但在不同产业、不同市场，供应链内的主导力量又有所区别，这也使得供应链运营方式出现区分，即推动式供应链及拉动式供应链。在实际管理中，这两种运营方式又可能以不同形式结合应用，企业必须对此充分理解并灵活运用。

2.4.1 推动式供应链

推动式供应链（Push Supply Chain）的运营是以产品为中心，以生产制造商为推动源点。这种传统的推动式供应链管理以生产为中心，力图通过提高生产率、降低单件产品成本来获得利润。推动式供应链如图 2.4-1 所示。

图 2.4-1 推动式供应链

1. 推动式供应链的运营特点

推动式供应链的运营特点主要表现在以下 3 个方面。

（1）生产企业根据制造资源计划（Manufacturing Resource Planning，MRP－II）、企业资源计划（Enterprise Resource Planning，ERP）来安排从供应商处购买原材料，生产产品，并将产品通过各种渠道（如分销商、批发商、零售商）推至客户端。

（2）生产商对整条供应链起主导作用，而其他环节，如流通领域的企业则处于被动的地位。

（3）由于生产商在供应链上远离客户，对客户的需求远不如流通领域的零售商和分销商了解得清楚。在这种供应链上，企业之间的集成度较低，反应速度较慢，在缺乏对客户需求的了解的情况下，生产出的产品和驱动供应链运营的方向往往是无法匹配和满足客户需求的。

2. 牛鞭效应

由于无法掌握供应链下游，特别是终端客户的需求，一旦下游有微小的需求变化，反映到上游时这种变化将被逐级放大，这种效应被称为牛鞭效应。

实际客户需求呈现出平稳上升的趋势，但供应链各节点却对客户需求有不同的预测，其订货计划及生产计划也由此发生剧烈波动（见图 2.4-2）。在这种情况下，生产商为了对付这种牛鞭效应，响应下游需求，特别是终端客户的需求变化，就不得不在供应链的每个节点上都采取提高安全库存量的办法，通过储备较多的库存来应付需求变动。市场需求信息的失真如图 2.4-3 所示。

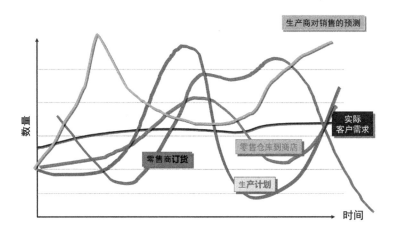

图 2.4-2　供应的可变性

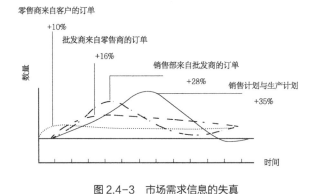

图 2.4-3　市场需求信息的失真

因此，推动式供应链上的库存量较高，响应客户需求变化的速度较慢。传统的供应链几乎都属于推动式供应链。

2.4.2　拉动式供应链

20 世纪 90 年代初，工业化的普及使生产率和产品质量不再成为生产企业的绝对竞争优势。为了更好地进行市场竞争，企业都纷纷把满足客户的需求作为经营的核心，因此，供应链的运营方式也从推动式转变为以客户需求为原动力的拉动式。

拉动式供应链（Pull Supply Chain）管理的理念是以客户为中心，通过对市场和客户的实际需求以及对其需求的预测来拉动产品的生产和服务。因此，这种供应链管理被称为拉动式供应链管理。拉动式供应链如图 2.4-4 所示。

图 2.4-4　拉动式供应链

1. 拉动式供应链的运营特点

拉动式供应链的运营特点主要表现在以下方面。

（1）整条供应链能够更快地跟踪甚至是超前于客户和市场的需求，从而提高整条供应链上的产品和资金流通的速度，减少流通过程中不必要的浪费，降低成本，提高市场适应力。

特别是对下游的流通和零售行业，更是要求供应链上的成员间有更强的信息共享、协同、响应和适应能力。

（2）拉动式供应链虽然整体绩效表现出色，但对供应链上企业的管理和信息化程度要求较高，对整条供应链的集成和协同运营的技术和基础设施要求也较高。

2. 拉动式供应链的运营效果

市场的预测和订单是企业一切业务活动的拉动点，生产装配、采购等的计划和运营都是以它们为依据进行的。

（1）面向订单的生产运营可以明显地减少库存积压。

（2）根据客户的需求实现定制化的生产和服务，满足客户的个性化和特殊配置需求，加快资金周转。

拉动式供应链的运营效果明显优于推动式供应链，但对供应链管理能力的高要求，也使拉动式供应链的运营和实施相对较难。

3. 推动式和拉动式方式共存

推动式供应链和拉动式供应链的运营方式各有优劣，因此，在一条供应链的内部，企业无须拘泥于某一种供应链运营方式，可以根据供应链运营流程，采取推动式和拉动式方式共存的运营方式。

例如，戴尔计算机公司的 PC 生产线，既有推动式运营，又有拉动式运营，其 PC 装配的起点就是推和拉的分界线，在装配之前的所有流程都是推动式流程，而装配和其后的所有流程是拉动式流程，装配数量完全取决于客户订单。

这种推、拉共存的运营对制定有关供应链设计的战略决策非常有用。例如，供应链管理中延迟生产策略就很好地体现了这一点，企业通过对产品设计流程的改进，使推和拉的边界尽可能后延，可有效地解决大规模生产与大规模个性定制之间的矛盾，在充分利用规模经济的同时实现大批量定制化生产。

2.5　供应链管理的核心竞争要素

供应链管理的目的必然在于构建供应链的核心竞争力。而在当今市场竞争中，为了确保核心竞争力的有效性，企业要抓住供应链管理的核心竞争要素，进而优化供应链管理资源配置。

2.5.1　IT 平台

供应链管理的革新，离不开信息技术的支撑；在信息时代，信息技术（Information Technology，IT）对供应链管理的重要性也不言而喻。

随着企业的信息化管理愈发普及，供应链管理的一个重要工作就是将各个企业的信息系统整合到一起，打造出能够统筹各个信息节点的 IT 平台，这也将为供应链构建突出的信息技术优势。IT 平台的主要内容如图 2.5-1 所示。

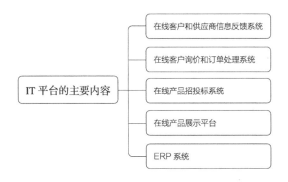

图 2.5-1　IT 平台的主要内容

2.5.2　物流配送和仓储系统

物流和仓储已经成为供应链管理效率提升的关键支撑，无论何种采购战略或销售模式，如果物流配送或仓储效率低下，那么供应链管理也将难以实现预期目标。

尤其是在以 3PL 为主导的物流服务供应链管理中，物流配送和仓储系统更是供应链管理的核心要素。供应链各节点都应当调整自身物流和仓储管理模式，实现全流程的快速对接，提高物流配送及仓储效率。

2.5.3　供应商开发管理系统

供应商供应的原材料及其他物料决定了供应链产品的质量和效率。只有对供应商选择、采购价格等全过程进行有效控制，供应链管理才能确保采购业务以及后续生产销售的有序推进。

而要持续改善供应商的开发管理工作，供应链管理就不仅需要选择优质供应商，更要建立相应的激励和退出机制，与合格供应商建立战略合作关系。具体而言，供应商开发管理系统的内容主要包括以下 6 个方面。

（1）建立备选供应商数据库。

（2）评估和开发新供应商，建立批准供应商清单并随时更新。

（3）在质量、成本、交期和服务等方面对供应商进行管理。

（4）评估供应商表现，建立供应商激励和退出机制。

（5）保持和供应商的信息共享。

（6）和合格供应商建立长期合作和战略伙伴关系。

2.5.4 市场信息沟通和反馈系统

当今时代，客户需求的个性化特征愈发明显，更为关键的是，随着信息技术的不断进步，市场信息和客户需求同样呈现出日新月异的变化。为此，供应链管理必须建立市场信息沟通和反馈系统，及时了解市场信息，并根据市场反馈调整供应链运营计划，为供应链管理的及时反应和灵活应变奠定基础。市场信息沟通和反馈系统包括以下4个方面。

（1）建立和客户之间的市场信息沟通和反馈机制。

（2）建立和供应商之间的市场信息沟通和反馈机制。

（3）建立和其他供应链相关方之间的市场信息沟通和反馈机制。

（4）充分运用市场信息优化供应链。

2.5.5 供应链金融系统

在传统供应链管理中，供应链中的核心企业因其强势地位，一般会对上下游配套企业要求严苛，尤其是在交期、价格、账期等贸易条件方面。这样的供应链管理方式虽然会进一步提升核心企业的竞争优势，但会对上下游企业造成巨大压力，特别是资金压力。

供应链管理的基本"流"之一就是资金流。如果供应链中的弱势成员企业在资金流方面无法得到保证，会难以把握发展机遇或抵御市场风险。

为了提升供应链的整体竞争力，供应链管理必须关注全体成员的财务健康。为此，供应链管理需要打造供应链金融系统，引入外部金融机构，以核心企业的信用以及应收款、预付款或存货等资产，为上下游企业获取融资。

此时，核心企业与上下游企业的交易需要处于金融机构的监督下，避免上下游企业以虚假业务进行融资。

2.5.6　国际贸易平台打造

在经济全球化的发展趋势下，我国与国外各经济体的贸易往来愈发频繁，供应链的国际化合作也成为常态。

国外经济体不仅有更加廉价的原材料，也拥有更加广阔的消费市场，尤其是在"一带一路"的倡议下，我国企业与沿线国家的市场联系必然更加紧密。在这种情况下，供应链管理需要打造一个高效的国际贸易平台，主要内容包括以下 4 点。

（1）把握国内外经济形势变化，分辨相关地区的风险特征。

（2）制订完善的投资计划，明确目标市场的发展方向。

（3）善于运用海外并购控股经营方式，掌握对供应链的控制力。

（4）积极和当地企业进行合作，倡导良性竞争。

2.6　供应链管理问题的解决与体系设计

供应链是一个集成系统。在了解了供应链管理的特征、要点、原则及供应链管理的模式、实施原则、运营方式之后，企业又要如何根据供应链管理的核心竞争要素搭建起一套行之有效的供应链管理体系，从而解决供应链管理中的诸多问题呢？这就需要管理者具备更强的分析和设计能力。

2.6.1　供应链管理的难点、关键问题与精髓

要解决供应链管理的难点，企业管理者就要明确供应链管理的难点，而非"头痛医头、脚痛医脚"。只有基于全面、深入的分析，企业才能找到供应链管理要解决的关键问题，从而抓住供应链管理的精髓。

1. 供应链管理的难点

供应链管理的难点主要体现在 5 个方面，如图 2.6-1 所示。

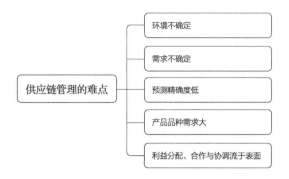

图 2.6-1　供应链管理的难点

（1）环境不确定。和平与发展仍然是当今时代的主题，但部分国家、地区间的关系却存在不确定性。与此同时，社会经济、产业发展等环境因素同样具有极强的不确定性。

（2）需求不确定。不确定的发展环境必然会对需求产生重大影响，而市场经济的高速发展以及信息技术的快速迭代，也会使市场上不断涌现新的产品或服务，客户的需求也容易因此发生改变。

（3）预测精确度低。供应链的有效管理，离不开对市场需求、发展趋势的精确预测。但在环境不确定、需求不确定的当下，供应链管理很难做出绝对精确的预测。此外，大数据技术虽然为供应链管理提供了新的预测手段，却存在相当高的技术门槛。

（4）产品品种需求大。个性化的客户需求，使市场上的产品品种猛增，供应链管理不得不设计并生产多个品种的产品，这就需要供应链管理提高大规模定制化生产的能力。

（5）利益分配、合作与协调流于表面。与其他问题相比，与利益相关的问题则更加难以解决。供应链管理十分强调利益相关方的合作与协调，但如果缺乏一套行之有效的利益分配方案，这种合作与协调也会停留在表面。

2. 供应链管理要解决的关键问题

针对供应链管理的诸多难点，企业在供应链管理中究竟要解决哪些问题呢？对此，企业需要从全局优化和管理不确定性两方面着手，找到相应的供应链管理内容。供应链管理要解决的关键问题如表 2.6-1 所示。

表 2.6-1　供应链管理要解决的关键问题

供应链管理内容	全局优化	管理不确定性
网络配置	√	
库存控制		√
供应链合同	√	
配送策略	√	√
战略合作伙伴	√	
外包和采购		√
产品设计		√
信息技术	√	√
客户价值	√	√

3. 供应链管理的精髓

正如前文所说,供应链管理涉及 4 个基本"流",即物流、资金流、信息流和增值流,很多企业在供应链管理时却忽略了增值流的管理。事实上,物流、资金流和信息流是供应链管理的主要对象,而增值流却是创造和维持供应链竞争力优势的基本工具。

供应链管理的精髓,就是对价值链进行分解、外包和管理,让物流、信息流和资金流都通过业务流成为价值增值的基石,在创造价值中增加利润,并将利润投入更多的价值创造中,实现供应链竞争力的持续提升,如图 2.6-2 所示。

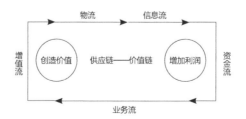

图 2.6-2　供应链管理的精髓

2.6.2 供应链管理的本质

从实践来看，一个最有价值的供应链应该是一个具有敏捷性、适应性和联盟等3A 功能的供应链。其基本要素包括战略资源、物流管理、关系管理以及信息系统，目标是实现速度、质量、成本、柔性的竞争优势。战略供应链管理如图 2.6-3 所示。

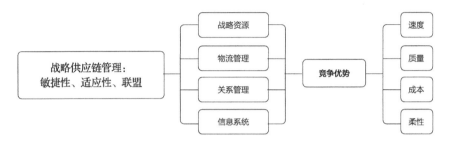

图 2.6-3　战略供应链管理

基于这样的管理诉求，供应链管理的本质其实就是整合。企业通过对供应链内各基本要素及资源的有效整合，构建供应链管理的联盟，并提升供应链管理的敏捷性、适应性，从而获取供应链的核心竞争优势。

供应链的本质就是不断地对供应链内部资源、参与者进行整合。在这个整合过程中，企业可以从内部整合和外部整合两个途径着手，如图 2.6-4 所示。

（1）内部整合。内部整合是指通过组织、资源、物流、信息、流程、绩效评价等方式进行整合。

（2）外部整合。外部整合是指主要依靠供应链合作关系的管理，从局部、低层次、短期、交易性合作转变为全面、高层次、长期的合作与管理，并借助信息共享和合作计划、预测与补给（CPFR）等策略。

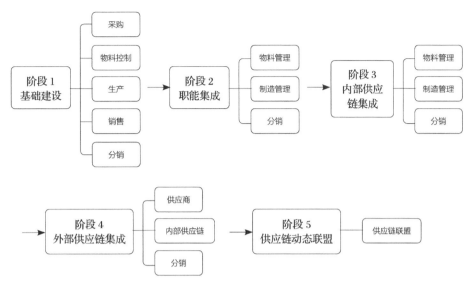

图 2.6-4　供应链管理的本质

2.6.3　供应链分析

每个产业的每条供应链都有其各自特点，在不同时代的不同发展阶段，供应链管理也有不同的侧重点。因此，在设计供应链管理体系之前，企业还需对供应链进行全面、深入的分析。

1. 环境－战略分析

供应链的内部情况总是受到环境和产业战略等外部因素的影响。基于环境－战略分析，企业就能明确供应链可能抓住的机遇以及相应的风险。

（1）机遇。

对供应链而言，所处环境是否蕴含重大发展机会？

供应链能通过哪些机会来提升市场竞争力？

供应链又能为产业发展提供怎样的价值？

（2）风险。

供应链正在面临哪些潜在风险？

在环境、战略等要素的改变中，供应链是否具备优势？

供应链在财务方面是否存在不稳定性？

2. 供应链分析

基于环境－战略分析发现的机遇和风险，企业要进一步发现供应链本身具备的优势和劣势，对供应链内各个节点、各类活动进行充分分析。分析的主要内容如图2.6-5所示。

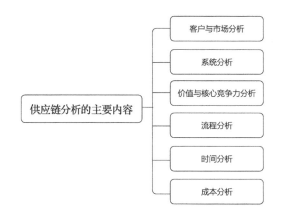

图2.6-5　供应链分析的主要内容

供应链分析涉及的内容纷繁复杂，除上述内容之外，还可能涉及质量分析、界面分析、关系分析、节点和网络分析、风险分析等。企业必须与其他利益相关者做到信息共享、协同合作，对供应链具有全面、深入的认知，为供应链管理体系的设计奠定扎实基础。

2.6.4　供应链管理体系设计

通过对供应链的深入分析，企业就可以着手供应链管理体系的设计工作。

1. 供应链管理体系的设计原则

在设计供应链管理体系时，企业必须遵循以下原则。

（1）自上而下与自下而上相结合的原则。自上而下就是从全局走向局部，对供应链系统进行不断分解；自下而上则是从局部走向全局，对供应链各节点进行集成。

（2）简洁性原则。为确保供应链具有快速响应、灵活应变的能力，供应链管理体系应保持简洁。

（3）集优（互补）原则。供应链应遵循强强联合、优势互补的原则，各节点只需集中精力在各自核心业务，并保持面向目标的自我优化。

（4）协调性原则。供应链竞争力取决于供应链各节点间的协调性。

（5）动态原则。不确定性在供应链中随处可见，供应链管理应保持动态发展，降低不确定性的影响。

（6）创新原则。没有创新性思维，就没有创新的管理模式，供应链管理必须时刻做到价值创新。

（7）战略原则。供应链管理体系的设计应与企业的战略规划（如产品规划和市场规划）保持一致。

2. 供应链管理体系设计的 3 个层次

供应链管理体系的设计需要从战略层、战术层、运营层等 3 个层次出发，如图 2.6-6 所示。

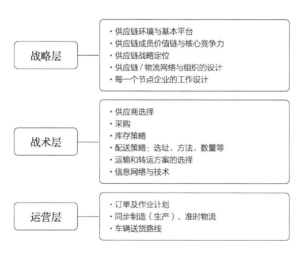

图 2.6-6　供应链管理体系设计的 3 个层次

企业关注的重点内容一般包括以下 6 个方面。

（1）供应链环境与基本平台。

（2）供应链生命周期与战略定位。

（3）供应链成员结构、价值观及核心竞争力分析。

（4）合作计划、预测与补给（CPFR）、产品类型、销售能力。

（5）组织设计：关系、协调机制。

（6）技术设计：生产系统、信息技术、供应商选择、采购模式、3PL、库存模式、物流配送网络等。

第3章

供应链下的需求预测与计划管理

任何有效的供应链管理，都需要完善的计划作为指导。计划管理是供应链管理的重要职能，而需求预测又是整个供应链管理体系的重中之重。供应链下的需求预测与计划管理，不仅要从更加宏观的角度审视整条供应链的运行，更要将整条供应链产生的数据整合到一起，并实现企业内外的高效协同，以推进供应链下的集成生产计划与生产控制。

3.1 如何进行需求预测和分析

竞争环境的复杂性给供应链生产运营带来了新的挑战。一旦企业无法对市场需求进行准确预测，生产计划、销售计划也必然因此经常变更，库存积压或销售缺货则导致供应链竞争力进一步下滑。因此，供应链管理必须掌握需求预测与分析的有效手段。

3.1.1 如何明确数量

需求预测与分析必然以明确需求数量为起点。但在明确需求数量时，企业要对需求进行区分，明确相关需求和独立需求，以及间断需求和持续需求之间的区别，避免因为对需求的错误理解，在明确需求数量时产生偏差。

1. 相关需求和独立需求

相关需求和独立需求的区别在于产品的需求数量是否与其他产品或服务相关。

（1）相关需求，也称为非独立需求，表示一种产品的需求与其他产品或服务的需求相关。这种需求一般发生在制造过程中，可以通过计算得到，如汽车产量对应的方向盘需求。

（2）独立需求，表示一种产品的需求与其他产品或服务没有关联。这种需求一般来自企业外部，其需求量和需求时间都由企业外部需求决定，如客户订购的产品、售后用的备品、备件等。

2. 间断需求和持续需求

间断需求和持续需求的区别在于产品的需求是否连续。

（1）间断需求，表示一种产品的需求并不呈现连续性，如珠宝、首饰等奢侈品的需求。

（2）持续需求，表示一种产品的需求呈现连续性，如常见的生活必需品、快消产品等的需求。

3.1.2 四大需求特性

一般而言，市场需求通常会表现出以下四个明显的需求特性。

1. 趋势性

正如每件产品都有一个完整的寿命周期，在不同的寿命阶段，市场需求通常呈现一定的变化趋势，或平稳，或上升，或下降。

（1）平稳型趋势，需求保持平稳趋势，常见于产品的成熟阶段，市场对该产品的需求没有明显变化，如图 3.1-1 所示。

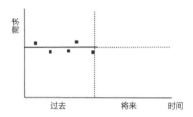

图 3.1-1　平稳型趋势

（2）上升型趋势，需求保持上升趋势，常见于产品的成长阶段，市场对该产品的需求不断上升，如图 3.1-2 所示。

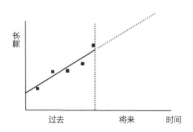

图 3.1-2　上升型趋势

（3）下降型趋势，需求保持下降趋势，常见于产品的衰退阶段，市场对该产品的需求不断下降，如图 3.1-3 所示。

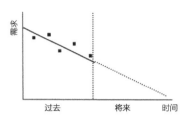

图 3.1-3　下降型趋势

2. 周期性

长期来看，市场需求大多处于周期性波动当中，如图 3.1-4 所示。

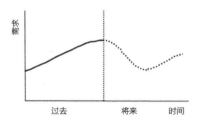

图 3.1-4　周期性

从基本的供需关系来看，产品最初赢得市场认可时，市场需求必然大于供给；但随着市场参与者的增加，供给也将逐渐满足需求，进而超过市场需求；随着市场需求的相对减少，整体产能又会随之降低，使市场需求又相对增加。同时，市场需求同样受到整体经济周期性波动的影响。

3. 季节性

季节性是周期性的独特表现，其变化趋势与自然年的季度变化相吻合。这是因为很多产品都具有明显的季节性特征，如冷饮、羽绒服等，所以其需求也呈现出典型的季节性趋势。季节性如图 3.1-5 所示。

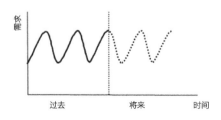

图 3.1-5　季节性

4. 随机性

除了上述 3 种明显的需求特性，某些产品的需求则呈现极大的随机性，这是因为该产品市场需求受到多种因素的综合影响，其未来变化无法准确预测，如图 3.1-6 所示。

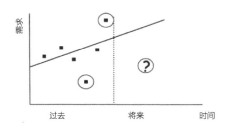

图 3.1-6　随机性

3.1.3　需求预测的四大方法

在长期的供应链运营过程中，需求既有持续性的，也有间断性的，更可能呈现出趋势性、周期性、季节性、随机性等多种特征。为了对复杂的需求进行准确预测，企业可以采用以下四种需求预测方法。

1. 专家意见法

无论在什么行业或市场环境下，专家的专业意见都是需求预测的重要依据。

（1）情景分析法（最好、最坏和可能的）。情景分析法的应用前提是假设某种现象或某种趋势会一直持续，基于这种现象或趋势，企业可以邀请专家对可能出现的需求变化做出预测，做出最好、最坏和可能的设想或预计，这是一种直观的定性预测方法。

（2）德尔菲法。德尔菲法也称专家调查法，其大致流程就是向专家征询关于需求变化的意见，并进行整理、归纳，再将统计结果匿名反馈给各位专家，再次征求意见……在不断的征询、集中和反馈中，最终形成一致意见。

德尔菲法规避了专家会议上专家无法充分表达意见或权威专家的意见占主导的弊端，使各位专家可以充分表达自己对市场的预测意见。

2. 市场测试

根据部分市场对产品的需求反馈，企业能够由此对整体市场需求进行预测，并对初步的需求预测结果进行印证。

（1）抽样调查。抽样调查是市场测试的基本手段，企业可以抽选部分客户进行调查，询问对方的基本信息、需求信息，并进行统计分析，进而估算出整体需求情况。需要注意的是，抽样调查的有效性依赖于抽样的代表性，企业应当根据过往经验对调查目标的基本属性，如性别、年龄、职业等，进行筛选。

（2）试验性销售。试验性销售是小批量生产样品，将其投放到市场当中，观察其实际销售效果。此时，试验性销售的销售方法需要排除营销手段的变量，应遵循企业过往的营销策略进行销售，并及时获取客户反馈。

3. 定量分析

（1）时间序列分析法。时间序列分析法是将预测对象按照时间顺序进行排列，利用历史数据构成一个时间序列，并从过去的变化规律和变化趋势中，推导出后续变化的可能性。时间序列分析法将时间作为唯一变量，一般适用于短期预测。

（2）因果关系分析法。因果关系分析法是在独立变量与需求之间建立因果关系，通过对有直接或间接因果关系的要素进行分析，找出其中的变化规律，并由此确定预测值。因果关系分析法的重要内容是通过回归分析、经济计量模型等方法建立因果关系模型，因而该方法不仅适用于短期、中期、长期预测，也可以预测宏观、中观、微观问题。

4. 基于计算机的物料计划系统

在智能时代，随着信息化的不断发展，很多企业都已经引入基于计算机的物料计划系统，借助此类系统，企业可以对需求进行更加准确的预测，并由此制订相应的发展计划。

（1）物料需求计划（Material Requirement Planning，MRP）是依据主生产计划、产品信息、库存信息等资料，对客户订单进行预测并由此制订生产计划，进而计算各种相关物料的需求状况。MRP 逻辑流程如图 3.1-7 所示。

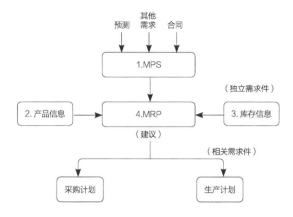

MPS：Master Production Schedule，主生产计划

图 3.1-7　MRP 逻辑流程

（2）制造资源计划是以 MRP 为核心，基于整体最优原则，对企业各种制造资源和生产经营环节进行合理规划，在确保连续、均衡生产的同时，最大限度地降低各种物料的需求量。

（3）分销资源计划（Distribution Resource Planning，DRP）是对企业分销网络进行管理的系统，通过解决分销环节的供应计划和调度问题来降低相应的配置费用，能够有效培养企业快速反应和持续补充库存的能力。

（4）企业资源计划是在信息技术的基础上以系统化的管理思想，为供应链管理提供决策运行手段的管理平台，除了具备 MRP-II 的基本功能之外，还具有质量管理、业务流程管理、产品数据管理等多种功能。

3.1.4　预测分析的七大方法

定量分析是需求预测的常用方法，企业要熟练掌握该方法。具体而言，定量分析的时间序列分析法和因果关系分析法又可进一步细分，形成预测分析的七大主要方法。

1.时间序列分析 – 直观法

通过回顾历史需求数据，企业可以直观地看出需求的变化趋势，并对需求进行简单的预测分析。

回顾当前以及前4期的需求数据（见图3.1-8），我们可以直观地看出一条平稳上升的趋势线，如图3.1-9所示。

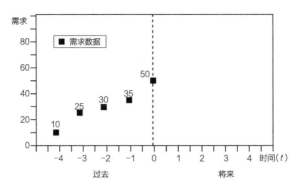

图 3.1-8　回顾历史数据

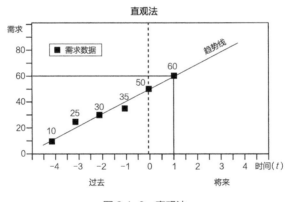

图 3.1-9　直观法

2.时间序列分析 – 移动平均法

移动平均法是将一段时间内的数据取平均值，并以此作为最新时间的预测值。为了避免时间因素的影响，选取的数据应该都是最近的数据。

仍以图3.1-9为例，根据该组数据，其移动平均值就是10、25、30、35、50这5组需求数据的平均值，即30，这也是对将来的预测值。

3.时间序列分析 – 移动加权平均法

在实际预测中，利用时段越近的数据，对未来的预测效果越好。因此，企业可以根据数据的时间远近赋予相应的权重，再进行移动加权平均计算，得出相应的预测值。

仍以图3.1-9为例,其移动平均法与移动加权平均法的计算结果如表3.1-1所示。

表 3.1-1　移动平均法与移动加权平均法的计算结果

时期	需求数量	权重系数	加权数量
−4	10	0.05	0.5
−3	25	0.1	2.5
−2	30	0.175	5.25
−1	35	0.275	9.625
0	50	0.4	20
平均值	30		37.875

由表3.1-1可见，根据移动加权平均法的计算结果，下一期的预测值应为37.875，略高于30，却明显低于直观法的预测值，如图3.1-10所示。

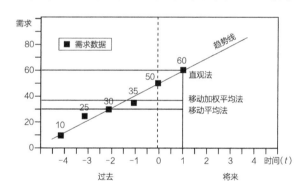

图 3.1-10　直观法与移动平均法、移动加权平均法的预测结果

4.时间序列分析 – 指数平滑法

移动加权平均法一般为近期数据赋予更高权重，但近期数据却可能因为随机干扰或异常波动，削弱需求预测的准确性。指数平滑法通过引入上期预测误差的计算来减少预测错误。

指数平滑法的计算公式如下。

下期预测值＝上期预测值＋ α ×（上期预测误差）

＝上期预测值＋ α ×（上期实际需求－上期预测值）

其中，α 的取值一般在 0.1 ~ 0.4。

例如，某企业的上期预测值为 50，但上期实际需求为 60，则其上期预测误差则为 10，如 α 为 0.2，其下期预测值应为 50 + 0.2×（60-50）= 52。

5. 时间序列分析 - 趋势与季节性调整预测法

从长期来看，需求数值不仅会呈现季节性的周期变化，也会随着时间的推进而呈现出上升（或下降）的变化趋势。此时，企业就要借助趋势与季节性调整预测法，结合长期需求数值对需求进行更加准确的预测。

趋势与季节性调整预测法的使用一般分为 3 步。

例如，某企业 XYZ 项目 5 年的需求数据如表 3.1-2 所示。

表 3.1-2　XYZ 项目 5 年的需求数据

第1年	需求	第2年	需求	第3年	需求	第4年	需求	第5年	需求
Y1/Q1	127	Y2/Q1	115	Y3/Q1	118	Y4/Q1	131	Y5/Q1	147
Y1/Q2	155	Y2/Q2	134	Y3/Q2	147	Y4/Q2	159	Y5/Q2	
Y1/Q3	165	Y2/Q3	155	Y3/Q3	160	Y4/Q3	172	Y5/Q3	
Y1/Q4	130	Y2/Q4	123	Y3/Q4	135	Y4/Q4	146	Y5/Q4	

（1）比较趋势数据与实际需求。根据表 3.1-2 的需求数据，企业可以计算出中心移动平均数、趋势值以及季节性变化，如表 3.1-3 所示。

表 3.1-3　预测 XYZ 项目的需求

年/季	需求值	中心移动平均数	趋势值	季节性变化
Y1/Q1	127			
Y1/Q2	155			
		144		
Y1/Q3	(165)	141	(143)	(+22)
Y1/Q4	130	136	139	-9
Y2/Q1	115	134	135	-20
Y2/Q2	134	132	133	+1
Y2/Q3	155	133	133	+22
Y2/Q4	123	136	135	-12
Y3/Q1	118	137	137	-19
Y3/Q2	147	140	139	+8
Y3/Q3	160	143	142	+18
Y3/Q4	135	146	145	-10
Y4/Q1	(131)	149	(148)	(-17)
Y4/Q2	159	152	151	+8
Y4/Q3	172	156	154	+18
Y4/Q4	146			
Y5/Q1	147			
Y5/Q2				
Y5/Q3				
Y5/Q4				

（2）计算基本季节性变化。基于趋势数据与实际需求的比较，企业就可以计算出基本季节性变化，如表 3.1-4 所示。

表 3.1-4　基本季节性变化

年度	Q1	Q2	Q3	Q4	总计
Y1			＋22	−9	
Y2	−20	＋1	＋22	−12	
Y3	−19	＋8	＋18	−10	
Y4	−17	＋8	＋18		
总计	−56	＋17	＋80	−30	
平均值	−19	＋6	＋20	−10	−3
季节性变化值	−18	＋6	＋21	−9	0

注：季节性变化值计算按表 3.1-3 季节性变化栏的方法即可。

（3）预测下一季度需求。基于前 2 步的计算，我们可以对下一季度的需求进行准确预测，如表 3.1-5 所示。

表 3.1-5　预测下一季度需求

年/季	需求值	中心移动平均数	趋势值	季节性变化
Y4/Q2	159		151	+8
		152		
Y4/Q3	172		154	+18
		156		
Y4/Q4	146		157	
Y5/Q1	147		160	
Y5/Q2	169		163	+6

6. 因果关系分析 – 简单线性回归法

简单线性回归法是通过构造一元回归预测模型，利用最小二乘法寻找唯一自变量与因变量之间的经验公式，对需求进行预测。

简单线性回归法的关键是确定唯一自变量，也就是找出影响需求预测的关键因素，再通过最小二乘求出相应的回归方程系数，并借助显著性检验对自变量与因变量间的密切程度进行检验。

7. 因果关系分析 – 多元线性回归法

在实务中,影响需求预测的通常不止一个自变量,而可能涉及多个自变量。这就需要引入多元线性回归法,建立多元回归预测模型,引用多个自变量对需求变化趋势进行解释。

从基本原理来看,多元线性回归法与简单线性回归法并无区别,但在计算上明显更为复杂。因此,企业在采用多元线性回归法进行需求预测时,还需研究自相关、偏相关、多变量相关等问题。

3.2 供应链下的集成生产计划与生产控制模型

只有基于完善的需求预测和分析,企业的生产计划才能有序推进。但在计划的引导下,制造商、供应商与分销商仍需充分进行信息交换,企业内各部门也需协同作业,确保有效控制生产进度,推动供应链竞争力的持续提升。

3.2.1 传统生产计划和 SCM 环境下的生产计划的比较

无论在哪个发展阶段,生产计划都是生产环节必不可少的依据。那么,与传统生产计划相比,SCM 环境下的生产计划又有何区别呢?

1. 传统生产计划

传统企业独立运行生产计划系统时,一般有 3 个信息流的闭环,而且都在企业内部,如图 3.2-1 所示。

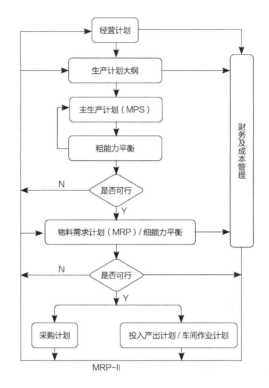

图 3.2-1 传统生产计划

（1）主生产计划 – 粗能力平衡 – 主生产计划。主生产计划是以销定产，以企业全年或每月的销售订单为指导，制订的主要生产计划。

粗能力平衡，则是以设备生产能力或人工生产能力计算出全年或每月的生产量，并与主生产计划进行大致上的平衡。

（2）投入产出计划 – 能力需求分析（细能力平衡）– 投入产出计划。此环节的关键是能力需求分析，即细能力平衡。与粗能力平衡相比，细能力平衡是对企业生产能力的精细计算。这是因为在实际生产过程中，设备不可能一年 365 天每天运转，人工也同样如此，因此，企业必须借助有效工时的计算，对企业生产能力进行精确计算。

（3）投入产出计划 – 车间作业计划 – 投入产出计划。车间作业计划是对投入产出计划的进一步分解。基于企业加工制造订单，车间需按照交货期的前后和生产优先级对车间生产资源进行有效配置。在这一过程中，企业也需实时采集生产的动态信息，了解生产进度状态，及时发现并解决问题，使车间实际生产与车间作业计划相匹配。

2. SCM 环境下的生产计划

在供应链管理下，生产计划突破了企业内部的信息流闭环，在信息集成上跨越了企业，借助供应链内部的信息共享，为传统生产计划增添了新的内容。SCM 环境下的生产计划如图 3.2-2 所示。

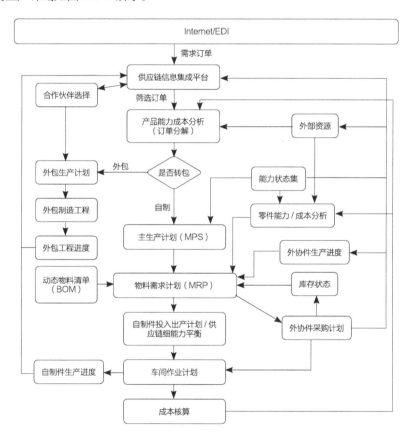

图 3.2-2 SCM 环境下的生产计划

由此可见，SCM 环境下的生产计划与传统生产计划的差异主要表现在 4 个方面，如表 3.2-1 所示。

表 3.2-1　传统生产计划和 SCM 环境下的生产计划的区别

区别	传统生产计划	SCM 环境下的生产计划
决策信息	需求信息（用户订单、市场预测）（驱动力）； 企业内部资源信息（受限制）	信息多元化； 企业内外资源信息（共享）
决策模式	集中式决策（由企业内部）	决策群体性、分布性
信息反馈机制	按组织层级（权利）递阶、链式反馈	并行、网络反馈
计划运行环境	计划的刚性较强（MRP）； 适用相对固定的市场环境	计划的柔性和敏捷性较强； 适用不确定、动态的市场环境

3.2.2　SCM 环境下的制造商、供应商、分销商信息交换

SCM 环境下的生产计划的有效作用，离不开企业内外资源信息的共享，尤其是制造商、供应商、分销商的信息交换。这种信息交换如图 3.2-3 所示。

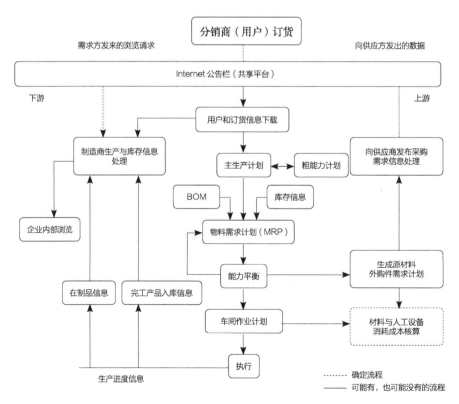

图 3.2-3　SCM 环境下的制造商、供应商、分销商的信息交换

要有效实现制造商、供应商、分销商的信息交换，供应链管理就要注重信息化与集成化的管理提升。

1. 信息化

在智能时代，无论是需求预测与计划管理，还是更进一步的智能化和自动化管理，都需要信息化作为基础。

在实施信息化的过程中，企业必须理解信息化的本质——信息化是经济、社会等各方面被信息技术改造的过程，其目的是实现信息共享，让人与资源的价值得到充分发挥。

在这一原则下，信息化就可以理解为，借助信息技术，改造供应链流程、企业运营乃至产业协作模式，通过信息共享，实现资源的优化配置和产业的高效运营。

（1）构建信息系统。信息化的发展，离不开信息系统的搭建。但在这一过程中，企业必须明确，核心并不在于信息系统的技术架构，而是服务对象——信息系统必须能够为服务对象带来价值。

（2）信息互联互通。信息化的推进基础在于信息的互联互通。企业在推进信息化时，必须尽可能地应用信息采集、传输和处理手段，以获取更加真实、完整的基础信息。

2. 集成化

面对多变的市场环境和海量的个性化需求，任何只顾自身利益的企业都会被市场淘汰。只有价值共赢，才能带来整条供应链竞争力的提升，而供应链上的每个环节，也都将因此受益。

在这样的市场背景下，集成化也成为现代供应链的必然发展趋势。与此同时，在对降本增效的要求下，集成化也是供应链管理变革的必然结果。

集成化的发展关键在于协同关系的建立，供应链中的每个企业都需要对其供应链功能进行革新，摆脱传统的"孤岛"模式，转向通过内外协同、内部整合建立供应链一体化的协同关系，如图 3.2-4 所示。

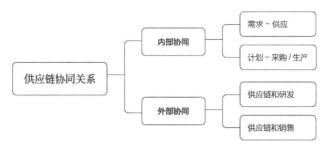

图 3.2-4　供应链协同关系

3.2.3　供应链管理环境下的生产管理组织模式

基于 SCM 环境下的生产管理的特殊性，企业同样需要建立相应的生产管理组织模式，确保 SCM 环境下的生产计划的切实落地。SCM 环境下的生产管理组织模式如图 3.2-5 所示。

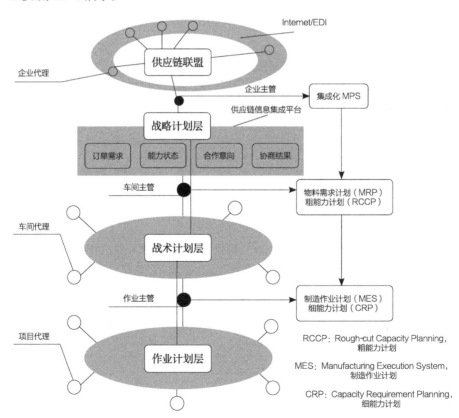

图 3.2-5　SCM 环境下的生产管理组织模式

（1）生产管理是开放性的、以团队工作为组织单元的多代理制。

（2）在供应链联盟，企业生产决策信息通过 Internet/EDI 实时地在供应链联盟中由企业代理通过协商决定，企业建立一个合作公告栏（在 Internet 上），实时地和合作企业进行信息交流。

（3）要在供应链中实现委托代理机制，企业应建立一些行为规则：①自勉规则；②鼓励规则；③激励规则；④信托（由于相信才委托）规则；⑤最佳伙伴规则。

（4）建立供应链内部协调机制。

3.2.4　SCM 环境下生产控制的四个新特点

SCM 环境下的生产控制具有以下四个新特点。

（1）生产进度控制。建立有效的跟踪机制进行生产进度信息的跟踪和反馈。

（2）供应链的生产节奏控制。实现供应链企业之间的同步化。

（3）缩短提前期。采取时间压缩技术缩短提前期。

（4）库存控制和在制品管理。实施多级、多点、多方管理库存的策略；基于 JIT 的供应与采购、供应商管理库存、联合库存管理等供应链库存管理的新方法。

正是上述四个新特点的协同作用，使供应链运营摆脱传统的供销联合，进入良性循环。

在传统的供销联合机制下，由于信息无法有效贡献，整个生产销售环节都陷入恶性循环，生产计划不当、生产变更、缺货等问题时有发生（见图 3.2-6）。但企业通过实施供应链管理后，通过信息共享、缩短时间走向新的良性循环，如图 3.2-7 所示。

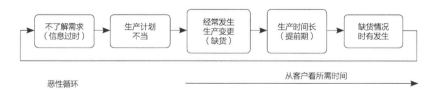

图 3.2-6　传统的供销联合机制

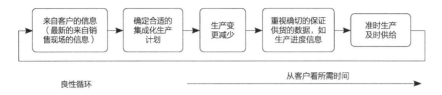

图 3.2-7　SCM 环境下的生产控制

3.2.5　SCM 环境下销售、PMC、生产、采购等跨部门协作

SCM 环境下的集成生产计划与生产控制，需要供应链内各企业的集成协作，而这一目标的实现，需要将企业内跨部门协作作为基础，尤其是销售、PMC、生产、采购等核心部门，如图 3.2-8 所示。

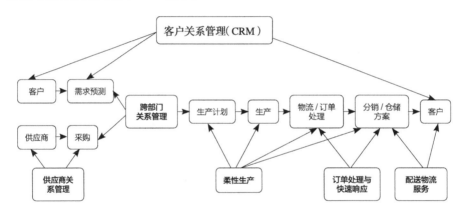

图 3.2-8　SCM 环境下销售、PMC、生产、采购等跨部门协作

如果企业内部不能实现集成协作，也就不可能与上下游相关企业进行高效对接。而要实现这一目标，生产及物料控制（Production Material Control，PMC）的作用则十分重要。

PMC 通常分为两个部分。

（1）生产控制（Production Control，PC），主要职能是对生产计划与生产的进度进行控制。

（2）物料控制（Material Control，MC），俗称物控，主要职能是物流需求计算、物料计划、物料请购、物料调度、物料控制（坏料控制和正常进出用料控制）等。

在多品种、小批量的精益生产时代，PMC 的职能越发重要。PMC 成为企业生产运营的核心部门，其职能包括统筹公司资金、信息、物流、人力资源、前端市场营销等，是企业生产和物流运营的总指挥和总调度。

企业的应对方法是重新整理业务流程和生产规范，实现科学的生产和物料控制，即建立完善的 PMC 系统。PMC 系统如图 3.2-9 所示。

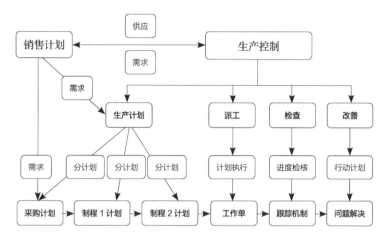

图 3.2-9　PMC 系统

借助这样一套完整的 PMC 系统，企业就能建立起一套适应市场需求变化、协调性强的组织架构与运营体系。与此同时，辅以物料需求计划、企业资源计划等管理理念，企业就能真正掌握产销协调、生产进度跟进、物料配送运营、物料督促到位、库存控制的有效方法，从而使整个生产过程更加流畅，达到提升企业适应市场需求、减少库存和压缩成本能力以及企业对市场的快速反应和适应能力的目的。

企业要以 PMC 推进供应链计划与预测管理，完善 SCM 环境下的跨部门协作，就要明确 6 个关键及其要求，如表 3.2-2 所示。

表 3.2-2　PMC 推进关键及其要求

分类	要求	项目
作业管理	拟订完善的工作计划，执行良好的工作方法	生产计划，生产现场管理
		生产节拍管理，日计划达成率管理
		生产进度管理，生产指示看板
		生产效率及异常流失率管理
品质管理	控制好工作的品质，执行自主品保，达到零缺点要求	质量检验标准、检查记录、质量问题统计分析表
		标准文件，作业指导书培训及应用
		操作品质管理，变更点管理
		品质管理工具应用
日常管理	进行事务管理，5S、3 定及可视化管理	班组长工作职责，岗位安排与勤务管理
		班组园地管理（设置班组管理目视看板）
		5S、3 定及可视化
成本管理	进行物料管理，减少浪费，降低成本	运用看板配送物料，减少现场在制品
		物料标识明确、3 定规范，有合理的期量要求
		实施储运一体化配送，配送容器标准化
设备 / 安全管理	正确的操作设备，维持零故障的生产，维护人员、产品、客户的安全，做好必要措施	设备基准书，点检表，设备故障管理，设备日常保养
		指导下属员工正确操作
		安全生产，定期检查
		提高下属员工安全保护意识
人员管理	提升人员的向心力，维持高昂的士气	班组人员技能训练
		自主管理活动开展
		企业班组文化建设

注：5S 指的是整理（Seiri）、整顿（Seiton）、清扫（Seiso）、清洁（Seiketsu）、素养（Shitsuke），3 定指的是定点、定容、定量。

3.2.6　SCM 环境下生产进度控制的工具和策略

为了提高 SCM 环境下集成生产计划和生产控制的管理效率，企业可以采用一些必要的生产进度控制工具和策略。

1. 缩小加工批量 – 设备的快速换型

为缩小加工批量，不断地向理想加工批量靠近，企业就必须缩短设备的换装调整时间。一般情况下，在不改变工序生产负荷的情况下，如果设备的换装调整时间缩短为原来的 N 分之一，则加工批量也能缩减为原来的 N 分之一。

（1）作业转换改善要点。在采用缩小加工批量 – 设备的快速换型策略时，企业必须关注总转换时间的管理，对作业转换进行有效改善。

作业转换改善要点包括以下 5 点，如图 3.2-10 所示。

①明确区分内部作业转换和外部作业转换。

②将内部作业转换 B 转化为外部作业转换。

③缩短内部作业转换 C。

④缩短调整作业 D。

⑤缩短外部作业转换 A。

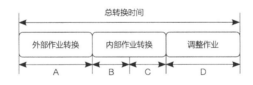

图 3.2-10　作业转换改善要点

（2）将外部转换作业标准化。企业需要将准备模具、工具和材料的作业充分程序化，而且必须达到标准化。

与此同时，企业还要把已标准化的作业写在纸上、贴在墙上，以便作业人员随时都能看到。作业人员为了掌握这些作业，必须进行自我训练。

（3）快速转换的原则。一旦设备停止运转，作业人员绝对不要离开设备，不要参与外部作业转换的操作。

在外部作业转换中，模具、工具以及材料必须事前完完整整地准备到设备旁边，而且模具必须事前修理好。

在内部作业转换中，必须只拆卸和安装模具。

2. 快速反应信号 – Andon 看板管理

看板管理作为一种生产、运送指令的传递工具，是使生产工作中的各项指标透明化的重要手段。用看板的形式将需要重点管理的项目，如效率、品质、成本、安全、活力等揭示出来，使管理状况众人皆知。其作用如图 3.2-11 所示。

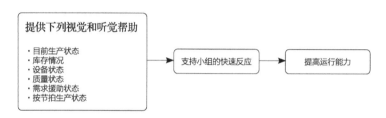

图 3.2-11 看板管理的作用

具体而言，看板管理生产计划的特点表现在以下方面。

（1）生产计划只下达给最后一道工序——最后的成品数量与市场需求保持一致。

（2）其余工序没有生产计划。

（3）用"看板"传递。

（4）各工序只生产后工序所需的产品——避免了生产不必要的产品。

（5）只在后工序需要时才生产——避免和减少了不急需品的库存量。

3. 工序的布局和设计

为了进一步提升企业生产控制效率，企业还需对工序的布局和设计进行改善。工序的布局和设计如图 3.2-12 所示。

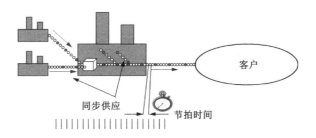

图 3.2-12 工序的布局和设计

工序的布局和设计一般可以从以下 3 个角度进行。

（1）有弹性的生产线布置，使生产线可以满足不同的作业需求，如图 3.2-13 所示。

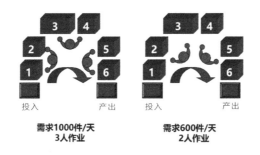

图 3.2-13 有弹性的生产线布置

（2）由水平布置改为垂直布置，使生产线呈现出"细流而快"的特征，能够满足多样少量的生产需求，如图 3.2-14 所示。

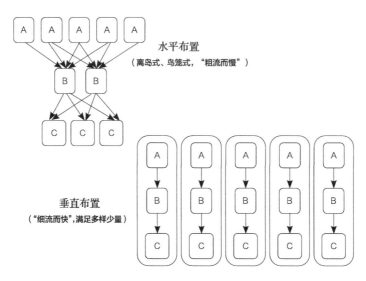

图 3.2-14　由水平布置改为垂直布置

（3）整体上呈一笔画布置，使生产工序布局更加有序，如图 3.2-15 所示。

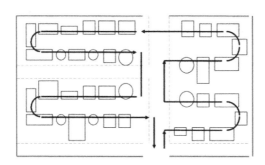

图 3.2-15　整体上呈一笔画布置

4. 应用 IE 改善生产工艺

工业工程（Industrial Engineering，IE）是借助运筹学、系统工程等理论和其他高新技术提高劳动生产率的一门应用性工程专业技术。企业可以借助 IE 的应用，对生产工艺进行改善。

IE 的应用方法一般包括以下 3 点内容。

（1）分析作业方法或机器设备，设计出最优的应用方法，并将此设定为科学的工作方法。

（2）针对选定的工作，选派最适合的作业人员。

（3）针对作业人员，进行科学工作方法的训练。

以某别针生产工序为例，其工序流程在用 IE 改善前如图 3.2-16 所示。

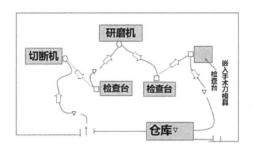

图 3.2-16　改善前的工序流程

基于 IE 的应用，该企业对生产工序进行了重新设计、改善和设置，使工序流程更加简明、合理，如图 3.2-17 所示。

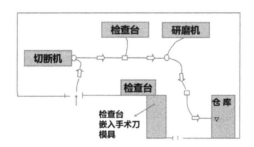

图 3.2-17　改善后的工序流程

第 4 章

供应链下的战略采购与采购成本控制策略

    采购是供应链管理的重要环节，也是很多企业管理的核心痛点。无论是物料本身的成本，还是采购活动消耗的费用，或是物料质量、交期蕴含的隐藏成本，都使采购成本成为企业主要的成本支出。因此，立足供应链全流程控制与运营管理，供应链下的战略采购与采购成本控制策略，也成为企业需要解决的首要课题。

4.1 采购战略与战略采购

战略采购是从企业发展全局出发，确定企业采购活动的长远发展方向，并为此建立相应采购手段以达成目标。战略采购是一种系统性的、以数据分析为基础的、以最低总成本获得企业竞争所需外部资源支配权的采购方法。

在实践过程中，企业经常将"战略采购"与"采购战略"两词混淆。但其实，与战略采购相比，采购战略只是关于采购需求、供应商分析、采购策略与交付商务等带有指导性、全局性、长远性的整体管理方案。

4.1.1 采购战略

基于对未来的需求预测与计划管理，企业能着手制定自己的发展战略，并由此形成企业的采购战略。采购战略是企业采购管理工作的系统性、纲领性的规划，也正是在这样的规划下，企业才能对企业资源、策略资源进行整合，并对组织流程进行调整，进而获取更好的供应资源或竞争资源。

很多企业都会遇到与核心供应商难以有效协同的困局，此时，双方却习惯将此归咎于彼此企业战略的冲突。但其实，核心供应商的战略是可以确定的，基于盈利发展的需求，他们的战略方针与目标必然以企业采购战略及相应绩效管理为导向。

但如果企业尚未明确自己的采购战略，又怎么可能实现各方面资源的优化整合，实现与核心供应商的协同发展呢？确定采购战略的方针与目标，企业可以从以下4个方面着手。

1. 确定采购愿景、使命和目标

每家企业战略的开头都是愿景、使命和目标。很多企业将之看作空话，但这简单的几句话中其实蕴含了企业竞争战略的核心。因此，在确定采购愿景、使命和目标时，企业首先要确保它与企业整体战略愿景、使命和目标相一致。

因此，在制定企业整体战略时，企业采购高管应参与其中，从一开始就将采购战略融入企业整体战略，以发挥二者的协同效应。

2. 分析形势

强大的采购战略，不可能通过闭门造车制定出来。如果脱离市场形势，采购战略也就难以具备应有的效用，更不可能协调所有利益相关方的需求。

因此，企业确定采购战略时，必须了解供应链的运营逻辑以及外部环境。此时，企业可以采用 PESTLE 分析法，分析政治、经济、社会、技术、法律和环境等因素，来评估企业的运营环境；也可以采用 SWOT 分析法，分析竞争优势、竞争劣势、机会和威胁，以评估采购过程和供应链。企业可借助各种方法，制定出符合市场形势的采购战略。

3. 明确需求

战略要想落地，就必须与企业实际相结合，也只有如此，其方针才能执行、目标才能实现。

企业可以采用由小及大的方式，在确定所有采购事项及其执行计划之后，根据计划的重要性进行排序组合，在凸显核心采购计划、兼顾所有采购需求中，制定合适的采购战略。

4. 执行与改善

只有在执行中，采购战略的有效性才能得到证明。因此，企业要制定一个战略采购周期，在每个周期内，采用适当的管理工具监控采购战略的执行进度，并收集和评定可用的绩效信息，从而在战略采购周期后分析与总结，对采购战略进行改善。

4.1.2 战略采购

与采购战略相比，战略采购的着眼点则在于供应链战略层面，关注的是供应链的整体利益，并通过系统的供应链管理实现总成本最低的目标。总体而言，战略采购的目标主要表现在以下 4 个层面。

1. 总成本最低

战略采购的核心内涵是以最低总成本建立服务供给渠道，它注重的是最低总成本，而非单一最低采购价格。这也是战略采购的基本原则。

在低价格的背后，最终往往会付出更高的总成本，但这很容易被企业忽视。例如，笔者看到某些企业为了防止所谓的腐败风险，成立专门审计的"审计部"，最后审计部脱离企业采购的实际情况，一味追求低价采购，让采购团队花大量时间寻找并周旋在审计部需要的低价"证明"之中。如此会否定采购的专业性，降低采购团队的价值归属感。

成本战略采购循环涉及供应商、采购部门、生产研发部门乃至售后部门等多个部门，因此，企业必须遵循总成本最低的原则，对整个采购流程中涉及的关键成本和其他相关成本进行管控。

2. 建立共赢关系

不同的企业，适用不同的采购方法。有的企业注重良好的合作关系，有的企业倾向于竞争性定价，有的企业则认可采购外包……但无论如何，战略采购并非零和博弈的过程，而是商业协商的过程。

如果企业执着于利用采购杠杆逼迫供应商妥协，企业也绝不可能成为受益者。因此，企业要遵循建立共赢关系的原则，基于对原材料市场的充分了解和企业自身战略，实现所有利益相关方的共赢。

笔者曾帮助某企业进行成本改善项目，通过与供应商构建良好的共赢关系，实现采购数据、工艺计划、模具安排、研发改进和品质协同，不到 3 个月的时间，在准时交付率提升到 98% 的同时，采购综合成本下降了 11.5%。

3. 完善采购能力

采购不只是交易行为，因此，战略采购所需的能力也不只是询价和谈判。理想的采购能力涵盖 3 大方面：采购精神、采购绩效、采购职业化。其又可细分为 6 大能力：采购逻辑能力、采购战略能力、供应商整合与关系管理能力、品质管控与计划能力、成本建模与管控能力、商务协同与谈判能力。采购能力如图 4.1-1 所示。

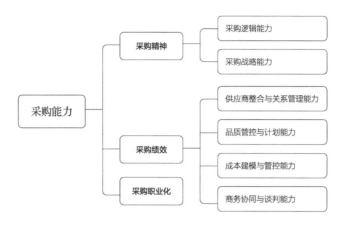

图 4.1-1　采购能力

很少有企业能够同时做到以上 6 点，但企业仍然应该不断完善自身的采购能力，并争取做到其中 3 点：成本建模与管控能力，为建立战略采购循环奠定基础；采购战略能力，推动采购由战术性行为转变为战略性行为；供应商整合与关系管理能力，确保实现利益相关方的共赢合作。

4. 制衡与合作

供应链是动态的。企业（采购方）与供应商之间虽是非零和博弈，但也存在相互比较、相互选择的现象，双方都具有议价的优势。如果企业对供应商业务战略、运营模式、竞争优势等信息具有充分的了解和认识，就有助于企业发现机会，在共赢合作中找到平衡。

即使选择单一供应商，企业也应当遵循制衡与合作的原则，持续关注自身行业及相关行业的发展，考虑如何借助与供应商的深入乃至先期合作，来降低成本、增强竞争力。

4.2　采购中存在的六大问题

采购是供应链管理的关键环节，但长期以来，由于供应链协同性不足以及企业对采购的重视不足，采购中往往存在诸多问题。这造成采购成本的极大浪费，既降低了供应链运转效率，也成为供应链竞争力提升的重大阻碍。

4.2.1　采购物流中的三大问题

采购物流的效率提升，需要企业与供应商以及物流服务商的共同协作，因此，采购物流的问题很多时候都是"人"的问题。

1. 采购人员的综合素质低

国内企业的采购人员少有科班出身，大部分采购人员的技能成长都依靠"社会大学"的实践。因此，即使部分采购人员具有一定的采购技能，却少有经过系统的采购知识与专业技能训练的。

正是因为采购人员的综合素质较低，企业的采购成本及风险才不断增加。一方面，采购团队每一次成长都要支付高额的隐性"学费"；另一方面，缺乏技能与方法支持的采购管理也导致采购成本、交易风险增加。

与此同时，作为采购管理的核心岗位，采购人员一旦不能进行专业操作，不仅会导致与供应商合作的问题不断，还会引发员工对企业的不信任，认为存在徇私舞弊的情形，最终导致人才流失。在这种恶性循环中，企业的采购管理将缺乏人才基础，那么企业的成本就会产生更大的浪费，这又会直接影响未来的经营，其中可能存在的损失就更加难以衡量。

2. 采购绩效评估制度不健全

采购人员的工作积极性不高，不能认真对待工作，对供应商的监管力度有限，不到问题暴露之时，往往对供应商的生产"睁一只眼，闭一只眼"。采购人员得过且过，也会导致采购问题不断堆积、发酵，一旦大规模爆发，企业就很难在短时间内有效解决，不得不面临成本激增、交货周期延长等风险。

采购人员出现这些问题，其实是采购绩效评估制度不健全的表现。缺乏足够的激励与评估制度，采购人员就会"当一天和尚撞一天钟"，只想着拿到应有的工资，不愿为采购管理贡献力量。

所以，只有加强采购绩效评估制度的建设，建立"多做不错，不做大错"的观念，并将采购工作表现直接与薪水奖金、岗位职务等挂钩，这样才能有效激活采购人员的工作热情。

采购绩效评估制度的有效实施，就是要推动采购人员及时发现供应商的问题并上报，还要协助相关部门进行妥善处理。此外，采购人员还要积极发现企业内部的相关问题，以提升整体运营效率。

针对表现出色的采购人员，企业应当给予相应的奖励或职位晋升；针对表现一般的采购人员，企业则要借助培训制度提高其采购能力；针对长期处于末位的采购人员，企业则应给予相应惩罚，甚至引入"末位淘汰制"。

3. 供应商不稳定

与供应商的稳定合作，对采购、产品定价、产品上市周期等起到了决定性作用。成熟的供应链管理，都会对供应商进行严格筛选和考核，一旦发现问题就及时更换供应商，避免采购环节出现的漏洞导致产品无法顺利生产、战略无法有序推进。

很多企业在与供应商合作前期，对供应商的信息没有足够了解，往往只是从其他渠道听说供应商的能力，匆忙签约，却在正式投产后发现很多问题，采购成本因此严重浪费。

与此同时，即使企业能够及时更换供应商，但这也势必会对产品生产造成直接冲击；原有的计划被彻底打乱，成本自然增高。供应商不稳定造成的后果不只是项目停滞、成本激增，更可能导致企业的整个运转出现偏差。

4.2.2 采购成本中的三大问题

采购成本管理是战略采购的核心课题。尤其是在原材料涨价、劳动力成本上升的大环境下，成本竞争优势愈加重要。

但在解决采购成本问题时，企业要认识到，采购成本控制绝不只是简单地降低采购价格，而是一个系统化的工程。一味地降低采购价格，有时不仅无法降低采购成本，反而可能会给企业带来多种风险，如质量风险、技术风险、及时供货风险等。

采购成本问题事实上包含价格、质量和批量等三大问题。

1. 价格问题

采购价格是采购成本的主要构成部分。

通常来说，企业在与供应商进行正式谈判前，都会根据采购经验和市场调研制定出一个计划价格。但在实际采购过程中，计划价格与供应商的实际报价通常存在一定差距，因此，企业就必须进行进一步考核，分析其中的差额是否处于合理范围内，避免不合理的采购价格导致成本增加。

为了有效解决采购成本的价格问题，企业需要熟练应用以下3个公式。

采购价格变化＝实际价格—计划价格

采购价格变化百分比＝实际价格 ÷ 计划价格

采购价格总变化＝（实际价格—计划价格）× 年采购数量

通过这3个公式，企业能够清晰看出实际价格与计划价格是否存在明显的差异，每一批次是否与上一批次的生产价格差异过大。如果出现较大的价格波动，企业应当要求供应商出示详细说明；如果采购价格超出合理范围，企业应第一时间提出改善意见。如果供应商并不愿意做出让步，企业应当及时与其他供应商进行联系，进行新一轮的考核。

需要注意的是，即便企业已经与某供应商建立了长期合作的关系，但也不能因此放弃与其他同类供应商的合作，甚至可以持续针对采购价格进行咨询，从而拿到行业的标准价格，以强化采购价格管理。

2. 质量问题

品质是品牌立足的根本，但如果供应商供应的物料质量存在问题，则可能导致产品品质受损，即使企业发现并退换合格物料，也会造成时间成本的损失。因此，在进行采购成本管理时，企业一定不能忽视质量问题。

所以质量绩效分解应当放在首位。挖掘供应商的问题，通过不断改进来确立全面材料供应链的专业化管理，从而获得明显的竞争优势。

质量问题的解决，需要在确定合作之前就完成。企业需要对供应商的品质能力进行有效评估，确保供应商具备相应的生产资质、质量认证，以及全面质量管理（Total Quality Management，TQM）、检验测试等管理手段。

在后续合作中，企业也要建立完善的验收制度，对物料质量进行严格检验。当然，针对不同的物料，关于物料质量的评估要求和相应指标也各有不同，企业可以按照需求进行制定。

3. 批量问题

每次采购多少物料、多久采购一次，这些都是关于采购批量的问题。在实务中，小批量、多批次的采购，必然使企业难以拿到优惠的采购价格；而大批量、小批次的采购，又会导致库存积压，仓储成本、损耗成本增加。

这里，要厘清数量折扣分析（Quantity Discount Analysis，QDA）的相关问题。

数量折扣是企业采购常见的采购优惠手段。数量折扣（Quantity Discount）也称批量作价，是供应商给予大量购买产品的客户的一种减价优惠。一般而言，采购量越大，折扣也就越大。

在采购成本的管理环节，企业要理性看待供应商给出的数量折扣，以总成本最低为原则，以免陷入数量折扣的陷阱。数量折扣分析的重点在于增加采购数量之后，是否有净收益。

无论供应商采取何种数量折扣，企业获得数量折扣的前提在于采购数量的增加，而这也意味着仓储成本的增加、占用资金的增多乃至折旧费、人员工资等成本费用的增加等。

因此，数量折扣带来的采购价格缩减，必须能够覆盖相关成本费用的增加，带来净收益的提升。只有在这种情况下，数量折扣才具备价值。

4.3　采购成本控制的两大途径

采购成本控制是战略采购的核心目标。聚焦采购成本的价格、质量和批量问题，企业可以借助集中和批量采购法和采购价格控制，来实现总成本最低的管控目标。

4.3.1　集中和批量采购法

集中采购（Centralized Purchasing）是采购成本控制的常用方法，将企业内分散的采购需求集中起来，形成一定批量后再行采购，从而控制采购成本。尤其是集团公司或政府部门，为了降低分散采购的选择风险和时间成本，除了一般性材料由分公司或各部门分别采购外，其余均由公司集中采购。

借助集中和批量采购法，各部门、分公司的需求得以集中，此时，由于采购批量较大，供应商一般会给予更优惠的价格，企业得以实现采购价格的降低。与此同时，相比于分散采购，集中和批量采购法也能够有效减少采购时间和费用，并节省运输费、质检费等间接费用。此外，集中和批量采购法也减少了各部门的采购主动权，避免各部门与供应商串通，导致腐败、贿赂行为的发生。

集中和批量采购法虽能有效降低采购成本，但同样存在弊端。

（1）在集中采购模式下，企业采购管理也因此变得僵化、失去弹性。

（2）由于需要集中各部门需求，所以集中采购的时间较长。

（3）集中采购虽能带来价格优惠，但灵活性较低，不利于各部门的快速应变，容易导致服务率的降低。

（4）各部门需求的不同，也容易引发内部矛盾，尤其是在采购、研发、生产部门之间：采购部门更看重采购价格，而价格最低的供应商往往难以满足研发需求；研发部门需要更快开发新产品，更看重反应速度，因此倾向于小供应商；生产部门则偏好质量、交货稳定的大型供应商。

针对集中和批量采购法本身存在的弊端，企业在采取该方法控制采购成本时，也要根据企业情况对其进行改造，以适应自身采购模式。一般而言，集中和批量采购法更适用于大宗物料、战略物料、核心物料的采购，其应用主要分为以下3种模式。

1. 集中定价、分开采购

在集中采购下，为了提高灵活性，企业可在对各部门需求汇总估算后，如年度总采购量1万件，以此与供应商进行价格谈判，从而获得较好的数量折扣价格，实现集中定价。确认采购价格之后，各部门可按需直接向供应商采购相应产品，以相应的价格进行结算。

该模式能够很好地提高集中采购的灵活性，并解决各部门需求矛盾的问题，但由于采购量和时间的不确定性，会对供应商生产计划造成影响。所以，如非长期合作的供应商，该模式一般难以充分发挥集中采购的价格优势。

2. 集中订货、分开收货

在集中订货、分开收货模式下，各部门需求同样汇总至采购中心，集中向供应商下达详细的订单，供应商直接根据订单生产供货。而采购中心则会根据各部门需求情况，分发收货通知单至各部门。供应商按需分别送货至各部门，由各部门验收，并将入库单汇总至采购中心。

集中订货、分开收货模式，在确保采购灵活性的同时，也更有利于供应商制定生产计划。根据付款方式的不同，该模式又可细分为分开付款和集中付款两种。

（1）分开付款，即各部门对物料验收入库之后，直接与供应商进行结算，此后再凭借入库单和结算单进行内部结算。

（2）集中付款，即待各部门分开收货完成后，采购中心对入库单进行汇总，与供应商进行结算、集中付款。

3. 集中采购后调拨

在汇总各部门采购需求之后，企业采购中心负责全部的采购工作，包括供应商的选择、价格谈判、订单签约、收货入库和货款结算等。此时，物料存放于中心仓库，根据各部门的需求，采购中心会启动内部调拨流程，按需调拨出库，并根据调拨订单做内部结算。

4.3.2　采购价格控制

为了确保价格的市场竞争力，企业对产品的最终售价同样需要严格控制。在这样的售价限定下，企业的采购价格也必须被控制在一定范围内，否则就可能倒逼售价上涨，或缩减盈利空间。

采购价格控制的核心理念是确定目标采购价格，这一理念适用于各类采购场景。

1. 采购价格控制的基本原则

控制采购价格，企业要遵循以下 5 个基本原则。

（1）以市场竞争为基础、客户需求为导向的原则。全面控制产品形成的诸多成本要素，不是仅关注采购价格这一单一要素，而应贯穿产品形成的全过程、全环节。

（2）供应商参与原则。邀请供应商参与，从研发开始运筹，全部门参与，拓展盈利空间。

（3）责、权、利相结合的原则。制定完善的绩效考核制度，推动全员参与、共同努力。

（4）职能控制的原则。按照目标采购价格计划，对采购计划的完成情况进行评估，并及时纠正计划执行中的偏差，以确保目标价格得以实现。

（5）目标管理的原则。在企业管理中，以目标采购价格及对应的目标成本为依据，对各项成本开支进行严格的限制和监督，力求在采购价格等各方面实现最小的成本耗费。

2. 采购价格的主要影响因素

设定合理的目标采购价格，企业要明确以下影响采购价格的主要因素。

（1）采购数量。采购数量直接影响价格，购买方式不同，如单买、小批量买、大批量买等，在价格上会存在明显的差异。

（2）合作关系。如果企业与供应商保持持续交易关系，企业也有更大的可能拿到相对优惠的价格。

（3）交货期限。在较为紧张的交货期限下，供应商可能会提升价格；反之，则可能有一定优惠。

（4）市场行情。市场行情分为区域市场行情和宏观市场行情两方面。在市场的价格变化周期内，企业采购价格会随之变化。

（5）产品质量。质量决定价格，采购物料的标准是国家标准、行业标准，还是没有标准，对采购价格影响明显。

（6）付款方式。一般而言，企业以预付款的方式可以拿到更加优惠的价格。而如果付款期较长，供应商报价也会相对较高。

（7）供应商渠道。供应商渠道包括生产商、一级供应商、二级供应商和终端零售商等，从不同的供应商渠道采购，其价格也不同。

（8）供应商成本。随着供应商生产成本的增减，其报价也会相应变化。

只有明确影响采购价格的因素，企业才能合理控制采购价格，对采购价格进行合理评估。否则，一味简单地压低采购价格，以采购方身份强压供应商，不但无法获得供应商信任，而且会难以构建良好的供应关系，进而陷入议价的被动局面。

4.4　采购成本控制的方法与技巧

企业要想依靠采购成本控制的两大途径来控制采购成本，就需要掌握相应的方法与技巧，为企业采购管理建立一套完善的制度与评价体系，确保采购管理活动的每个环节都符合战略采购的需求，使企业的相关设想能够切实执行。

4.4.1　如何建立、完善采购制度

采购制度的建立与完善，应当依靠企业的采购业务流程，使采购制度真正能够指导采购业务的有序推进，并从制度层面规避采购管理可能存在的风险。

一般而言，采购业务流程主要涉及编制需求计划和采购计划、请购、选择供应商、确定采购价格、订立框架协议或采购合同、管理供应过程、验收、退货、付款、会计控制等环节，如图 4.4-1 所示。

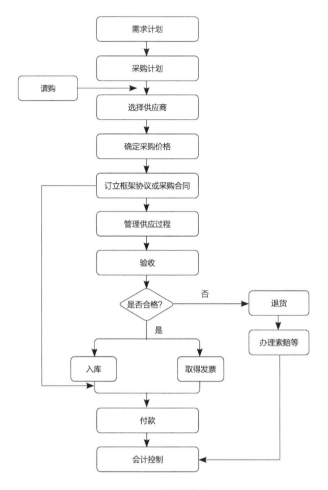

图 4.4-1　采购业务流程

图 4.4-1 所示的采购业务流程适用于各类企业的一般采购业务，具有通用性。企业在实际开展采购业务时，可以参照此流程，并结合自身情况进行扩充和具体化。

在建立和完善采购制度的过程中，企业必须明确采购的主要风险，这样才能做到有的放矢。企业采购业务风险主要体现在以下 3 个方面。

（1）采购计划不合理或市场变化偏离预测，导致采购物料不足或过多，进而造成库存短缺或积压，使采购成本因生产停滞或资源浪费而进一步增加。

（2）供应商选择不当或采购方式不合理，如缺乏完善的招投标制度或采购授权，使舞弊欺诈风险骤增，导致企业采购物料可能出现质次价高的情况。

（3）采购验收不规范或付款审核不严，可能导致采购物料损失、资金损失或信用受损。

4.4.2　如何建立供应商档案和准入制度

选择供应商就是确定采购渠道，是企业采购业务流程中非常重要的环节。优质的供应商能够及时为企业提供优质的物料，但如果供应商选择不当，不仅可能因相关管理不完善出现舞弊行为，甚至可能出现采购物料质次价高的风险。

对此，企业应建立完善的供应商档案，并借助科学的供应商评估和准入制度，对供应商进行有效管理。

1. 供应商档案

在与供应商初步接触后，企业需要收集供应商信息，并由此建立供应商档案。即使双方的接触不断深入乃至建立了合作关系，企业仍然需要供应商提供各类材料，来完善供应商档案，确保整个供应商准入过程合规、可查。

具体而言，供应商档案需要收集的信息和材料主要有以下 5 点。

（1）供应商工商注册信息及相关证件，如营业执照及注册资本、经营范围等。

（2）供应商能力信息及相关证明，如行业资质证书或质量体系文件。

（3）供应商资源信息，包括工厂分布、运输、技术支持、服务等级等内容。

（4）供应商客户名单，由于部分供应商将此列入机密信息，企业只能要求供应商尽量提供，或在后期合作中不断收集完善。

（5）供应商 SWOT 分析，对供应商各要素的优势、劣势、机会、威胁进行完整分析。

2. 供应商准入制度

结合市场状况和企业需求，企业要建立科学的供应商评估和准入制度，对供应商资质、信誉情况的真实性和合法性进行审查，确定合格的供应商清单，健全企业统一的供应商网络。

针对新增供应商的市场准入、供应商新增服务关系以及调整供应商物料目录，企业都应由采购部门根据需要提出申请，并按规定的权限和程序审核批准后，纳入供应商网络。

企业可委托具有相应资质的中介机构对供应商进行资信调查。

采购部门应当按照公平、公正和竞争的原则，择优确定供应商，在切实防范舞弊风险的基础上，与供应商签订质量保证协议。

在后期管理中，企业也要建立供应商管理系统及供应商淘汰制度，对供应商进行实时管理和考核评价。其考核要点主要包括提供物料或劳务的质量与价格、交货及时性、供货条件及其资信、经营状况等。

根据考核评价结果，采购部门可提出供应商淘汰和更换名单，经审批后对供应商进行合理选择和调整，并在供应商管理系统中做出相应记录。

4.4.3 如何建立价格档案和进行价格分析

采购价格一般受到多种市场因素影响，但长期来看，大多数物料的采购价格都处于相近水平，并呈现出一定的波动周期。因此，企业必须建立自己的价格档案，进行价格分析，尽量拿到最优的采购价格。

1. 建立基本的数据档案

企业须建立起基本的数据档案（现在，ERP 系统几乎都具备数据汇总和导出功能）。在每次采购活动中，企业都应当将相关数据记录下来，并将其整理进数据档案中。

数据档案的基本内容包括物流名称、物料参数、采购数量、采购价格、供应商、采购时间等。数据档案中的每一条记录都应当链接相关的单据、合同等电子材料。

如单次采购价格存在异常，企业也需要备注清楚原因。

2. 分析历史数据走势

根据产品的价格变动周期，企业可以对历史数据的变化趋势进行分析，一般以折线图或点状图的形式制作趋势变动表。借助趋势变动表，企业能够对采购价格的变化产生整体认知。

需要注意的是，在制作趋势变动表时，由于历史因素，采购价格可能存在异常，企业可以将这些异常情况作为离散点剔除，以免影响趋势分析的准确性。

3. 同比或环比分析

针对当前的采购价格，企业可以采用环比（month – on – month）或同比（year – on – year）的分析方法，将之与上期或历史同期价格进行对比分析。

例如，针对 2020 年 3 月的采购价格：将之与 2020 年 2 月的采购价格相比，即为环比；将之与 2019 年 3 月的采购价格相比，即为同比。

结合历史数据变化趋势，在同比和环比的分析中，企业可以明确当前采购价格的合理性，为采购价格分析提供客观依据，进而做出更科学的采购决策。

借助完善的采购台账，企业能够对各采购物料的价格进行深入分析，并了解采购价格的变动趋势。企业可以制作一张采购价格走势图，让这种趋势更加直观。结合供应商的报价，企业也可以将之与过去的采购价格进行对比，以同比和环比为主要指标，制作走势图。

通过日常的数据积累，在每一次采购时，企业都可以轻松将采购价格与历史数据进行对比，同时结合价格影响因素，判断当前的采购价格是否合理。

4.4.4　如何确定物料的标准采购价格

基于完善的价格档案和价格评价体系，企业可以制定更加明确的采购计划，通过建立物料的标准采购价格，对采购价格进行有效控制。

1. 标准成本法

标准采购价格可以看作标准成本法的延伸。标准成本是建立在合理发生的理论基础上的最佳成本，但由于实际生产中可能存在诸多问题，标准成本与实际成本之间通常会存在差异。

那么，相比于实际成本，标准成本的意义主要表现在以下 4 点。

（1）一旦制定标准成本，企业在生产过程中成本费用的发生，就有了一个明确的参照标准。作为成本控制的依据，标准成本有利于企业对成本的事中控制。

（2）当实际成本与标准成本有差异时，有助于企业对管理人员监督。如果实际成本较高，则说明存在管理缺陷；反之，则管理人员值得激励。

（3）由于每个批次或不同时间段的生产情况不尽相同，实际成本可能存在时间上的差异，标准成本则能为企业提供较为统一的参考标准。

（4）相比于实际成本的计算，标准成本的计算更为简便，减少了成本会计人员的工作量。

标准成本的制定更有利于企业的成本控制和管理，在此过程中，企业能够按照标准成本的尺度，评估供应商报价。

需要注意的是，标准成本的计算需要依据标准用量、标准单位成本，对各部分成本费用进行综合计算。与此同时，标准成本的计算具有时效性，企业必须定期进行更新，使标准成本更加客观、有效。

2. 明确标准采购价格的适用范围

标准采购价格的基础是标准成本法，而这种方法并不适用于所有企业，企业应当明确其适用范围。

（1）适用于产品品种较少的大批量生产企业；而对单品种、小批量或试制性生产的企业则不适用。

（2）标准成本法可以简化存货核算的工作量，因此更适用于存货品种变动不大的企业。

（3）标准成本法的关键在于标准成本的制定，这就要求企业有高水平的技术人员和健全的管理制度，以确保标准成本的合理性和切实可行性。

（4）适用于标准管理水平较高且产品成本标准较准确、稳定的企业。

3. 分析价格差异原因

在标准成本法下，当企业制定采购价格标准后，如果与实际采购价格存在价差，企业需要对这部分差异进行分析。

需要注意的是，当采购价格标准制定完毕后，并不意味着企业必须要按照标准采购价格进行采购。在借助标准采购价格分析当前采购价格时，企业需要明确其中的差异状况，并对价格差异进行分析。

一般而言，出现价格差异的主要原因包括以下 3 方面。

（1）采购价格标准计算失误。作为计算基础的数据可能出错，或不适用于当前市场情况，故计算结果与当前价格存在较大差异。

（2）过去的采购管理存在缺陷，导致采购价格过高，制定的标准采购价格也因此过高。

（3）基于当前供过于求的市场行情或供应商优惠政策，能拿到更加优惠的采购价格；反之，若当前供小于求或供应商无优惠，则采购价格可能高于标准采购价格。

通过分析价格差异的产生原因，企业可以根据标准采购价格，详细分析当前采购价格的合理性，从而做出更加科学的采购决策。

由此可见，标准采购价格的使用，能够极大地方便企业对采购价格的考核。同时，进一步分解标准成本，将标准成本指标分解到每个环节、每个人上，并将差异与奖惩挂钩，可充分调动各方的积极性。

同时，使用标准成本法也有利于企业较为客观地、有科学依据地进行对比分析，为采购价格管理提供准确的数据支持。

4.4.5　如何加强采购人员的管理

为了加强采购人员的管理，企业可以从组织结构、岗位设置和授权制度等方面着手。

1. 组织结构

不同企业的采购组织结构各不相同，但其管理目的都是确保采购职能的实现，确保采购组织的高效、灵活，以加强采购业务内部控制。

在实际工作中，采购组织结构一般分为集中采购和分散采购。常见的组织结构则是集中采购，集中采购体现了经营主体的权利和利益，有利于稳定本企业与供应商的关系，有利于控制成本、提高效率。

根据企业情况不同，企业可以按照不同的标准设计采购组织结构。

2. 岗位设置

采购部门根据企业规模和采购特点分设不同职能部门或不同岗位。机构设置应当按照科学、精简、高效、制衡的原则，对各机构的职能进行科学的分解，明确各个岗位的权限和相互关系，既要避免职能交叉、机构设置过于复杂，又要避免权力过于集中。

根据采购过程中的职能不同，采购的岗位设置可借鉴图 4.4-2。

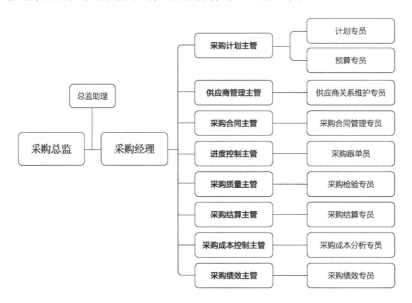

图 4.4-2　采购的岗位设置

3. 授权制度

企业应对采购部门的各个岗位进行明确授权，并形成固定的授权制度，要求各岗位严格按照权限程序执行。

采购授权主要应以采购经理为核心，避免过度授权。采购经理的权限范围一般包括 6 类。

（1）根据预算，组织实施采购业务。

（2）调查各部门物资需求及消耗情况。

（3）掌握各种物资的供应渠道和市场情况变化。

（4）监督采购人员的业务洽谈。

（5）检查合同的执行和落实情况。

（6）特殊采购权限。对企业正常的物资采购，应严格按规定的程序执行。大宗商品或临时紧急采购等特殊采购，则应由企业总经理负责，或制定相应的授权办法。必要时，特殊采购应报董事会批准或集体决策。

4.4.6 如何活用采购原则

采购成本控制的基本原则是实现总成本的最小化，而不只是采购环节成本的降低。因此，无论采用何种成本降低方法，企业都必须对总成本最低的采购原则进行灵活应用，从全局角度对成本进行分析，以免顾此失彼。

尤其是在某个采购项目进行的初期，由于企业对可能需要投入的成本尚不明确，总成本法则为企业提供了一种强有力的成本估算方法。具体而言，总成本（Total Cost of Ownership，TCO）的构成元素如图 4.4-3 所示。

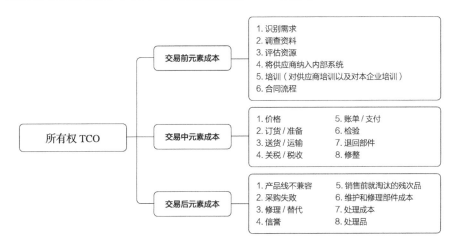

图 4.4-3　TCO 的构成元素

TCO 的内容十分丰富，涉及采购交易前、中、后等各环节的各类元素成本。因此，为了使 TCO 更加准确，企业应当在平时就对各类数据进行收集和整理，并将年度 TCO 作为企业管理的重要指标。

只有基于完善的 TCO 数据，企业才能对当年年度成本控制效果进行准确评估，并据此制定更加准确的次年年度目标。为此，企业可以采用金字塔结构透视法，进行总成本管理，如图 4.4-4 所示。

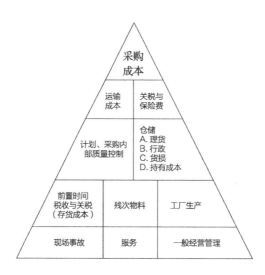

图 4.4-4　金字塔结构透视

4.4.7　如何控制采购过程

采购过程控制，主要是指企业建立严格的采购合同跟踪制度，科学评价供应商的供货情况，并根据合理选择的运输工具和运输方式办理运输、投保等事宜，实时掌握物料采购过程的情况，确保采购合同的有效履行，使采购物料能够按时、按质、按量供应。

（1）依据采购合同中确定的主要条款跟踪合同履行情况，对有可能影响生产或工程进度的异常情况出具书面报告并及时提出解决方案，采取必要措施，保证需求物料的及时供应。

（2）对重要物料建立并执行合同履约过程中的巡视、点检和监造制度。对需要监造的物料，择优确定监造单位，签订监造合同，落实监造责任人，审核、确认监造大纲，审定监造报告，并及时向技术等部门通报。

（3）根据生产建设进度和采购物料特性等因素，选择合理的运输工具和运输方式，办理运输、投保等事宜。

（4）实行全过程的采购登记制度或信息化管理，确保采购过程的可追溯性。

4.5　降低物料成本的方法和技巧

基于采购成本控制的各种方法与技巧，企业在完善采购战略管理的同时，也要引入其他方法和技巧来主动降低物料成本。需要注意的是，降低物料成本并非一味地压低采购价格，而是要确保总成本（TCO）最低。

4.5.1　如何通过付款条款的选择来降低采购成本

财务费用是物料成本的重要组成部分，也是很多企业在降低物料成本时容易忽视的一点。一般而言，付款方式越灵活、账期越长，对企业越有利。但在实务中，为了减轻账期压力，供应商也会对付款条款做出明确要求。因此，在供应条件的谈判中，企业必须注意对付款条款的约定。

1. 支付方式

一般而言，采购支付方式主要包括现金支付、票据支付等方式。

如果企业资金充裕可以采用现金支付，使采购付款更加快捷、高效，供应商针对现金支付也会给予一定的价格优惠。大多数情况下，为了缓解企业的资金压力，承兑汇票是常见的采购付款方式，承兑汇票能够让企业利用远期付款减少资金占用。

2. 付款方式

根据付款进度的不同，企业也可以选择不同的方式支付采购款项。主要方式包括以下 5 种。

（1）预付部分款项。

（2）货到一次性现金支付。

（3）货到票据支付。

（4）货到分期付款。

（5）货到延期付款。

企业可以根据自身需求进行灵活选择，或将上述 5 种方式结合应用。

3. 供应商优惠政策

供应商为了缓解自身的资金压力、尽快回笼资金，通常也会出台相关的优惠政策，对此，企业需要根据实际情况和优惠条件，选择合适的付款方式。

（1）企业资金充裕，且一次性付款的优惠折扣足够高时，企业可以选择货到一次性现金支付。

（2）企业资金不充裕甚至短缺时，则应放弃优惠政策，或与供应商协商分期付款或延期付款。

（3）在经常性的物料采购中，企业应与供应商建立良好的合作关系，以拿到更好的优惠政策，或在资金不足时，获得一定的信用优惠。

4.5.2　如何把握价格变动的时机

物料价格通常围绕某一水平线上下波动，而在这种价格波动中，企业就可以把握时机，根据物料需求及价格、其他费用等要素，抓住价格低点，或适时进行提前采购。

（1）即期购买。如果采购需要较为紧急，那企业只能采取即期购买的策略，在极短的时间内确定供应商，并下达订单。

（2）超前购买。如企业存在长期物料需求，且市场出现较好的价格机会，此时，即使当前物料足够，企业也可借助超前购买的策略，把握市场机会，提前采购物料。

（3）波动购买。如果某种物料的采购有充足的采购时间，波动购买则是更好的策略选择。在波动购买中，采购人员可实时关注市场波动，并抓住价格低点进行采购。

（4）期货保值。当采购需求确定，且市场出现较好的价格机会，但企业不想支付额外的仓储成本时，也可通过期货保值的形式，与供应商约定价格和供应日期等信息，从而实现保值目的。

4.5.3　如何以竞争招标的方式来牵制供应商

招标是企业采购的主要手段，也是降低采购成本的有效方式。在招标过程中，企业也更容易拿到较好的供应条件。与此同时，在完善的招投标程序和严格的程序监督下，企业也能够有效避免贿赂、回扣等责任风险。

一般而言，招标流程如图 4.5-1 所示。

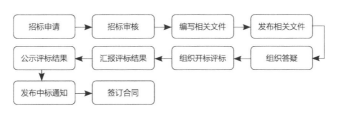

图 4.5-1　招标流程

招标虽然是降低采购成本的有效方法，但完整的招标流程也需要耗费大量时间和成本。因此，在采购管理中，企业应对招投标程序进行具体分析，制定严格的招投标制度，明确招投标采购的适用范围和流程。

竞争招标的方式通常比较适合标准统一、技术规范、竞争激烈的市场，同时企业也需遵循以下原则。

1. 统一性原则

采购产品的规格应当统一，否则比价也不具效用。

2. 区域性原则

一般在本地采购中进行招标，因为区域差异可能会导致供应商的报价偏差。

3. 有效性原则

供应商只有一次报价机会，而且报价不能偏离产品本身的价格。如果出现报价偏离严重的现象，无论是过高还是过低，企业都应当将之剔除。

4. 合格供应商原则

通过企业资质审查的供应商，才能参与投标。

4.5.4　如何向制造商直接采购或结成同盟联合订购

在采购环节，很多企业往往难以直接向制造商下达采购订单，而是向制造商的经销商进行采购。这是因为，对制造商而言，单个企业的采购订单通常较小，为了发挥自身的规模效应，他们通常会将物料大批量销售给经销商或大客户。

但链条的增长必然导致物料价格的增加，而企业的小批量采购一般也难以获取较好的价格优惠。因此，很多中小企业由于自身规模的限制，其采购量难以达到一定规模，在采购市场上长期处于劣势地位。

此时，联合采购法则能聚少成多，通过将采购需求联合到一起，有效弥补企业采购规模小、单位分散、采购经验不足等缺陷，从而实现规模效益，降低采购价格并节约管理费用。

联合采购法能够通过各企业联合，形成规模采购优势，增强企业议价能力，并摊薄采购费用。因此，联合采购也并不局限于企业间的采购。在实际操作中，目前存在4种联合采购模式。

（1）相近标的合同联合采购法。以合同标的为基础，实行少量品类或单一采购的联合机制。

（2）公司内项目部联合采购法。在大型企业尤其是集团企业中，各项目部在采购时可进行联合，以避免独立采购的劣势。

（3）企业联合采购法。同行业企业的采购需求相近，因此，企业间可通过建立行业联盟的方式，进行企业联合，实现多品种、长期的联合采购。

（4）跨行业联合采购法。不同行业企业之间，同样可能存在相同的采购需求，企业可以据此实行跨行业联合采购。

借助上述4种联合采购方法，企业能够有效改进采购方法、优化采购模式，在采购效率的提升中，充分降低采购成本。但需要注意的是，联合采购的作业手续较为复杂，需要主办方拥有较强的协调能力，以统一采购需求、抓住采购时机。

4.5.5 如何选择信誉佳的供应商并与其签订长期合同

由于传统企业缺乏供应链合作思想，为获得局部个体利益最大化，企业各自为政，这必然牺牲系统的价值链成本，这个成本通过产品不断嫁接并传递，最终使供应链的整体竞争力下降。

相比而言，长期的供应伙伴关系更有助于企业降低物料成本。但立足于长期合作的需求，企业就要做出有效选择并签订合适的长期合同。

1. 选择信誉佳的供应商

对许多看似不错的客户或合作伙伴，最后获得的成效甚至无法弥补建立长期合作伙伴关系所花费的成本。这样的合作关系是没有太大意义的。因此，企业要借助完善的供应商管理机制，对供应商进行有效考核，从而选择出真正优质的供应商进行长期合作。

2. 签订长期合同

长期合同是由买方承诺在某段时间内，向卖方采购一定数量物料的合同。长期合同的签订，不仅能够帮助企业降低采购价格，也是供需双方信任的基础。

长期合同的签订，有利于供需双方建立双赢合作关系。

然而，长期采购也存在不足，如价格调整困难、合同数量固定、供应商变更困难等。因此，在长期采购之前，必须选定最合适的供应商，并确保合同内容足够完善，以免因条款限定，而在目标物的价格、数量或质量等问题上陷入被动。

4.5.6　如何进行采购市场的调查和资讯收集

随着供应环境的不断变化，采购市场也不断改变。此时，企业也必须进行采购市场的调查和资讯收集，在深入分析后对采购成本管理策略进行及时调整，从而增强企业采购的适应性，确保采购战略决策的正确性，继而提升企业市场竞争力。

1. 确定调查目标

采购成本管理的任一环节都需要明确的目标作为指引。采购市场调查同样如此，如无明确目标，调查人员也可能在庞杂的环境因素中模糊焦点，调查效率和结果也将因此大打折扣。一般而言，采购市场的调查目标如图 4.5-2 所示。

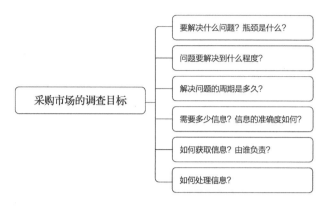

图 4.5-2　采购市场的调查目标

2. 明确调查内容

在确定采购市场调查目标后，企业要进一步明确调查内容。

（1）宏观环境。宏观环境包括政治环境、经济环境、法律环境等。

（2）供应商所处的行业环境。供应商所处的行业环境可分为完全竞争市场、垄断竞争市场、寡头垄断市场和完全垄断市场。

（3）微观环境。微观环境即采购在企业内部所处的环境，包括领导及各部门的重视程度，信息技术在采购中的应用程度等。

采购市场的复杂性和多变性，使采购市场的调查难以实现一劳永逸。相反地，采购市场的调查需要分周期进行，甚至以项目为基础，根据每个项目对采购市场进行具体分析。

为了提高采购市场调查的可行性和效率，企业需要寻找企业内部和公开渠道可获取的信息，从而以更低的成本更快地获取采购市场资讯。

除此以外，根据分析目标和预算，企业也可以购买高效的数据信息或研究分析服务，甚至进行外出调研，以提高采购市场调查的准确性。

4.6 如何用战略成本管理来进行采购成本控制

无论是采购成本控制，还是降低物料成本，都是采购管理在"术"方面的应用，但上升到战略成本管理层面，企业就不能只从自身做起，更要透视供应商与竞争对手，在采购成本管理中找到更加有效的成本控制方法。

4.6.1 如何估算供应商的产品或服务成本

基于不同的供应环境和合作关系，企业能够拿到的采购价格也不尽相同。但无论企业采用何种技巧，供应商的定价都必然基于自身产品或服务成本——即使偶尔亏本合作，该价格也不会是长期报价。因此，在运用战略成本管理进行采购成本控制时，企业就必须估算出供应商的产品或服务成本。

根据企业的采购经验以及市场、网络上的公开价格，或其他信息渠道，企业能够了解采购物料的生产过程，以及其中涉及的成本支出。在真正的"知己知彼"中，运用科学方法计算供应商的报价。

1. 计算供应商的生产成本

计算供应商报价首先要计算供应商的生产成本，典型的生产成本组成部分包括直接材料成本、直接人工成本、直接费用、制造费用。

（1）直接材料成本，即生产加工成产品的各种原材料（如钢材、塑胶粒、电子元件等）成本；除此之外，还包括各种辅料（如螺丝、铜柱、润滑油等）成本。

（2）直接人工成本，即工人工资，某些情况下也包括外包设备的使用费用。例如，80吨注塑机每小时工作费用为50元，80吨冲压机单次冲压费用为0.2～0.25元。

（3）直接费用，即生产用的模具、器具等工具的使用费用。

以上3种成本共同构成最初的生产成本。

（4）制造费用，即生产管理员与技术员的工资，某些产品可能需要技术人员的长时间加工，故需要特别计算。一般而言，制造费用占最初生产成本的6%～10%。

以上4种成本共同构成总的生产成本。

2. 计算供应商的其他成本支出、利润和税金

除生产成本之外，产品成本还包括行政、销售、配送等费用支出，这些费用一般占据总成本的 5% ~ 9%。这部分费用加上供应商生产成本，构成供应商产品的总成本。

由于各行各业的利润率有所差异，所以企业还需对供应商的行业利润水平进行考查，从而计算出不含税的售价。需要注意的是，基于技术、规模等要素，个别大型供应商在市场中处于优势地位，因此，其利润率需要单独计算，不适宜采用行业平均利润水平计算。

国内的产品价格大多是含税价格，根据以下公式，综合计算以上各项费用支出，即可得出最终的采购价格。

价格＝生产成本＋其他成本费用＋利润＋税金

此时，企业就可以站在供应商的角度，以图表的形式制作一张报价表。

3. 灵活计算固定成本和变动成本

在财务分析中，成本可分为固定成本和变动成本。

固定成本即不随产量变化而变化的成本，如设备、厂房等成本。如果采购数量较少，其采购价格就不应计算固定成本，否则产品单价就会严重偏高；反之，如果采购数量巨大，企业则需与供应商洽谈关于固定成本的计算方式。

变动成本即随产量变化而变化的成本，一般呈负相关关系，即产量越大，变动成本越低。正是因此，集中采购才能体现出采购价格的优势。

4.6.2 如何对竞争对手进行分析

竞争，无时不在、无处不在。市场竞争环境，尤其是竞争对手的经营策略，同样会对企业的战略成本管理造成重大影响。因此,企业必须对竞争对手进行完全分析，并据此调整采购战略，掌握竞争优势。

竞争对手分析可以分为五个层次，如图 4.6-1 所示。

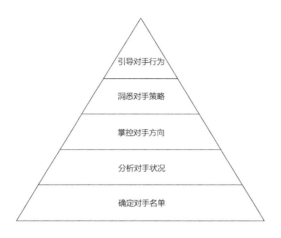

图 4.6-1 竞争对手分析的五个层次

基于上述五个层次，企业对竞争对手分析的主要内容包括以下 6 个方面。

（1）竞争对手数量与经营实力，如产能、销售类别、企业形象、经营历史等。

（2）竞争对手的市场占用率，应分区域、领域进行分析。

（3）竞争对手的竞争策略与手段，如销售渠道、回款周期、采购模式等。

（4）竞争对手的产品特性，如产品价格、性能、质量等。

（5）竞争对手的技术，如物料采购策略、研发实力、生产管理等。

（6）竞争对手的客户分布，如客户分布区域、分布特征等。

通过这样的完整分析，企业就能对竞争对手进行 SWOT 分析，并据此形成竞争对手的完整画像，从而调整战略成本管理措施，在采购成本上建立竞争优势。

4.7　采购价格分析的七大技巧

采购价格是采购成本的重要组成部分，但对采购价格的分析，却不能仅使用"高"或"低"来衡量，而应采用历史数据法、横向比较法、实际成本法等多种技巧，对采购价格进行全面分析，确保采购价格的合理性，并力求实现总成本最低，而非采购价格最低。

4.7.1　历史数据法

历史数据法，就是通过将供应商的报价与历史交易数据进行比较来评估当下价格合理性的方法。

大多数企业都有一定量的采购历史交易数据，当评估供应商报价时，历史数据也是最先被采用的资料。在与历史报价的对比中，企业能够轻易发现可能存在的异常报价，并调查其背后的原因，从而对当前报价的合理性做出有效评估。

建立价格档案和价格评价体系，是历史数据法的典型应用。但在使用过程中，企业也要避免陷入以下误区。

（1）单纯将采购报价与过去的价格进行对比。表面上历史数据法是价格的对比分析，但也要考虑到历史数据形成的相关要素，如历史成交量较大，故供应商给予了更大的价格优惠；或历史成交价在市场价格低点等。

（2）只做环比分析，不做同比分析。每种产品的价格变动都存在一定周期，大多以1年为一个周期。在这个周期内，其价格变动也存在一定规律，如果只做历史数据的环比分析不做同比分析，则可能忽视价格周期的影响。

历史数据法的核心就在于参考过去的实际购价，评估当前报价的合理性，因此，企业一定要注意历史数据与当前数据的可比性。

4.7.2　横向比较法

供应商通常会推出大量系列产品或类似产品，企业要在详细了解不同产品之间的报价差异与成本动因后做横向比较，以评估其中某产品报价的合理性。这就是横向比较法。

历史数据法能够帮助企业明确采购价格的变动趋势，但如果缺乏足够的历史数据作为支撑，或采购新物料时，横向比较法则更具参考价值。使用横向比较法时，企业需要选出与采购物料相似或相同的采购品，在调查影响成本的各项参数之后，将参数进行横向比较，从而得出采购物料的合理价格。

在使用横向比较法之前，企业首先要注意其使用前提。

（1）比较品必须是同类产品，或是具有相同系列属性的产品，只有如此，其价格才具有可比性。例如，同样品牌与排量的轿车，豪华版、商务版、精英版、技术版、入门版等之间存在配置差异，而不同品牌与排量的轿车之间缺乏对比性。

（2）横向比较法的特点在于以空间为坐标，因此，比较品必须处于同一空间区间。同样是大众轿车，品牌与排量相同的国产轿车与进口轿车也没有可比性。

横向比较法是指对同类的不同对象在统一标准下的比较方法，如果忽视其使用前提，该方法也无法发挥好的作用，甚至给予企业错误的信息。

企业在使用该技巧时经常陷入以下误区。

（1）直接使用同类产品的采购价格做对比。即使是相同产品的不同型号，其价格差别也可能十分明显。而在同类产品的价格对比中，如果不注重成本变动因素的消除，横向对比也将失去意义。

（2）使用不同时期的产品报价做对比。采购价格存在周期变化的特点，不同时期的采购价格存在差异。因此，企业在选择同类产品报价做对比时，必须选择近期的报价。

了解误区后，企业才能找到合适的解决方法。上面提到，横向比较法并非随意两种产品价格的相互比较，只有具有相同属性的产品，其采购价格才具备参考性。

使用横向比较法的关键在于统一标准上的比较，这就要求产品之间具有可比性，否则就失去了横向比较的意义。只有将产品纳入某一标准之下，横向比较法才具有可行性。

例如，当某企业希望从日本采购索尼的 OLED 屏幕时，其选择韩国 LG 品牌的 PLED 屏幕进行横向比较。虽然产品属于同类，但由于进口国家不同，日韩对此类产品的出口退税政策也有差异。如果不排除这种差异性，其可比性就较为有限。

每个产品之间都具有相同点和不同点，在横向比较时，企业要善于抓住产品的本质特点。对表面差异极大的产品，要学会"异中求同"，发现其中可能存在的共同本质；对表面相同或类似的产品，则要发现其中隐含的本质差异。

4.7.3　市场价格法

某些低技术附加值产品，其主要成本为原材料成本，所以可以完全按照该原材料市场价格评估其报价的合理性。这就是市场价格法。

例如，矿泉水瓶，当其生产量达到一定程度时，其价格几乎完全由其材料——聚乙烯（PE），聚氯乙烯（PVC），聚对苯二甲酸乙二酯（聚酯）（PET）的成本来决定。对此类产品，企业只需计算其原材料成本，即可大致推算出合理的采购价格。

4.7.4　货比三家法

对标准统一、技术规范、完全竞争市场的产品，采购方邀请三家或以上的供应商进行比价的操作方法就是货比三家法。

俗话说，"货比三家不吃亏"。我国传统的消费习惯，就是在对多个卖家进行对比之后，再做出最终的消费决策。在这个过程中，消费者可以了解更多的产品及价格信息，而在卖家的价格竞争中，消费者也更有可能拿到优惠的价格。

采购也同样如此，在很多企业看来，货比三家法是采购人员的必备工具。通过货比三家法的采购方式，企业可以获得产品的最低报价或性价比最优的报价。

货比三家法是采购中的常用方法，无论是在单件产品的单一采购或批量采购中，还是在多种产品的集中采购中，只要市场有足够的竞争环境，都可以使用货比三家法。然而，即使作为采购常用方法，仍有许多企业难以正确掌握货比三家法的使用技巧。

企业常常会遇到哪些误区呢？

（1）任何采购都必须要"货比三家"。货比三家法的使用需要投入相应的成本，如果不区分情况地使用此方法，不仅可能会导致采购成本的增加（购买一支圆珠笔与购买大型设备都货比三家，两者的交易成本差异巨大），还可能出现供应商因多次报价被拒而不再与企业合作的情况。

（2）货比三家法只比总价。如果企业只根据总价最低的原则选出供应商，供应商可能采取不平衡报价法，所以企业还要综合考量不同质量的产品价格才可能规避价格陷阱。

例如，采购某一设备，A 公司、B 公司和 C 公司等三家供应商报价，C 公司因设备质量不达标被淘汰，A 公司报总价大于 B 公司报总价。B 公司采取不平衡报价法，即总价格相对低，但易损件报价较高，以期后续获得更大的收益。

货比三家法，即通过对三家或以上的供应商的报价进行对比，选择价格最低或性价比最优的供应商的方法。熟练使用该方法，能够有效帮助企业获取最优的采购价格。

4.7.5　实际成本法

实际成本法，是依据自己的制造成本来评估供应商报价合理性的方法。

例如，某知名运动品牌公司为缓解市场需求巨大与自身产能不足的矛盾，将部分产品外包给其他供应商生产，此刻供应商的报价是否合理完全可以参考自己的实际成本来评估。

实际成本法主要根据已完成的作业成本进行分析，这种分析不仅能够对采购价格进行控制，也能从全流程推动企业成本的控制。但如果理解失当，实际成本法也无法发挥应有的效用。

企业在使用实际成本法时的常见误区有两种。

（1）实际成本只计算产品投产前的成本支出。事实上，成本的含义越发宽泛。成本不只是产品的制造成本，也包括期间费用、销售成本、售后成本等。片面地看待实际成本，就无法在整体上认识成本控制的目标。

（2）成本控制只关注结果成本。很多企业的成本控制重点在于成本控制的结果，采购价格降低 0.1 元，都是一种胜利。但如果企业能够与供应商建立战略合作关系，从产品开发设计阶段就进行成本控制并重组生产流程，其效益却可能远大于降低 0.1 元的采购价格。

因此，企业在使用实际成本法时必须从全局考虑，而非局限看待，并选择合适的实际成本的计算方法。

（1）品种法。品种法只需按品种对成本进行简单归集和分配，此方法主要适用于大批量、流程式生产的企业，此类企业通常在相当长的时间内生产大量品种的产品，其生产过程也都比较简单，因此只需根据品种简单核算。

（2）分步法。分步法即按照产品的生产步骤，计算其生产成本。

根据是否计算半成品成本的区别，分步法也分为平行结转分步法（不计算半产品成本的分步法）和逐步结转分步法（计算半成品成本的分步法）。

按照半成品成本在下一生产步骤中反映方法的不同，逐步结转分步法又分为综合结转和分项结转两种。

（3）订单法。订单法以生产订单作为成本计算对象，该方法的使用同样需要考虑是否计算半成品成本。如不需要计算，其计算程序与品种法类似；如需要计算，则类似于分步法。

4.7.6　科学简易算定法

科学简易算定法，就是将构成物料单价的各要素分别加以分析，简单地计算出合理的单价。这种方法的应用前提是对供应商产品或服务成本的合理估算。

但在使用该技巧时，企业也要规避以下误区。

（1）"这种方法适合于所有行业的商品标的物。"科学简易算定法只适用于可以估算供应商成本的部分物料，如果无法对供应商成本进行有效估算，尤其是在采购服务而非产品时，这种方法也就难以发挥预期效果。

（2）"固定成本可以跨企业简单对比。"不同企业的成本构成并不相同，生产工艺也有差异，如用A公司的固定成本与B公司的固定成本来做简单对比，由于工艺、设备、方案差异，简单地跨企业对比必然有失公允。

在利用科学简易算定法进行采购价格分析时，企业必须考虑其他非价格因素，如交付条件、付款方式、包装送货、售后服务等。

这些因素都会在很大程度上影响供应商的报价。

除此之外，对某些物料的采购，企业也需考虑其中的工艺技术因素，如制造工艺、外形尺寸、原材料要求、表面处理等。更高的工艺技术要求会导致生产成本的增加，也会导致采购价格的提高。

例如，日本MTC或马牌的钳子，基于高超的工艺技术，其产品在铸造之后表面修整得十分精致，因此报价较高；相比而言，国内多数品牌产品的表面较为粗糙，后加工不足，故报价较低。

根据企业的采购需求，如果对非价格因素较为看重，企业就不能呆板地使用科学简易算定法，而应进一步细化算法。

4.7.7 招标比价法

招标比价法，就是在竞争招标的采购流程中，对供应商的报价进行科学对比，选出最符合企业需求的报价。

1. 单一产品采购，视情况使用报价最低法

在采购单一产品时，由于产品规格、型号、参数唯一，所以企业在货比三家时，选择报价最低的合格供应商即可。对此，企业可以制作供应商报价对照表，如表4.7-1所示。

表4.7-1 供应商报价对照表

工程名称：   编制人：
产品类别：   编制日期：

序号	产品名称	技术参数	数量	单位	供应商								
					供应商1			供应商2			供应商3		
					型号	单价	合价	型号	单价	合价	型号	单价	合价

需要注意的是，如果采购产品较为简单，与某家供应商已经建立长期合作关系，企业也可直接向该供应商发出采购需求，无须再引入新的供应商进行比价，以免损

害与合作供应商之间的信任关系。

尤其是当企业已经有合作良好的供应商时，也不用固执于货比三家的程序。因为这种程序必然有一定的成本消耗，如果只是为了"走程序"，也会带来无效的成本支出。

2. 较大宗、多种类产品采购，灵活运用货比三家法

在采购实践中，较大宗、多种类的产品采购时常发生，由于产品种类繁多、规格特殊、数量较多，每家供应商的价格优势也有所不同。此时，货比三家的过程也更为复杂。

企业可以制作信息更加丰富的报价数据库，对供应商报价进行对比分析，如图4.7-1所示。

依产品规格的最低供应商			
号码	差价（美元）	节省金额（美元）	供应商
A	0.35	44,100	2/3
B	1.00	43,200	3
C	0.10	2,000	3
D	1.65	17,606	3
E	0.40	3,280	1
F	0.35	2,765	2
G	0.55	18,849	1
H	0.42	7,946	3
结论			
供应商 3 在多数种类中都是最低价			

对采购总额的涵盖范围	
供应商 1	100%
供应商 2	92%
供应商 3	74%
供应商 1 为最优	

依供应商排列节省金额（美元）		
供应商 1	14%	83,932
供应商 2	12%	63,568
供应商 3	27%	115,672

最大节省金额（美元）		
根据最低定价的全部采购		444,960
目前采购		584,705
节省	24%	139,745

不合规律的报价		
供应商	种类	<10%或>25%
供应商 2	A	（28%）
供应商 2	A	（28%）
供应商 2	B	（56%）
供应商 2	D	（31%）
供应商 2	D	（29%）
供应商是否了解规格？		

图 4.7-1　供应商报价数据库分析

通过对总价和单项价格进行分析，企业可以采用相应的议价手段。对此，笔者总结出 3 种议价方法。

（1）总价最低法，将采购清单作为一个整体，对供应商报价汇总之后，选择报价最低的合格供应商，向其采购全部需求产品。

当采购清单不可拆分时，这种方法是最常用的比价方式。集中采购的方式也能确保质量和速度，但其中部分产品的价格必然还有谈价空间，企业难以获取真正的低价。

（2）单项最低法，获取每家供应商对采购清单的报价后，对清单中的所有产品逐一比价，然后向相应的供应商采购报价最低的产品。

当采购清单可拆分时，这种方法能够确保企业采购价格绝对最低，但由于供应渠道分散，企业难以享受统一的服务。此外，单项产品的采购有时也无法享受到最初的价格优惠。

（3）集中压价法，该方法是将总价最低法和单项最低法结合的方法，企业在选出总价最低的供应商之后，再根据其他供应商报出的单项产品的最低报价，与该供应商进行压价，最终调整得出总价最低的报价。

这种方法能够使企业在享受集中采购的优惠的同时，确保总价的绝对最低。但这种方法十分考验采购人员的议价能力，也受限于供应商自身的盈利空间。如果供应商在某类产品上本身就缺乏竞争力，他们自然不会接受议价。

第5章

供应链下的精益化成本降低策略

供应链管理中，增加利润的重要途径在于实施成本降低策略。关注供应链全过程中如何降低成本，是企业运营的基本需求，能切实提高企业的经济效益。企业通过设计成本的控制与削减、现场管理与排除浪费及现场改善、品质成本的控制和削减、财务成本的控制与风险规避、人力资源成本和设备维护成本的控制，可以全面实现降低成本的目标。

5.1　设计成本的控制与削减

供应链运行过程中，产品总成本的 30% 决定于采购、制造和调配成本。设计成本则决定了产品总成本的 70%。因此，对设计成本的控制尤其重要。

5.1.1　降低设计成本的四种一般方法

降低设计成本的一般方法，主要包括以下四种。

1. 实施成组工艺学

成组工艺学（Group Technology）适用于多品种、少量生产的企业。通过该工艺学的实施，设计部门根据设计标准，对部品和材料进行统一化和通用化设计。在实施过程中，企业对加工步骤进行合理优化，能取得更好的效果。企业还可以通过有效利用，提高机械设备的利用率，缩短准备时间、减少半成品等，提高生产效率。

2. 模式化设计

某企业的甲、乙两种产品，尽管属同一系列，但其中某部分部件尺寸不同，导致两种产品失去了互换性，提高了制造和调配成本。模式化设计，能解决这类问题。

模式化设计，即通用化的设计方法，是指对同一组产品，围绕产品内可相互更换的基本构成要素设计。企业在组装产品设计中，按机能特点，将之分解成不同的多个小部件。以不同小部件的组合来实现产品完工，整体上减少了部件的种类。

3. 信赖性设计

信赖性设计是指产品在规定时间内和给定条件下，完成规定功能的性能。

在进行设计时，可事先明确产品要求的最小功能限度，以最小的成本进行最合适的设计，其中包括对产品的信赖性进行预计、分配、技术设计、评定等工作。

开展信赖性设计主要的步骤如下。

（1）系统设计，即提前明确产品信赖性要求。

（2）在设计中明确危险部件，减轻负荷。

（3）依据统计手法，分析应力。

（4）准确预测产品、部件的使用寿命。

（5）实施信赖性保证试验。

4. 导入品质机能的展开

在设计开发产品时，应对产品整体品质和构成部件的品质、成本、机能等关系进行系统分析，将客户需求转换成产品设计要求，并明确为合适的零件、过程和生产要求。该方法能完成品质保证活动，确保产品品质符合客户要求。

品质机能的展开工作，应从制作品质表开始。品质表重在体现客户要求的产品机能、品质、特性等关联内容。使用该表，能确保从设计到生产制造的品质要点，开发品质适当的产品。

5.1.2 降低设计成本的五大措施

降低设计成本，具体有以下五大措施。

1. 设计标准化

产品品种增多，导致设计成本增加，是生产成本上升的重要原因。为此需要推进设计标准化。

（1）设计管理程序的制定。对设计业务进行细化，对设计流程员工的具体责任范围加以明确。企业应以设计部门管理岗位的责任为中心，制定设计管理程序，主要包括设计部门的组织和责任、设计部门的业务内容、新产品开发业务、试制品试验业务、产品设计法、图纸管理法、技术文件管理法、设计流程的评审规定、教育和培训等内容。

（2）设计规格的制定。设计业务属于技术业务，企业应对材料、产品、计算法、技术情报等业务因素进行标准化，形成能直接作用于设计业务的设计规格。

应制定的设计规格，主要包括图纸规格、制图规格、产品规格、原材料规格、部品规格等。

（3）设计计划书的制定。如果产品设计不按预定计划进行，就可能失去市场，导致成本浪费。因此要以设计计划书的形式与内容，预先规定设计计划日程进度，包括何时、何部门、完成何种预定任务。在设计过程中，应将实绩随时与计划书进行比对，实施设计日程的进度管理。

（4）设计程序的标准化。仅对产品提出标准，难以真正地全面降低成本，还应将设计程序标准化，其中包括选定企业产品标准化对象，分解产品的基本部分，研究基本部分的通用构造，设定标准设计的部件，采用现有产品标准等。

（5）以标准数为基准。企业有必要将标准数作为基准。在设计中，确定各项参数数值时，应将标准数作为选定的基准。

2. 强化设计部门员工意识

在设计部门员工的培训和管理中，应针对产品项目的计价依据、计价方法和要素、计价过程等问题，对设计成本管理的价值深入分析，促使员工进一步强化成本意识。只有当企业、部门重视提高类似意识，员工才能更深入地体会产品成本的源头在于设计，才会加强设计过程中的自我监控和管理，避免出现失误，将成本意识植根到设计研发之中。

3. 活用设计手法

为降低设计成本，应灵活运用以下手法。

（1）消除成本和机能差。企业应根据设计规格书明确设计条件，在设计组内配备有技术能力和领导能力的员工。在开发各阶段实施设计审查，重点审查成本和机能差。

（2）设计人员使用优良设计。应利用目视管理的方法，明确设计失误的发生状况。灵活使用设计标准化手法。

（3）明确改变设计的规则。其包括明确图纸变更的理由。大幅度改变图纸前应实施有关部门参加的审查。将改变设计的相关文件标准化，如设计改动申请书、设计改动通知书等，还应有流程图以明确设计变动的程序。

4. 实施设计各阶段的严格审查

为了有效审查，企业应有计划地在各阶段严格实施审查。企业应根据规定，在产品开发各个阶段，进行相关的产品设计成本审查。产品设计成本审查的实施程序，主要分为产品基本构造、规格内容、制造体制和试运行4个阶段。

对产品设计成本的审查，可结合技术和经济两方面的指标进行。审查企业产品设计是否存在功能过剩或成本过高的情况，评判设计方案是不是最佳价值的设计。此外，还应审查产品设计是否严格遵循设计程序进行。

产品设计成本审查是否成功，决定于运营方法有效与否，其要点如下。

（1）审查前，将有关成本设计审查的资料，分发给参加审查的部门。

（2）审查者负责仔细阅读理解材料，并充分商讨后，提出本部门意见。

（3）审查者应以提问形式指出问题，而不是否定性发言。

（4）审查者不应直接指出成本缺点，而是帮助寻找设计的不足之处。

（5）形成完整的审查会议记录并长期保存。

5. 配置有技术、有管理能力的人员

企业应培养设计人员，提高其设计能力，强化其成本意识。真正熟悉生产技术的设计人员，还应灵活运用生产技术设计检查表。

5.2 现场管理与排除浪费及现场改善

企业生产现场管理中，浪费是最大的隐忧。由于浪费，企业不断付出高额生产成本而毫不知情。要排除现场管理的浪费，管理者必须全面认识浪费现象，并积极进行现场改善。

5.2.1 现场人员管理的三大策略

企业应根据现场作业需要，为不同工作配备相应工种和技术等级的员工，并以团队建设形式，推动员工积极投入生产，提高劳动生产率。

现场人员管理的策略主要如下。

1. 成立 QCC 小组

QCC（Quality Control Circle）小组，也称品质管理小组，简称"品管圈""品

管小组""QCC 小组"。该小组由企业在同一生产或工作现场的从业人员组成，通过发现和改善现场问题，确保和改善产品质量，降低成本消耗，提高生产效率，提高知识技能和质量理念。

在实际操作中，企业应针对生产现场暴露的主要质量或成本问题，由 10 名左右相关人员组成改善小组。该小组人员运用质量改善工具，自主进行不良分析并实施具体改善的质量活动。

通常情况下，同一工作现场、工作性质相近的基层人员，可自发组成小组。班组人数不多时，可全班组形成 QCC 小组，由班长担任组长。小组成熟后，也可以由组员互选选出组长，并采用轮流制。班组人数较多时，可以分成数组，班长担任其中一个小组组长，其他小组长则由组员选出。

企业组建 QCC 小组，能通过小组式学习型组织，提高一线员工独立思考和相互启发的能力。企业通过 QC 手法的学习与运用，可加强企业基础管理；通过循序渐进的课题活动，创造有活力的工作场所，发挥集体智慧，全员参与经营。

QCC 小组的组建方式有以下 3 种，如表 5.2-1 所示。

表 5.2-1　QCC 小组的组建方式

序号	组建方式	具体内容
1	自上而下组建	根据企业当年质量工作的难点和重点，有计划、有步骤地组建 QCC 小组
2	上下结合组建	上级部门推荐课题和任务，与下级各部门协商确认课题，员工自愿参与组建
3	自下而上组建	由企业基层员工分析，制定质量方针、成本目标，确定课题，自由组建

这 3 种方法，根据 QCC 小组的成熟情况，分别对应不同的活动阶段。

2. 强化团队训练

现场管理和改善，是现场改进的重要措施，其推行成功与否，直接影响供应链成本的优化效果。企业应采用适当促进措施，强化团队训练。

（1）基于需求分析形成培训计划。企业应将成本教育作为开展现场改善活动的先行工作，贯穿现场管理和改善活动全过程。针对成本降低的需求深入分析，形成团队培训计划。培训计划中应对每个培训班次制定详细培训方案，包括培训时间、培训地点、培训对象、培训目标、培训内容、培训形式、培训教师、培训费用等。

（2）建立岗位培训制度。岗位培训是现场员工教育培训的重点，包括思想理论和专业知识、能力培训等内容，能提高履行岗位职责所需要的思想素养、知识和技能水平。岗位培训分为岗前培训、在岗培训和适应性培训。其中，岗前培训包括新进人员上岗前培训，技工岗前培训，特种作业人员岗前培训、持证，关键岗位管理人员和技术人员岗前培训、持证。在岗培训以定期更新知识为主要内容，包括日常安全教育、岗位技能提高以及新技术、新工艺、新设备、新材料的实施和应用等。适应性培训即根据工作实际需要，随时开展各种应急性和针对性培训。

（3）实行培训效果评估程序。培训主管部门应在各类培训工作结束后，及时对培训效果进行评估。培训评估结果应反馈给组织和参加培训的相关部门，以便培训工作的持续改进。

3. 改善团队沟通

现场改善是从团队沟通开始的。尤其在制造企业中，员工如果没有共同的价值观，就无法做到每天相互积极沟通意见，难以保证高质量的现场管理效果。因此，管理者必须着力于团队沟通的改善。

某著名企业的团队沟通效率一度不佳，各种会议流程冗长、繁杂，不仅浪费成本，也影响了现场生产管理效果。随后，公司高层决定撤去会议室椅子，只保留垫高了30 厘米的桌子。在各个生产现场，也同样如此。员工们如果有必要开会，就会围站着进行简短讨论，随后立即开始改善工作。相比坐在椅子上的漫长讨论，站立沟通时间短、效率高。这样现场交流效果越来越好，显著提高了生产现场的管理水平。

团队沟通的改善重点，包括 3 个方向，如表 5.2-2 所示。

表 5.2-2　团队沟通的改善重点方向

序号	改善重点方向	具体内容
1	平行沟通的技巧	包括主动表达善意、以目标为前提的"双赢"技巧和建立良好的跨部门沟通关系
2	自上到下沟通	包括学会赞美、化解员工抱怨、懂得如何激励、采用适当的评价方式
3	自下到上沟通	包括尊重上级部门的权威、恪尽职守不越位、请示汇报需掌握分寸

5.2.2　现场管理优化的三大方法

现场管理优化水平代表了企业的管理水准，也是企业生产经营建设的综合表现。企业应将现场与成本的优化合二为一，以现场优化，促成本降低，在此基础上，不断对两者进行优化。

现场管理优化，主要有以下3种方法。

1. 减少加工批量

现场管理优化的目标是消除浪费。由此，必须重视加工批量大及机器准备时间长的问题，推行以多品种、小批量为特征的均衡化生产方式。

均衡化生产，要实现生产数量与产品种类的均衡。当总装配线向之前各工序领取零部件时，应均匀领取零部件，避免集中领取而造成前方工序节奏被打乱。当生产实现均衡化后，零部件被领取时的数量变化达到最低程度，各工序每天都能以接近的时间间隔，领取数量相近的零部件。各工序都以一定速度和数量，进行均衡操作。

2. 设备的快速换型

减少加工批量，需缩短生产前置期，迅速而适时地生产各类产品。其主要解决办法是缩短设备换型调整时间，将生产批量降低到最小。同时，为缩小加工批量，不断地向理想加工批量靠近，也必须缩短设备的换型调整时间。

设备换型调整时间是指其从完成上一个型号最后一件合格产品，到生产出下一个型号第一件合格产品所花的时间。

缩短换型调整时间能减少停机时间，增加生产计划的灵活性，减少浪费和库存成本，提高运行能力。一般情况下，在不改变工序的生产负荷的情况下，如果设备的换型调整时间缩短为原来的 N 分之一，则加工批量也能缩减为原来的 N 分之一。

例如，丰田公司发明并采用的 SMED 法是行之有效的设备快速换型法。这种方法的要领在于将设备换型调整的所有作业划分为两部分，即外部换型调整作业和内部换型调整作业。其中，外部换型调整作业是指在设备运转之中进行的换型调整作业。而内部换型调整作业是指必须或只能在设备停止运转时才能进行的换型调整作业。丰田公司要求现场管理者尽可能将内部换型调整作业转变为外部换型调整作业，尽量缩短这两种作业的时间，从而保证迅速完成换型调整作业。

设备快速换型的关键点如表 5.2-3 所示。

表 5.2-3　设备快速换型的关键点

序号	关键点	举例
1	将外部转换作业标准化	例如，将准备模具、工具和材料的作业充分程序化而且必须达到标准。将标准化的作业写在纸上、贴在墙上，以便作业人员随时都能看到。作业人员为掌握这些程序，必须进行积极的自我训练
2	掌握快速转换的原则	一旦设备停止运转，作业人员绝对不要离开设备参与外部作业转换的操作。在外部作业转换中，模具、工具以及材料必须事前整齐完备地准备到设备旁边，模具必须事前修理好。在内部作业转换中，必须只拆卸和安装模具
3	排除一切调整作业的时间	调整时间一般只应占整个作业转换时间的 50% 到 70%。减少调节时间，对缩短整个作业转换时间非常重要。管理者应对员工不断进行培训，提高调整作业水平

3. 现场目视管理

现场目视管理以公开化和视觉显示为特征进行管理，是行之有效的现场科学管理手段。利用现场目视管理方法，可以使用形象直观、色彩适宜的各类视觉感知信息，组织现场生产活动，提高劳动生产率，有效降低现场生产成本。

现场目视管理的对象为安全管理、品质管理、生产管理、在库管理、设备管理、现场管理、方针管理、采购管理、间接事务管理等。

现场目视管理的要点如下。

（1）设定管理对象。

（2）管理盲点可视化、明示化。

（3）正常、异常的范围标示标准化。

（4）异常处置标准化。

（5）图示化、色彩化。

（6）自动提示化。

（7）标志位置合理化。

（8）声音并用化。

（9）持续改进管理化。

5.2.3 排除七大浪费，降低成本

在生产中，不能直接创造价值的一切活动，均视为浪费。针对生产现场主要存在的浪费情况，管理者应及时分类明确、寻求措施、加以解决，最终实现成本降低。

1. 七大浪费现象

（1）等待的浪费。等待造成现场人员闲散和机器闲置，使他们被动等待下一个动作来临。造成等待的原因通常包括作业不平衡、安排作业不当、停工待料、品质不良等。除了在直接生产过程中有此类浪费，其他管理工作中也有等待浪费现象。

（2）运输的浪费。运输是现场生产必需的动作，包括放置、堆积、移动、整理等动作的浪费。例如，某企业生产管理部和制造部，对每月总生产工时进行汇总分析，发现实际作业时间虽减少，总工作时间却增加了。经过管理层仔细分析，发现原材料运输的工时占多数。

（3）产品缺陷的浪费。在产品生产制造过程中，任何缺陷的产生，都会造成材料、机器、人工的浪费。

（4）动作的浪费。要达到作业目的，需要不同的动作。其中某些不必要的动作，如频繁拿上、拿下，或步行、弯腰、对准、直角转弯等，都形成了动作的浪费。

（5）加工不当的浪费。在生产制造过程中，为达到作业目的，存在必需的加工程序。其中一些程序是能够省略、替代、重组或合并的，否则就会造成浪费。

（6）库存的浪费。库存会造成多种浪费，如产生不必要的搬运、堆积、放置、防护处理、找寻等，使先进先出的作业困难，损失利益和管理费用，物品的价值降低，占用厂房空间等。此外，库存还会造成无形的损失。

（7）生产过多的浪费。如果不在必要的时候，生产出必要的产品，都属于浪费。换而言之，生产超出实际需求的产品或更早生产，都会造成浪费。

2. 消除浪费的措施

（1）企业应推广严格管理的思想，即在需要的时候，适时生产需要的产品。

（2）消除不合格产品，提升产品合格率，消除制造不合格产品的浪费。

（3）围绕生产关键点，消除"停工等活"等各类现象的浪费，有效利用人力资源。

（4）减少工时数。积极进行动作分析，从细节浪费现象开始清除。

（5）在搬运距离和搬运次数等方面加以改进，消除运输的浪费。

（6）普及消除浪费的知识，引导员工认识加工过程中不产生附加价值的所有行为都是浪费。

在实际操作中，应将上述六大措施循环操作，由此降低库存。也可根据企业的实际发展情况和现场管理改善水平，在最后阶段，消除库存的浪费。

5.2.4　现场改善、降本增效的九大技巧

为有效进行生产现场改善，实现降本增效，企业管理者可使用以下技巧。

1. 改进工艺流程

生产现场应设置科学、合理的工艺路线。可利用流程法，对现有工艺流程进行分析。

流程法又称为工序分析法或工程分析法，即对工作流程加以分析、调查，找出其不经济、不均衡、不合理的地方，并进行改善。

工艺流程的分析步骤如下所示。

（1）预备调查。调查产品的生产量（包括计划量、实际生产量）、产品内容与质量标准、检查的标准、设备的配置布局、流程的种类、分支与合流情况、原料等。

（2）绘制工序流程图。

（3）测量、记录。

（4）整理分析结果。

（5）制定改善方案。

（6）实施和评价。

（7）改善方案标准化。

工艺流程的具体改进原则如表 5.2-4 所示。

表 5.2-4　工艺流程的改进原则

原则	目标	案例
去除	1. 明确是否可以不做 2. 解决"如果不做会怎样"的问题	1. 省略检查 2. 通过变换配置省略搬运
合并	将 2 个以上的工序组合起来	1. 将 2 个以上的加工同时作业 2. 将加工和检查同时作业
重排	分析是否调换工序	更换加工顺序，提高作业效率
简化	分析是否可以更简单	1. 重新认识作业 2. 自动化

2. 调整平面布置

生产平面布置，是现场改善工作中的重要环节。平面布置的好坏，直接关系到生产现场是否符合工艺要求，能否具备良好的操作条件、有效降低生产成本。

调整、更改生产流程，可形成最短路线的平面布置。

生产平面布置的原则如下。

（1）根据生产工艺流程及相关要求，对工序合理布局，减少生产区面积。

（2）合理安排人流、物流，避免不当交叉和混杂。

（3）按工艺流程单元操作，集中成区，减少生产流程的迂回往返，便于生产管理。

（4）合理安排生产区和公用工程区，缩短管线输送距离，降低能耗和运输成本。

3. 改善生产线平衡率

生产线平衡率能用数据来定量表示生产平衡的程度。其计算公式如下。

平衡率＝（各工序时间总和 ÷ 工位数 ×CT）×100%（CT 即 Cycle time，指流程的节拍，也就是生产线瓶颈工时）

当生产现场管理者发现生产线不平衡时，可利用以下方法进行改善。

（1）减少耗时最长工序的作业时间。具体方法包括作业分割（将该作业一部分分割出来转移到工时较短的作业工序上），利用或改良工具、工装、机器，提高作业者的技能，调换作业者，增加作业者等。

（2）在（1）的基础上，也可进行工艺流程改进，以改善生产线平衡率。

4. 减少多余的动作要素

减少多余的动作要素这一方法称为动作改善法（简称"动改法"），又称为省工法，即以改善人体动作的方式，减少疲劳感，使操作者工作得更为舒适、更有效率，杜绝蛮干。

动作改善法需要遵循以下基本原则。

（1）减少动作数量。

（2）追求动作平衡。

（3）缩短动作间移动距离。

（4）使动作保持自然、轻松的节奏。

5. 压缩搬运时空

企业应想方设法改进设备布局，采用迅速的搬运手段，压缩搬运距离、时间和空间。其中，对设备布局的改进，不应按设备种类进行，而是必须顺应生产流程，以便缩小搬运空间。为将各个工序连接起来，企业还可使用传送带、溜槽或叉车等迅速的搬运工具，提高搬运效率，减少搬运时间。

6. 提高人机效率

提高人机效率即提高人与机器的合作效率。在现场作业中的改善，要考虑到人与机器的联合因素，进行人机联合作业分析。通过对人与机器、人与人的组合作业的时间过程进行分析，发现人和机器的等待、空闲时间，并进行有效改善。

提高人机效率的常用手段，主要是通过自动化或共同作业等方法，去除等待时间，将作业负荷平均化。也可以通过调整操作设备的台数、共同作业的人数，达到合理分配。

7. 缩短工程关键路线

关键路线法是运用网络理论、网络图的形式管理生产现场的科学方法。该方法需要在网络图中找出最优的关键路线，即由影响计划完成的关键环节，构成自计划起点到终点的科学时序路线。

关键路线是生产现场时间最长的线。只有压缩关键路线，才能压缩生产工期并降低成本。

缩短关键路线的方法主要包括以下3种。

（1）增加资源。增加资源能缩短工期，但通常不会成缩短比例，更不一定会降低成本。采用该方法，应谨慎、科学地进行事前评估。

（2）任务并行。例如，通常情况下甲任务完成后乙任务才能开始，经改善，可以做到在甲任务尚未完成时，让乙任务提前开始，从而缩短关键路线。

（3）更换资源。企业可以考虑使用更高效的资源去执行生产任务。例如，使用更好的设备，或者使用业务更熟练的员工等。

8. 变革现场环境

通过变革生产和工作的现场环境，能有效实现优化。如常见的7S现场管理法，其主要内容如下。

（1）整理。区分需要用与不需要用的物品，将前者保留，将后者清理出现场。

（2）整顿。将物品按规定位置摆放整齐，并做好识别管理，便于拿取。

（3）清扫。扫除现场中设备、材料、环境等生产要素的脏污部位，保持整体干净。

（4）清洁。作业过程中，依然维持整理、整顿、清扫之后的良好局面。

（5）素养。全体员工应遵守生产规章制度，养成良好的工作习惯。

（6）安全。生产作业过程中要安全操作，注意人身与财产安全。

（7）节约。节约各种原材料、设备、生产工具及水电、人力等资源。

9. 寻找问题根源

在生产现场发现浪费问题后，不应盲目强调立即行动，而应寻找问题的根源并加以解决。在寻找问题之前，现场管理者应学会按以下步骤思考。

（1）什么是问题，包括问题的目标、现状等。

（2）如何识别问题。例如，可以不断问"为什么"，也可以从现场资料数据中寻找问题根源。

（3）如何分析问题。可以采用 5W1H 分析法，对问题进行分析与改善。5W1H 分析法的具体使用方法，如表 5.2-5 所示。

表 5.2-5　5W1H 分析法的使用方法

逐轮提问 5W1H	第一轮提问 现状？	第二轮提问 为什么？	第三轮提问 能否改善？	结论 如何改善？
原因 （WHY）	这样做的目的是？	有意义吗？	更有意义的是？	新的价值是？
对象 （WHAT）	具体做的是什么？	非要做这件事吗？	做别的事可以吗？	应该做什么？
地点 （WHERE）	在什么地方做的？	非要在这做吗？	在别处做行吗？	应该在哪做？
时间 （WHEN）	在什么时间做的？	非要这时做吗？	在别时做行吗？	应该何时做？
人员 （WHO）	谁做的？	非要他做吗？	别人做可以吗？	应该由谁做？
方法 （HOW）	如何做的？	非要这样做吗？	那样做行吗？	应该怎样做？

（4）解决问题。可以运用多种图表工具，如检查表与图表、排列图、直方图、鱼骨图、散布图、管理图、层别法等，尝试解决问题。运用这些工具的手法，是解决现场问题、实现不断改善的基本技能。

5.3　品质成本的控制和削减

产品品质成本是供应链总成本的重要组成部分。品质成本涉及面广、影响大，有效进行品质成本的控制和削减，对供应链总成本的降低，会有明显作用。

5.3.1　品质成本种类及重点要求

控制品质成本，应结合企业实际情况，分析品质成本种类，明确控制的重点要求。

1. 品质成本种类

品质成本种类分为以下3种。

（1）品质预防成本。品质预防成本又称为品质计划成本。该成本主要用于保证和提高产品质量，防止产品质量低于质量标准，其中包括品质规划、改良计划、新产品检查、制程管制、教育与训练、品质资料取得与分析、品质报告等成本。

（2）品质鉴定成本。品质鉴定成本又称为品质执行成本。该成本主要用于试验和检验，以评定产品是否符合所规定的质量标准而支付的费用。其中主要包括进料检验、制程及出货检验、维持检验设备的准确性、消耗的物料和劳务、存货评估等成本。

（3）品质失败成本。品质失败成本包括内部失败成本和外部失败成本。内部失败成本，即企业生产的半成品和产成品在出厂前由于质量缺陷而发生的损失与修复成本，如报废、重作、重试验、时间损耗、处理等成本。外部失败成本，即交货后由于产品无法满足质量要求而造成的损失，如客户抱怨、退货、服务、折扣等成本。

2. 品质成本的控制重点

从品质成本的种类来看，上述第1点中的第（1）类、第（2）类成本，属于可控制成本，第（3）类属于结果成本。品质成本的控制重点，在于积极理顺并平衡各构成要素之间的关系。

在实际操作中，企业通常应适当增加少量预防成本，便于减少鉴定成本和失败成本，以达到降低品质总成本目的，提高企业的利润。

5.3.2　品质预防成本控制措施

品质预防成本控制措施如下。

1. 设计阶段控制措施

（1）根据客户要求，正确界定产品的外观、功能、尺寸等。

（2）设计输入必须完整、明确，选择合适的人员和资源。

（3）设计输出应规格化、标准化。

（4）保证设计流程的正确，并严格审核。

（5）对其他相关问题进行考量。

2. 生产阶段控制措施

（1）建立一套具有竞争力的品质计划。

（2）采用科学的统计方法，获得品质信息。

（3）不单凭价格取舍供应商。

（4）对管理人员进行多项在职培训。

（5）以创新方法督导员工。

（6）人性化管理。

（7）合理解决组织内部的冲突。

（8）废除规定工作量的工作标准。

（9）建立充满活力的工作氛围。

5.3.3　品质鉴定成本控制措施

控制品质鉴定成本，应根据一定流程展开，包括评审质量鉴定活动、实施质量鉴定成本控制和改善质量鉴定成本控制等步骤。

1. 评审质量鉴定活动

除了合同评审外，应进行过程评审，即围绕产品实现过程开展评审。

企业应首先对产品的设计开发进行评审与验证。其次对采购过程控制和采购品质进行评审验证。随后对产品的制程控制和检验进行评审。最后则是在交付前后对产品进行鉴定评审。

2. 实施质量鉴定成本控制

企业实施质量控制措施时，应以财务部门为主导、质量部门协助、其他责任部门参与配合完成。

财务部门应事先制定质量鉴定成本的标准科目，确定其中的数据格式和核算标准，建立统一的质量成本报表和数据关系，确定质量成本控制目标。质量部门则负责数据收集、统计、分析与审核等工作。

3. 改善质量鉴定成本控制

在改善质量鉴定成本控制阶段，企业应首先对质量鉴定成本数据进行分析，随后对质量鉴定成本的控制进行改善。取得效果的改善措施，可以进一步纳入作业流程标准，作为控制质量鉴定成本的依据。

常见的质量改善措施如表 5.3-1 所示。

表 5.3-1　常见的质量改善措施

序号	质量改善措施	具体内容
1	全检或免检准则	由于抽样检验产生误差所造成的损失往往数倍于原先的检验成本，因此企业可采用这一准则
2	检验与测试计划	包括作业员自检、线上全检等
3	设备与方法改善	包括提供比较自动化的设备，减少检验次数和降低检验员的要求，安装设备自动检测系统等
4	统计品质的管制	无

5.3.4　品质失败成本控制措施

品质失败成本的控制与改善措施主要如下。

1. 查明产生失败成本问题的原因

企业在面临品质失败情况时，应遵循公开、公平、公正与及时的原则，坚持实事求是的科学态度，在这基础上开展调查。调查过程应做到事实清楚、定性准确、责任明确、处理恰当。管理者应明确，所有对品质失败成本的查证，最主要目的是改善质量和监控风险，而追究责任与处罚应该是其附属行动。

在产生品质失败成本后，企业应要求相关部门积极配合查证工作，及时查明原因，确认责任归属，落实整改措施。

2. 培养共同解决问题的决心和能力

企业应积极培养员工的正确心态，提高他们解决问题的能力，主要包括以下 4 点。

（1）提高发现问题的能力。

（2）强化分析问题的能力。

（3）通过观摩、研讨和流程优化，提升专业知识水平。

（4）管理者应与相关人员一起拟订解决问题的计划和方案，并加以执行。

5.3.5 品质成本的分析与计算

企业内部的品质成本分析与计算，主要包括以下做法。

1. 收集品质成本的资料

（1）已建立的会计账目，如保证费用与检验成本。

（2）分析会计账目的成分，如会计账目中的客户因不良品原因退回的成本。

（3）估计制程人员在品质活动中消耗的时间比例，估算品质成本。

（4）设立暂时性记录，如不良品的返修时间记录。

2. 分析总品质成本

（1）总品质成本是在执行品质管理中所发生的成本，分为预防成本、鉴定成本和失败成本（包括内部和外部）。

（2）当预防成本及鉴定成本适当增加时，失败成本就会大大下降。

（3）追求总品质成本最适成本。

3. 划分总品质成本曲线

总品质成本划分为 3 个区，分别是改良区、理想区和至善区。

在改良区内，失败成本占总品质成本 70% 以上，预防成本的比例低于 10%。此时，企业应务力寻求改良计划，以降低总品质成本。

在理想区内，失败成本占总品质成本 50% 至 60%，预防成本的比例约为 10%。此时，企业应继续加强管制。

在至善区内，失败成本占总品质成本 40% 以下，鉴定成本占 50% 以上。此时，企业应考虑放宽标准、减少检验，并及时追踪复查。

5.4 财务成本的控制与风险规避

财务成本的控制与风险规避，是指在企业运行过程中，通过科学的成本评估手段，对企业项目的成本运用情况进行实时监控与管理。通过控制，企业可降低成本浪费的风险，确保企业经济利益最大化。

5.4.1 如何看懂三大重要的财务报表

财务成本控制与风险规避，离不开对三大重要财务报表的解读。

1. 利润表

利润表是反映企业在一定会计期间经营成果的报表。由于其反映某一期间情况，所以又被称为动态报表，也被称为损益表、收益表。

分析利润表，应重点关注以下两点。

（1）毛利率。毛利率即企业销售毛利润除以销售收入。毛利润是指销售净收入与产品成本的差额。毛利率反映了企业产品销售的初始获利能力，是企业净利润的起点。如果缺乏较高的毛利率，就难以形成较大盈利，而影响毛利率的直接因素是产品成本和产品价格。因此，毛利率在很大程度上反映了企业将业务转化为利润的核心能力。

（2）期间费用。期间费用即销售费用、管理费用和财务费用。一家优秀的企业，能保持期间费用的相对稳定，使其与销售收入成正比，并保持合理递增速度。

2. 资产负债表

资产负债表又称为财务状况表，表示企业在一定日期（通常为各会计期末）的财务状况，即资产、负债和所有者权益的状况。资产负债表基于会计平衡原则编制，将符合会计原则的资产、负债、所有者权益科目等，分为"资产"和"负债和所有者权益（或股东权益）"两大区块，便于使用者在最短时间内了解企业经营状况。

资产负债表包括两大部分，第一部分是资产，第二部分是负债和所有者权益（或股东权益）。资产可分为流动资产和非流动资产，负债可分流动负债和长期负债。关于该表，有 5 个指标需要关注。

（1）资产负债率，即总负债除以总资产。通常情况下，企业资产负债率不能过高，否则风险较大。相反，资产负债率过低，则表明企业经营较为保守。通常情况下，资产负债率在 40% ~ 60% 较为合适。

（2）净资产收益率，即净利润与净资产的比率。该数据反映了企业运用净资产营利的能力。净资产收益率必须大于银行贷款利率至少 20%。此外，管理者也应关注总资产收益率（即净利润除以总资产的值），该数值能更准确反映企业运用全部资产的能力。

（3）流动比率和速动比率。流动比率即流动资产除以流动负债，体现企业资产的安全性，该比率不应低于 1。速动比率是流动资产减去存货后再除以流动负债，也不能低于 1。

（4）应收账款周转率，表示企业从获得应收账款的权利，到收回款项、变成现金所需要的时间，通常用销售收入除以应收账款得到。应收账款周转率是反映企业应收账款周转速度的比率，说明一定周期内企业应收账款转为现金的平均次数。一般情况下，应收账款周转率越高越好，周转率高，表明收账迅速，账龄较短，资产流动性强，短期偿债能力强，这样能有效减少坏账损失。

（5）存货周转率，表示企业一定时期销货成本与平均存货余额的比率。该数值用于反映存货的周转速度，体现存货的流动性及存货资金占用量是否合理。该数据能说明企业销售效率和存货使用效率。正常情况下，存货周转率越高，企业存货周转速度越快、销售能力越强。

3.现金流量表

现金流量表所表达的是固定期间（通常为每月或每季度）内，一家企业现金（包括银行存款）的增减变动情形。现金流量表主要反映资产负债表中各个项目对现金流量的影响，并可以根据用途划分为经营、投资和筹资3种活动。管理者分析现金流量表，可以了解企业在短期内有没有足够现金去应付开销。

管理者还应学会对现金流量表和利润表进行结合分析。例如，利润表中营业收入增加，但经营活动中收到的实际现金额却在下降，说明企业的部分收入还停留在应收账款中，有坏账发生的可能。又如，"支付给职工以及为职工支付的现金"也有重要的分析用途，企业管理者可将该数值除以企业职工人数，这样能够估算出职工人均收入，并借以评估企业的人力资源成本是否科学。

5.4.2 拖欠与坏账的风险分析

要防范企业财务风险，降低财务成本，就需要对拖欠与坏账的风险现状进行有效分析。

企业面临的拖欠与坏账风险，主要来自应收账款。应收账款是指企业因对外销售产品或材料、供应劳务及其他原因，应向购货单位或接受劳务单位及其他单位收取的款项，包括应收销售款、其他应收款、应收票据等。相应的销售过程称为赊销（先交货，后收款）。

客户超过规定信用期限付款，而使企业蒙受损失，形成拖欠风险。企业应收账款无法按发生的数额收回，形成坏账而造成的损失，形成坏账风险。拖欠风险累积到一定程度，即转化为坏账风险。

容易导致拖欠与坏账的应收账款按其来源主要分为以下3种。

1.因合同标的不明而发生

企业签订销售合同时，由于概念未能明确，有可能发生合同争议纠纷，形成超期应收款。也可能由于争议时效，产生呆账、坏账等损失。

例如，某企业销售叉车3台，合同条款中注明了规格型号，但未注明柴油机和汽油机的具体型号。企业实际发出叉车为柴油机型号，客户需要的叉车为汽油机型号。双方就此问题发生争议，经协商未果而提起诉讼，历时半年才解决。

类似事件在客观上造成了企业的应收账款出现拖欠、坏账等情形，加大了财务成本支出。

2. 因合同履行期间、地点和方式变更而发生

企业销售合同一旦订立，就形成法律效力，包括履行期间、地点和方式等，双方应严格履行。如其中产生不利于企业的因素，就会影响资金安全，造成企业应收账款的增长、拖欠甚至产生坏账。

3. 因质量争议而发生

质量争议可能由企业的制造质量问题而引起，或客户使用不当而引起。通常情况下，前者由企业承担，后者则由客户承担。如果企业制造质量出现问题，很容易造成应收账款增长和拖欠、坏账损失。

类似因素影响下，一些企业的应收账款在流动资金中所占比例过高、逾期应收账款比例过高。这种情况大多由控制不严、管理不善引起，并导致应收账款迅速扩大，严重影响了企业资产的流动性，造成企业资金的短缺，极不利于企业再生产，也严重制约企业的发展和壮大。

5.4.3 应收账款风险的影响分析及风险防范

企业应收账款风险，主要表现为资金回收风险和账期不确定性。

资金回收过程中，由于应收账款的存在，回收金额存在风险，即企业无法收回部分或全部的应收账款，导致部分或全部应收账款成为拖欠乃至坏账。账期的不确定性，则表现为应收账款回收时，付款方未能按约定付款时间付款，导致企业面临损失。

上述风险，来自企业内部经营管理体制与外部客户信用风险控制的不合理，具体包括信用管理体系不完善，企业自身缺乏风险意识，企业应收账款管理不规范、缺乏日常管理的有效方法，内部控制制度不严、缺乏有效的奖惩措施等。

风险会减慢应收账款的流转速度，在财务报表上则表现为经营成果和资产的虚高，对企业造成经济损失。因此，管理者必须积极运用风险管理的措施，建立健全应收账款的管理制度，加强应收账款的管理。

应收账款风险防范措施主要如下。

1. 信用管理

信用管理属于应收账款的基础性管理工作。企业应建立客户信用档案，根据不同信用情况，采取不同的收账政策。

建立客户信用档案，需对目标客户有所选择。企业应做好客户的资信调查，采用科学和规范化的程序，收集客户的企业性质、法定代表人背景、注册资金情况、财务状况、经营规模、信誉等资料，建立客户档案，以便为信用评价提供相对完整的依据。此外，还应根据客户的品质、能力、资本、抵押、条件和连续性等标准，结合定性和定量分析方法，对客户进行信用评定。

除了基于客户信用的评定结果外，合理的信用政策还应将信用标准、信用条件、收账政策三者结合起来，并综合考虑三者的变化对销售额、应收账款等各种成本的影响。

2. 严格内部控制制度，建立一套完整赊销制度

（1）企业授予客户信用额度，应经主管领导审批生效后录入客户档案。销售过程中，销售部门应严格根据限额控制交易数量，避免因突破限额而导致加大风险。客户信用额度发生变动后，必须及时报批备案，对客户信用额度的执行情况进行定期检查和分析。

（2）对合同管理、销售管理、应收账款日常管理等事项，应重点围绕其操作步骤规范和经办人权责规定，建立内部控制制度、以增强企业自我控制、协调的能力。

（3）建立定期拜访客户制度。及时了解客户需求及客户对企业所提供的产品和服务的意见。同时，还应密切关注客户动态，做好应收账款的跟踪和监控工作。

（4）建立应收账款预警制度，对应收账款账龄进行定期分析，进行相关性分类工作，并做好预警。

3. 建立对账制度

针对长期不对账等管理措施不力现象，企业要规范应收账款的日常管理制度、健全客户信用管理体系。企业应根据应收账款账期和金额等要素，制定往来款项对账制度。其主要步骤如下。

（1）查看账户总额、明细账及有关部门的备查往来台账是否一致。

（2）检查账户明细账目的真实性。

（3）检查该类账户核算的正确性，并对账龄进行分析。

（4）进行账务分类，可参考金融行业的 5 级分类（正常类、关注类、次级类、可疑类、损失类），并对正常类以外的 4 类账户逐个进行重点检查与分析。

4. 事后防范控制

为保证应收账款债权的及时足额收回，也应进行事后防范控制管理工作。根据应收账款回收的不同情况，可采取信函通知、电告催收、派员面谈、诉诸法律等措施，及时解决问题。

5. 建立坏账准备金制度

无论企业采取怎样严格的信用政策，只要存在商业信用行为，坏账损失的风险就不可避免。为此，企业应建立坏账准备金制度，以便将风险发生后带来的损失降到最低。

5.5　如何降低人力资源成本

目前，我国部分企业尚未真正重视人力资源成本的降低，导致企业人力资源成本长期居高不下，影响了企业的经济效益。企业必须明确管控人力资源成本的重点，积极运用相关措施，达成降低总成本目标。

降低人力资源成本，包括对人力资源的获得成本、开发成本、使用成本、保障成本和离职成本的发生数额和效用进行掌握与调节。

5.5.1　降低人力资源成本的重点

降低人力资源成本，必须建立在科学管理的基础上，不能由此对总成本降低措施产生负面影响。企业应明确以下重点。

1. 降低人力资源成本的条件

降低人力资源成本，是牵一发而动全身的问题，不可能单独进行。一些企业试图将人力资源成本管控作为单一目标，结果反而带来麻烦。在降低人力资源成本之前，必须先明确是否需要管控，即结合企业目前用人状况，判断是否需要直接降低人力资源成本。降低人力资源成本之后，如不会影响企业运营效果、员工积极性，这样的管控就是有必要的，反之则没有必要。

2. 明确人力资源成本具体内容

人力资源成本的具体内容涉及 5 个方面，分别是人力获得成本、人力开发成本、人力使用成本、人力保障成本和人力离职成本。

（1）人力获得成本，即企业在招聘和录用中所付出的成本。该部分成本通常属于预算内的开支。为了获得优秀人才，企业需要拓展招聘渠道。

（2）人力开发成本，即企业用来对员工潜力加以开发所需支付的成本，如培训费、会议费等。

（3）人力使用成本，即企业在招收新员工后，为使员工能充分为企业服务而需付出的费用，包括工薪、货币福利等。

（4）人力保障成本，即企业为确保员工能保持工作活力而支付的费用，如奖金、物质福利等刺激因素。

（5）人力离职成本，即员工离开现有岗位所带来的一切显性或隐性成本支出。

针对上述 5 种人力资源成本，企业应注意到其内在联系，并分析不同种类对企业总成本变化的影响。在找到重点管控种类后，再着手降低。

3. 建立人力资源成本的风险意识

随着经济发展、社会进步，人力资源成本在企业总成本中所占的比例越来越大。无论效益较好的企业，还是起步不久的创业型企业，其管理者必须建立人力资源成本的风险意识，对不断增加的人力支出风险予以充分重视。同时，企业还应摒弃经验化的人力决策，选择理性的人力决策。企业应通过人力资源成本预测技术，清楚了解目前人力资源成本与企业总成本的关系，从而做出正确的人力决策。

5.5.2　降低人力资源成本的措施

人力资源成本自身的实际运营成本相对而言非常有限。企业应关注如何利用人力资源的管理工作，在资源的整合与增值中降低成本。其主要措施包括以下 5 点。

1. 作业成本控制

通过对各个部门和岗位的作业成本控制，将职能性费用降到最低水平。其具体措施如下。

（1）通过人力资源规划、岗位分析、职能界定、岗位描述等手段，将招聘作业纳入规范化、流程化轨道。招聘之前，管理者应心中有数。招聘中，应有的放矢。招聘后应及时定岗定责，避免招聘中的无序与随意操作、从而降低招聘成本。

（2）通过建立培训体系、建立内部知识管理与分享制度、推动员工职业生涯规划等，协助员工的学习与发展，不断提升员工的从业素养与从业能力，提升员工对企业的忠诚度。

（3）建立过程化导向的全面绩效管理体系，确保目标分解、责任到人，过程管控、细节督导，双向沟通、强化团队，奖惩分明、及时体现。

（4）有效降低员工流失率，利用多种激励手段保留人才。

2. 部门平衡与协作

企业管理者应推动人力资源管理部门与各直线职能部门之间的关系，做到平衡与协作。双方应共同致力于降低市场营销、销售、生产制造、信息技术、行政费用等相关成本。

3. 引进客户服务意识

管理者应要求人力资源管理部门将员工看成客户，通过提高服务质量，达到降低成本和提高绩效目的。

4. 发挥人力资源管理部门的主导作用

让人力资源管理部门充分发挥在构建企业文化体系过程中的主导作用。企业通过人力资源管理部门，建立强势的企业文化，充分发挥组织影响力和团队凝聚力，让更多的人愿意投入业绩创造和成本降低中，形成良性循环。

5. 利用预算，管控人力资源成本

为了达到管控成本目的，可以采用以下措施。

（1）企业应建立人力资源成本控制组，各小组对其人力资源成本负责。预算或分解后的预算指标，是对预算小组业绩考核的标准。

（2）对人力资源成本预算执行情况定期分析和反馈。执行该措施时，应重点关注超支差异和节约差异。对超支差异的原因进行有效分析，对节约差异的分析应重点考虑成本节约的整体效果。根据原因分析预算执行情况，最终进行评价。

（3）为确保预算工作顺利开展，可以建立对应的激励政策。各小组在执行预算前后，应了解相应的奖惩政策，保证人力资源成本预算执行的科学性和有效性。

（4）增强企业员工的相关意识，包括人力资源成本概念、成本预算的培训，营造良好的成本预算执行氛围。

5.6 从设备维护层面控制成本

现代企业追求高产、优质、低成本的目标，必须以生产的持续稳定为基础。企业应从设备维护层面控制成本，最大限度减少突发故障及停机损失，最大限度减少停机时间、修理时间和投入费用。

5.6.1 提高操作、维修技术以降低成本

设备维护成本是指为保持或恢复设备技术性能所支付的成本。其中主要包括设备的维护费和修理费两大部分。设备维护费包括设备日常保养费用和设备检查检验费用，设备修理费是指为恢复设备性能而进行修理所发生的费用。

设备维护成本影响着企业生产经营成本。提高操作和维修技术，能有效降低设备维护的成本。其主要措施如下。

1. 重视技术的更新改造

企业可应用现代科学技术和先进经验，对设备寿命周期费用进行分析。随后结合设备维修，改变现有设备的结构。利用新部件、新装置、新附件的加装和更换，对原有设备的技术性能加以改善，增加功能，从而达到或局部达到新设备的技术水平。

企业还应有计划和有步骤地对落后设备做出技术改造，提高效率并降低故障率。在设备维修时，应注意利用新技术、新材料和新工艺。尤其在那些设备较为老化的企业，应注重设备的技术改造。

2. 保证备品、备件的质量

备品、备件的质量不仅直接关系部件的使用寿命，也会影响整个设备系统的可靠性和维修范围。备品、备件质量优良，能帮助维修人员迅速排除故障，提高整个系统的可靠性，提高设备整体性能。备品、备件品质低劣，不仅无法提高设备整体性能，还可能引发故障，增加成本。

3. 加强维修损坏的备件

设备换下的备件中，不少经过维修还能再度利用。例如，机械类设备备件，可以通过电刷镀、喷涂等新工艺进行修复使用。企业实际运营中，之所以难以开展及时维修工作，原因在于缺乏必要的维修工具和相应的激励机制。因此，企业应当设立维修奖励政策，根据备件的价格、重复利用价值、可靠性等因素，以备件原价格的百分比，对修复备件人员进行奖励，并与员工的月度、年度考评相联系，鼓励维修人员对备件积极修复再利用。

4. 加强设备的维护保养

企业应要求员工树立"维护重于修理"的工作思想，建立健全设备动态管理资料台账，争取最佳修理时间。在管理层面，应避免单纯提高产量、忽视设备维护的现象发生，加强检修过程的管理。

5. 积极改造设备技术

对设备故障发生频率较高、维修费用较多、设计不合理等难点问题，组成技术提升小组进行研究。必要情况下，可外请专业人员，进行技术改造，杜绝设备风险隐患。

6. 提高全员综合素质

企业在加强全员、全方位、全过程管理的基础上，对设备的操作、维修和管理人员，应进行必要的技术考核，以增强员工对业务的钻研积极性，适应工作的要求。

5.6.2 实行设备日常点检保养制

实行设备日常点检保养制，能有效提升设备保养管理水平，减少设备运行所带来的损耗，降低可能存在的成本浪费风险。

设备日常点检保养制，主要作用于以下三大方面。

1. 加强备件库点检管理

企业对设备备件库的管理，应及早建立各设备领用备件台账。每月底对设备领用备件台账（由库管人员填写）、设备更换备件单（由维修人员填写）进行核对，发现问题并及时查找原因，采取相应管理措施。在核对中如发现去向不明的备件，应严格追查其流向，有效预防备品、备件的流失问题。

此外，还应对常用备品、备件，建立最高限与最低限台账，保证备品、备件数量不超过上限、不低于下限。在设备正常运行情况下，既能保证设备正常使用，又避免了积压，确保备件有效运转。

2. 坚持日常设备巡检和保养

企业应制定严格的保养制度规定，促使操作人员严格按照规定执行。一旦发现故障隐患，应及时处理。同时，维修人员应加强对设备的点检和巡视，尤其注意通过对设备使用者的询问记录，了解、掌握设备运转情况。在日常工作中，只有使用者和维修者共同配合，才能将设备故障减到最低限度。

对企业使用的重点设备，如高价值昂贵设备、对生产全局产生重大影响的关键设备，应安装状态监测和故障诊断仪器，将设备故障遏止在萌芽状态，减少由于设备停机可能带来的重大损失。

3. 开展设备巡检和点检

设备巡检是指员工对设备的部位、内容进行巡视，以便观察生产系统的正常运行状态。该方法属于不定量的运行管理，适用于分散布置的设备。

设备点检即为维持生产设备的原有性能，通过人的感官或简单的工具、仪器，按照预先设定的周期和方法，对设备上的规定部位进行预防性周密检查。点检法能够在早期发现设备的隐患和缺陷，并及时处理。

设备巡检员工属于专职人员，主要负责某个生产工艺段的设备巡检。该岗位员工在巡检过程中对照标准，发现设备的异常现象和隐患，为点检人员提供需检查的设备故障点、部位、项目和内容，使点检员工能在设备点检中找准方向。

设备点检员工主要是维修人员，根据巡检员工提供的信息，负责设备故障的检查和修复。其负责的工作内容分为日常点检和定期点检两类。

（1）日常点检。作业周期在一个月内的点检，属于日常点检。日常点检的对象为使用中的主要生产设备，由设备操作人员根据规定标准，每日一次或数次对关键部位进行技术状态检查与监视，及时发现设备异常，防患于未然，保证设备正常运转。

日常点检作业内容相对简单，作业时间较短。一般在设备运行中进行。

（2）定期点检。作业周期在一个月及以上的点检，属于定期点检。定期点检由设备维修和专业检查人员，根据点检卡要求，凭感官和专用检测工具，定期对设备的技术状态进行全面检查和测定。巡检人员通过点检，确认设备的缺陷与隐患，定期了解设备的状态，为修理计划提供依据，使设备保持规定性能。

设备点检内容，因设备种类和工作条件不同而有所差别。各类设备的点检，应做好以下环节的工作，如表 5.6-1 所示。

表 5.6-1　各类设备的点检工作环节

序号	环节	具体内容
1	确定检查点	通常将设备的关键部位和薄弱环节列为检查点。必须全面考虑多重因素，合理确定检查点的部位和数量。一旦确定后，不应随意变更
2	确定点检项目	确定各检查点的作业内容。同时考虑点检人员的技术水平、检测工具情况
3	确定点检判定标准	根据设备技术要求和生产实践经验，制定判定标准，检验各设备项目技术状态是否正常。判定标准应尽可能量化，以便检测和判定
4	确定点检周期	点检周期应在保证生产前提下，依据生产工艺特点和设备说明书要求，结合企业设备运行情况来确定。如周期设置过长，就失去了点检的意义；周期设置过短，则加大检查工作量，增加成本

（续表）

序号	环节	具体内容
5	确定点检方法和条件	根据点检目的和要求，对不同检查项目采用的方法予以具体规定。检查方法和作业条件一经确定，就成为规范化作业程序，不得随意改动
6	确定人员	根据点检项目内容，确定点检人员
7	确定计划	利用点检计划表，设计点检的计划进度
8	确定记录	包括点检的作业记录、异常记录、故障记录、倾向记录等
9	确定流程	主要包括点检作业和点检结果的处理流程

5.6.3　设备管理评价指标

企业的设备管理评价指标主要分为 3 类，具体内容如下。

1. 设备资产考核指标

（1）设备新度系数。设备新度系数主要衡量设备净值与原值的百分比情况，用于考核企业整体设备的优劣，也可用于考核单台设备优劣。该系数能帮助企业计算对设备的资金投入，用于报废老化设备或更新改造。

（2）不良设备资产率。该指标即企业资产中存在问题、难以参加正常生产经营运转的部分设备资产占总设备资产的百分比。该指标的考核能引导企业注重设备管理，发挥资金效益，定期盘点并找出不良设备资产出现的原因。

2. 设备技术考核指标

（1）设备利用率。设备利用率指标不仅与设备管理有关，同时也受到多种因素影响。设备利用率能在一定程度上评价企业经营好坏，但不足以完全评估设备成本。

（2）设备完好率。设备完好率是指主要设备完好台数占所有主要设备的百分比，体现企业整体设备的技术状况水平。考核该数值，有利于保证企业资产时刻处于完好状态。如果对该指标单位进行优化，则无论是考核某个单位整体设备水平，还是具体到某一台上，都能代表设备全过程的使用状况。

（3）设备可开动率。该数值表示当设备要被使用时，能立即正常投产运转的比率。该数值越高越好，其理想状态为 100%，在该状态下可消除一切生产时间的浪费，为企业生产经营提供有效保障。

（4）设备大修理计划完成率。该数值是指企业将磨损或失去工作能力的设备纳入大修理计划后，在计划时间内大修完成台数与总计划台数的比例。除此数值外，企业也应注重大修理时间、功能修复率和维修质量。

（5）主要设备故障停机率。对该数值的考核，应着力于反映设备故障时间，认真分析产生原因并制定预防发生的对策。同时，企业应督促做好设备使用、维护和检修工作，严格执行设备维护和检修制度，及时消除设备隐患，确保设备经常处于良好运行状态。

3. 设备经济考核指标

（1）设备修理费用率。主要是通过对设备修理费用核算，对生产成本进行控制。该指标能检查员工在生产过程中对设备的日常维护保养状况，也能检查评价设备维修质量情况，并对照设备状况检查是否有违规使用行为。

（2）设备有效运转率。该数值反映设备实际产量与设计能力的百分比，是用以考核单台设备的管理指标，主要反映设备实际生产效率是否发挥最大能力。

（3）设备综合效率。考核该数值，目标在于建立发挥生产管理系统最高效率的企业素质，达到设备综合效率最大化。该数值需要从时间、速度、质量等方面对设备进行综合评价。

第6章

供应链下的供应商管理策略及应用

供应商管理，是供应链管理中的重要问题。在实现精益化管理的进程中，供应商管理的策略与应用能够发挥非常重要的作用。为此，企业必须致力于与供应商建立合作伙伴关系。针对不同特点的供应商资源，企业应利用各种策略，积极进行整合与优化。

6.1 如何与供应商建立合作伙伴关系

供应商是指直接向企业提供商品或服务的企业、分支机构等，包括制造商、经销商和其他中介商。面对供应商，企业应正视双方之间的合作关系，将供应商纳入供应链整体，使其成为亲密合作、实现双赢的伙伴。

6.1.1 传统外协管理与供应链下的供应商管理理念的对比

目前，传统外协管理与供应链下的供应商管理这两种理念，时常并行于同一行业内，甚至在同一家企业内。企业管理者必须了解这两种理念的区别，并做出明确的选择。表 6.1-1 所示为传统外协管理与供应链下的供应商管理理念的对比。

表 6.1-1　传统外协管理与供应链下的供应商管理理念的对比

对比内容	传统外协管理	供应链下的供应商管理
供应商选择	有大量、分散的备选供应商	偏爱数量有限的关键供应商
合作关系	几乎没有与任何供应商建立特定合作关系	与供应商友好合作
管理思维	认为供应商之间是充分竞争的，可互相替代	乐于建立长期的稳定供应关系
供应商评估	从未进行正式的供应商行为评估	有供应商评估系统和双向大量沟通
选择要素	通常以价格和质量为主要的选择标准，但还是更突出价格因素	突出供应质量
供应商管理	几乎没有	巡视现场，并定期调查供应商

总体来看，传统外协管理理念给供应商管理带来以下弊端。

（1）供应商信息不完整、不准确，采购人员只掌握与自己密切相关的供应商的信息，造成企业整体的供应商信息孤立。企业无法对供应商实施有效管理。

（2）企业缺少对供应商的统一审核、认证。认证流程缺乏规范性，程序混乱。对资质的审核占据了审核重点，缺乏有效的认证管理过程。

（3）缺少对供应商的绩效考核评估。由于缺乏供应商产品质量、服务、信息等主要考核指标的数据支持，企业对供应商的考核只能停留在表面，无法对供应商进行量化考评。

（4）缺乏对供应商的有效激励，影响供应链动态联盟的形成。这导致整个企业的供应链稳定性和合理性不足，增加了供应风险，造成了供应链整体成本的浪费。

（5）关系定位不当。由于传统外协管理理念更多为价格驱动，企业和供应商之间的关系演变成竞争关系，导致供应商为谋取自身利益，削弱对企业的服务意识，甚至降低产品质量，危害企业整体利益。

企业可通过以下先进措施，整合和改造传统的供应商管理。

（1）建立严格的供应商认证体系。

（2）选择关键、核心的供应商，制定长期的合作框架协议。

（3）选择透明的成本价格构成，兼顾双方的实际利益。

（4）强调共同责任，推动双赢战略合作。

（5）排除合作中各种不增值的因素，实现利益共享与利益保障。

（6）共同支持与早期介入，积极进行资源整合，实现信息共享。

6.1.2 供应链下的企业联盟

从本质上看，供应链是一种企业联盟，其成员企业具有独立法人地位，相互不依靠行政手段干预。供应链按市场规律运营，通过维系共同利益，对其成员产生凝聚力。

供应链企业联盟主要有以下 4 种形式。

1. 基本型联盟

企业要保证自身开放、积极的沟通交流气氛，并真诚对待供应商，促进相互尊重和信任。在基本型联盟中，企业未必与供应商有深入的合作关系，但能做到互相尊重立场、分享资讯，并在此基础上建立更高层次的联盟。

2. 运营联盟

在运营联盟形式中，供应商与企业之间的关系比较密切。双方互相认可信用，如给予账期或提供增值利益等。

3. 商业联盟

在商业联盟中，企业要求供应商提供独有或特殊的产品、服务，企业与供应商之间的联系越来越强。因此，企业将减少供应商的数量，并保证一定时期内达到相当的采购量。而供应商也必须增加投入，提高技术水准，为企业带来特有价值。

4. 战略联盟

在战略联盟形式下，企业与供应商的关系应朝向长期战略，包括早期的供应商参与新产品开发、合作施工、双方建立长期合作、持续的关系等。因此，双方必须形成跨企业的合作小组，并引入高层管理团队参与。

要想成为供应链联盟的核心，企业自身也不能故步自封，必须实现成长和突破。其主要方向包括较大的生产规模和行业影响力、较强的产品开发和产品导向能力、较高的信息处理水平、较强的协调能力、快速的响应能力等。

6.1.3　供应商关系分析：供应链五角分析模型

目前，企业与供应商的关系主要包括商业型、优先型和伙伴型3种类型，其具体表现特征如表6.1-2所示。

表6.1-2　供应商关系类型及表现特征

供应商类型	商业型供应商	优先型供应商	伙伴型供应商	
			供应伙伴	设计伙伴
关系特征	运营联系	运营联系	战术考虑	战略考虑
时间跨度	1年以下	1年左右	1～3年	1～5年
质量	按顾客要求做出选择	尊重顾客与供应商的要求；共同控制质量	供应商保证；顾客审核	供应商保证；供应商早期介入设计及产品质量标准；顾客审核
供应	订单订货	年度协议＋交货订单	顾客定期向供应商提供物料需求计划	电子数据交换系统
成本价格	市场价格	价格＋折扣	价格＋降价目标	价格与成本构成

企业可以利用"供应链五角分析模型"，对供应商关系开展进一步分析。

1. 供应链地位分析

供应链地位分析的内容如下。

（1）利用标杆分析法，明确企业自身在行业中所处的位置。

（2）对控制能力的分析，评估企业对供应链的控制能力。

（3）对影响能力的分析，评估企业对供应链乃至行业的影响力。

2. 供应链价值分析

对供应链路径进行选择，明确供应链网络中的何种路径能提供更多增值。其增值目标包括缩短企业现金周转时间、降低企业面临的风险、实现盈利增长和提供可预测的收入等。

3. 供应链伙伴分析

供应链伙伴分析的短期分析内容主要为供应商、经销商伙伴的评审，包括双方的交易历史、对方的行业排名、双方互惠协议的内容、是否为潜在培养名单等。在此基础上，企业还应对供应商建立长期评审机制，评价其是否能成为供应链长期合作伙伴。

4. 供应链合作方式分析

对供应链内各企业合作方式进行具体分析，其要点如下。

（1）合计预测与补给（Aggregate Forecasting and Replenishment，AFR）分析。

（2）联合库存管理（JMI）分析。

（3）供应商管理库存（VMI）分析。

（4）合作计划、预测与补给（Collaborative Planning，Forecasting and Replenishment，CPFR）分析。

5. 供应链运营方式分析

对供应链的整体运营方式，同样应进行分析。其分析重点如下。

（1）供应链管理计划，包括需求计划、库存计划、补货计划等。

（2）供应链管理运营，包括运输管理、仓库管理等。

（3）供应链管理协作，包括履行协作、计划协作、销售与生产协作等。

6.1.4　供应链下供应商管理的基本目标

供应商管理的基本目标包括以下两方面。

1. 基本目标

（1）获得符合采购企业质量和数量要求的产品或服务。

（2）以较低的成本价格，获得产品或服务。

（3）确保供应商能提供最优服务。

（4）发展和维持良好的供应商关系。

（5）开发潜在的供应商。

2. 提升目标

（1）减少供应链中的不增值因素，降低采购与物流成本。

（2）提高供应商集成能力，减少供应商数量。

（3）强化供应商过程控制，提高供应商产品质量、交货准确率并持续改善。

（4）提高物料免检率和实现"零库存"。

（5）与供应商一起解决质量、成本与交货期等问题，提高供应商的快速响应能力。

（6）使供应商单一供货，在前期参与产品开发和提供技术支持转化。

6.2　如何应对强势、弱势和伙伴供应商

企业要想确保产品质量并降低成本，就必须对供应商在供应链中的地位和角色进行划分，并区别对待。通常而言，供应商可以分为强势、弱势和伙伴三大类型。

6.2.1 应对强势供应商的七大策略

强势供应商,通常是指掌握关键零部件的生产技术,并拥有很强研发与生产能力的供应商。此外,让供应商变得"强势"的原因,可能还包括技术垄断、卖方市场、企业客户指定、集团公司内部采购、采购渠道单一、买方量太少、产品开发周期长和投入大等。

根据强势原因的不同,企业对强势供应商的管理策略主要有以下 7 种。

(1)技术垄断。企业可主动开发新资源,引入其他新技术参与供应链竞争。

(2)卖方市场。企业可与同行企业联合,进行共同采购,包括运用统谈统签、统谈分签、联合采购等方法。

(3)客户指定。企业可利用客户资源,对供应商渠道予以优化。

(4)集团公司内部采购。企业可采用招标采购的形式,获得与强势供应商谈判的有利条件。

(5)采购渠道单一。面对单一采购渠道,企业可采用其他产品来替代原目标产品,丰富采购渠道,为强势供应商寻找竞争对手。

(6)买方量太少。企业可通过更新产品设计、推进标准化、增加购买量等方法,获得合作中的有利地位。

(7)产品开发周期长、投入大。企业可采用委托代理采购的方法予以应对。

6.2.2 如何整合弱势供应商的资源

供应链中,新加入的供应商大多居于"弱势"地位,通过与核心企业的不断合作,获得发展动力。因此,企业既要懂得如何利用与整合弱势供应商资源,又要在合作中不断促进双赢,这样才能推动供应商成长、提高供应链运行效率。

1. 弱势供应商的发展规律

弱势供应商在供应链内的发展与成长进程,通常分为以下 3 个阶段。

(1)合作初期,由于供应商技术水平低、规模小,获得独家供货资质后,会更加珍惜合作机会。

（2）合作中期，供应商技术成熟、规模扩大，开始向多家客户供货。其产能有限，从不同客户处能获取的利益不同，因此合作态度有所改变。

（3）合作后期，供应商从供应链中不断学到先进技术、规模不断扩大，开始对客户关系重新进行定位。

2. 应对弱势供应商的方法

根据弱势供应商所处成长阶段的特点，企业应采取方法积极管理。

（1）控制核心技术。避免过快推动供应商的成长，导致企业失去应有的采购主动权。

（2）抓住有利时机，签订长期协议，用合同方式规范对方的行为和规避风险。

（3）充分利用供应商资源，降低企业自身成本。

（4）采用两家以上供应商供货的方式，合理规避风险。

6.2.3　如何与伙伴供应商长期合作

伙伴型关系，是企业与供应商之间达成的最高层次的合作关系。在相互信任的基础上，企业与供应商为实现共同目标，选择了共担风险、共享利益的长期合作关系。企业理应懂得利用这样的深层次合作关系，为降低成本、提高效率而服务。

1. 伙伴型供应商的特征

伙伴型供应商与传统供应商的比较情况如表 6.2-1 所示。

表 6.2-1　伙伴型供应商与传统供应商的比较情况

比较内容	传统供应商	伙伴供应商
供应商数目	多	少
企业与供应商的关系	短期的买卖关系	长期的合作伙伴关系
企业与供应商的沟通	仅限于采购部与销售部	双方多个部门沟通
价格谈判	尽可能低的价格	适宜的价格，更多的选择标准
供应商选择	凭采购人员的经验	完善的程序和战略标准
供应商对企业的支持	无	有

（续表）

比较内容	传统供应商	伙伴供应商
企业对供应商的支持	无	有
信任程度与责任感	低	高

伙伴型供应商关系的重要特点在于供应商早期参与、采购方早期介入。供应链运行早期对产品价值和成本空间的影响，远大于后期。因此，采购企业和供应商可利用伙伴关系，实现早期共同介入，改善产品的设计与工艺活动，缩短循环周期，提高竞争力并降低成本。

此外，企业通过与供应商建立长期合作伙伴关系，还能缩短供应周期，提高供应的灵活性。同时能降低原材料、零部件的库存水平，降低管理成本，还能改善订单处理过程，共享技术与革新成果，缩短产品开发周期，提高供应链整体管理水平。

2. 建立伙伴关系的途径

与供应商建立伙伴关系，首先应得到企业高层管理者的重视与支持，要真正下决心建立和发展长期合作伙伴关系。随后才能开展具体工作，对供应商资源进行整合。

与供应商建立伙伴关系的具体步骤如下。

（1）企业在对供应市场调研的基础上，对采购物品进行分析、分类，根据供应商分类，确定伙伴型供应商的对象。

（2）根据对伙伴型供应商关系的要求，明确具体目标和考核目标，制定达成目的的行动计划。全盘行动计划必须在企业内相关部门之间充分交流、达成一致，并获得供应商的认可。行动计划还应通过附件或协议方式，明确各类问题的解决方式，包括绩效改进要求、矛盾解决机制、具体策略关系等，促使供应商进一步向合作伙伴关系投入资源。

（3）采取供应商会议、供应商访问等形式，对相关计划的实施进行组织执行与进度跟进，内容包括对质量、交货、成本、新品、技术开发等方面改进的跟踪，定期检查进度并调整行动。同时，双方还应广泛沟通和共享信息。例如，采购企业应与供应商分享自己的新产品计划，并确定如何将之与供应商自身的发展计划结合。双方应通过多种方式进行充分沟通，加深对彼此的信任感。

（4）企业内部应通过供应商考评、体系审核等方式，对供应商的综合表现予以跟踪反馈，并提出改进要求。

6.3　整合供应商的十大策略

整合供应商，是企业充分利用供应商资源，促进供应商在质量、成本、服务和创新等方面持续改进，以便对供应链整体加以协调。整合供应商是供应链管理的重要内容，企业能因此降低采购和物流成本，促进技术进步，提升竞争力。

为了克服整合供应商过程中的障碍，企业应利用以下方法和策略。

6.3.1　把供应商事后考核转化为过程控制和持续改进

企业不仅应对供应商进行事后考核，更应将考核环节前移，形成过程控制与持续改进。

过程控制与持续改进的步骤如下。

1. 基本情况调查

（1）如果供应商是企业原合作伙伴，企业可查询对该供应商的评价资料，包括供应商的产品质量、供货及时性、财力状况、对质量问题的处理能力以及其他相关信息。

（2）如果被调查对象是准备开发的供应商，企业可调查其他企业对该供应商的评审资料，从中可了解供应商的各类信息，包括技术开发实力和其他合作优势。

（3）直接调查。企业可根据产品与供应商的具体情况，设计调查表，全面、具体地使用数据对供应商进行表述，以便于现场审核。

2. 审核与评估

企业可选派有经验的人员，或委托有资质的第三方审核机构，对供应商进行现场审核和调查。企业应有自己的审核标准，把握关键要素和过程，包括采购、设备、人员、检验等重要环节，同时也包括财务状况、客户满意度、过程能力、员工素质和服务水平等因素。

3. 样品鉴定与审核

企业应对新供应商的样品进行鉴定与审核，相关标准应符合国家或行业标准，并得到供应商的认可。在确定样品符合要求后，先进行小批量试用。试用合格后正式使用，以验证供应商产品与样品的一致性。

4. 产品检验

产品检验的目的在于防止不合格品流入生产流程，造成不必要的损失。这对供应商和企业都是有利的。通过检验，及时发现不合格品，并根据其产生原因，确定质量责任的归属。随后再对不合格品进行处理和费用分担。企业可利用统计方法，分析得出双方都能接受的不合格品比例，确定合理的费用分担方式。

企业可通过过程控制与持续改进，实现对供应商的考核。该考核实行的目的，不是惩罚对方，而是帮助对方。因此，企业对供应商的考核必须以数据和事实说话，让对方能找到问题，受到威慑，增强责任感，做到持续改进。

6.3.2 从采购管理向供应商过程管理转变

供应商过程管理是否高效，在很大程度上决定了供应链整体效率的高低。因此，企业的管理策略必须积极从采购管理转向供应商过程管理。

供应商过程管理策略转变的关键有以下 4 个环节。

1. 发现问题

在供应商过程管理中，企业应重点围绕表 6.3-1 所示的问题探讨。

表 6.3-1 供应商过程管理的主要问题

问题种类	问题描述
交期和运送	供应商生产提前期是多少
	供应商有无确保按时运送的程序
	供应商有无纠正运送问题的程序

（续表）

问题种类	问题描述
质量与数量保证	供应商如何控制质量
	质量问题和纠正措施是否有文件证明
	供应商是否对不合格产品的原因进行调查
柔性	供应商面临数量、交付时间、产品或服务改变，有多大柔性
位置	供应商与采购企业的距离
价格	供应商对既定产品组合报价是否合理
	供应商是否愿意协商价格
	供应商是否能降低成本与价格
产品或服务改变	当产品或服务改变，供应商是否给出预先通知
	关于变化，采购企业需要投入到何种程度
信誉与稳定性	供应商信誉如何
	供应商财务状况如何
其他	供应商是否严重依靠其他采购方

2. 现场调查

采购企业对供应商进行现场调查了解时，应主要围绕上述问题，判定供应商能否给供应链带来提升效果。

3. 分析原因

对无法通过现场调查的供应商，应禁止交易。对有问题但可以整改的供应商，应有条件地选择。企业可与供应商共同分析并确定原因，帮助供应商进行自主评分考核，最终通过审核，实现合作。

4. 帮助提高

在进一步的合作中，利用过程管理，继续上述步骤的循环，实现对供应商能力的不断提高。

6.3.3 整合供应商资源，降低非价格因素成本

非价格因素成本是指因供应商的产品质量、交货期和售后服务等方面存在问题而给采购方增加的成本。企业应建立全面采购成本的观念，积极整合供应商资源，从降低采购价格，转向降低非价格因素成本。

1. 明确目标和重点

在供应链管理中，企业应及时明确目标和重点。其中，降低采购成本是企业的目标，而并不只是对采购价格的压低。降低非价格因素成本，才是实现双赢的途径，也是整合供应商资源的重点。

2. 强化协作与前期参与

降低非价格因素成本应从产品设计开始。企业应通过让采购部门邀请供应商参与新产品开发、对设计者施加影响等措施推进产品标准化。同时，这样也能使供应链上游与产品开发生产同步化，减少非价格因素成本的支出。

3. 加强双方合作

供应商的实际表现对供应链内非价格因素成本有很大的影响。采购企业通过加强双方合作，可有效提高绩效。其中重要的途径有以下 3 个方面。

（1）企业与供应商共同制定可行的成本降低计划。

（2）与供应商签订长期协议。

（3）对供应商提供必要的资源、给予必要的培训。

6.3.4 由单纯供货向双赢供应链合作伙伴关系转化

供应链的本质在于合作与分工。企业不能盲目追求"大而全"，不能只将供应商看成"供货方"。反之，应积极推动双方关系的转化，成为双赢的合作伙伴。

企业应利用自己的以下优势资源，成为双赢合作关系的核心。

1. 技术与品牌优势

例如，在新的双赢合作伙伴关系中，企业可只做品牌建设和维护，将设计、生产等环节的工作交给供应商。这不仅可以实现多环节的迅速反应，而且能够积极降

低成本。通过集中与分散的方式，企业可以充分利用技术和品牌的资源，打造出双赢的柔性供应链管理体系。

2. 业务外包与虚拟经营

在上述关系的基础上，企业可以对供应链升级，采用业务外包和虚拟经营的方式打造新的合作关系。

虚拟经营是指核心企业扬长避短，集中力量开展属于自身强项的业务，将所有非强项业务外包出去。例如，某企业将生产外包后，通过掌控物流中心，实现虚拟经营。这种经营模式能结合下游经销商的实时需要，向上游供应商发出订单，将库存转化为在途物资，从而减少企业自身的库存成本。

与传统采购方式相比，业务外包和虚拟经营可以更快地调整订单周期，提高执行效率，也能更好地优化供应商资源，保证成本的管控。

6.3.5 由注重自身成本向降低供应链成本转变

随着采购企业自身的发展和成长，为了更好地优化供应商资源，必须从注重自身成本向降低供应链成本转变。

供应链成本是指供应链内各企业在其参与供应链整体运营流程和周期内所投入的管理成本，其中主要包括物料成本、劳动成本、运输成本、设备成本和其他变动成本等。

降低供应链成本，意味着企业不仅应关注自身的采购成本，还应站在战略合作的角度，帮助供应链上的每家企业共同控制成本。其主要管理方法如下。

1. 作业成本管理法

利用作业成本管理法，实现战略成本的管控。该方法在满足客户需要的前提下，对企业整体价值链进行优化，并实现供应链成本管理。企业可以通过这一方法，对供应链流程进行重新设计与控制，将成本管理延伸到供应链的作业层次，尽可能消除所有不增值的作业，改进增值作业，包括降低运输成本、降低库存成本、降低检验成本、降低包装成本等。

2. 构建和分解供应链目标成本

企业应对供应链的作业目标成本进行构建和分解。其做法是首先将最终客户所期望的价格作为锚定，推算出供应链的目标成本。随后采用逆向推演法，将所确定的目标成本逐一分解到供应链成员企业，形成子目标成本。最后再在各成员企业内部将子目标成本进行分解，形成各个单元目标成本，并以此为责任点，进行成本控制。

3. 形成供应链文化

企业的成本文化建设，应积极从内部扩大到整条供应链范围，在所有成员企业的文化建设中发挥作用。各个成员企业不仅应自觉维护供应链成本，还应尽可能督促其他成员企业控制成本。通过集体革新来降低成本，提高质量并节约资源，避免短期行为。

6.3.6 减少供应链中的不增值因素，实现供应链无缝隙对接

企业对供应商管理的战略目标，在于充分减少供应链中的不增值因素，实现供应链内的无缝隙对接。在无缝隙对接下，供应链要如同独立实体一样运营，有效满足最终客户的需求。

供应链无缝隙对接成功的关键，包括以下重点。

1. 对物流方式进行革新

物流方式是否先进，在很大程度上决定了供应链效率的高低。为确保供应链的无缝隙对接，采购企业需要主导物流方式的革新，包括改变订货方式、供货方式、包装方法和检验方法等。

沃尔玛建立了"无缝点对点"物流系统，通过加强物流管理，清除通道中的障碍和缝隙，实现了为客户提供准确、迅速的服务，并尽可能降低成本的目的。该企业采用先进的通信网络系统，建立了拉动式供应链模式和自动补货系统。它还建立了零售链接系统，随时帮助供应商了解其产品销售和库存情况。这些措施实现了合理的运输安排，使整条供应链的运营稳定而高效。

2. 客户需求管理

供应链需要和终端客户连接，客户需求决定供应链的变革方向。企业要想打造

无障碍、无缝隙的供应链，就应积极进行客户期望与反应调查。企业可以根据管理系统收集的信息、直接调查获得的客户期望，对产品功能进行调整，形成新的目标。

3. 合作伙伴管理

企业应全面改善与供应商的关系，通过互联网和电子数据交换等方式，与供应商随时共享信息，建立伙伴关系。

4. 信息共享

信息共享是实现供应链无缝隙对接的基础。供应链的协调运行，建立在信息网络高质量信息传递与共享的基础上。因此，无缝隙的供应链必须建立在强大的信息共享硬件与机制之上。

6.3.7 整合供应商物流资源，降低供应商物流成本

整合供应商物流资源，降低供应商物流成本，不仅是物流部门所追求的重要目标，也是企业在供应商管理过程中应关注的重要问题。降低供应商物流成本并非短期问题，而是事关全局，值得企业从战略角度来探寻其有效途径。

1. 优化物流服务

企业应明确客户究竟需要怎样的服务和水平。因此，企业需要站在客户的立场考虑问题，为物流服务设定目标。企业既要追求物流服务的规模化、网络化和专业化，也要避免过度服务而导致物流成本的浪费。例如，减少供货批量、提供流通加工方式等，都能达到这一目标。而物流设备与工具的标准化、物流作业流程与服务的标准化，也能消除不必要的障碍，有利于成本的降低。

2. 构建高效率物流系统

物流系统主要由3部分构成，分别是物流网点系统、物流作业系统和物流信息系统。企业需要对这3部分进行检查、评价与改善，通过多层次评价标准进行分析和改善，并适时调整与改造，保证供应链内的物流活动更有效率。

3. 建立专业化物流子公司

企业如果规模较大，可以考虑建立物流子公司，以此作为降低物流成本的有效途径。即便企业规模中等，也可以考虑与伙伴型供应商联合，成立物流公司。当物

流部门剥离形成子公司后，就能准确、明晰地计算物流成本，并引进专业化技术，对企业的物流活动进行统筹安排。不仅如此，物流子公司除了负责本企业的物流业务外，也能利用已有的物流资源为供应链上的其他企业提供物流服务，从而提高整体效益。

6.3.8　利用谈判筹谋，实现双赢

在长期的合作中，企业与供应商难免存在面对利益无法协调乃至发生冲突的情形。此时，谈判成为解决问题的首选方式。通过分析谈判目的、寻找筹谋方法，企业可以有针对性地找到对应策略，平衡双方的利益并解决矛盾，最终实现双赢。

1. 谈判原则

在和供应商谈判之前，企业采购人员应了解以下原则。

（1）态度选择。在企业采购活动中，面对的谈判对象多种多样。采购人员应根据谈判对象与结果的重要程度，确定本方在谈判中应采取的态度，同时也要划定谈判的禁区，避免在取得阶段性成果之前触碰禁区内容。

（2）了解对手。采购人员不仅要了解供应商的谈判目的和心理底线，还要进一步了解供应商的经营情况、行业背景，谈判人员的性格习惯、文化背景等。根据了解程度的不同，准备多套谈判方案。

（3）对等原则。采购人员不应以较少人数与供应商较多人数谈判。谈判时，应注意对等原则，即己方人数与级别应与供应商大致相同。

（4）等待原则。采购人员应避免从任何途径和渠道提前表露对供应商的认可、对产品的兴趣。有经验的采购人员，无论遇到多好的产品和价格都不会表露内心的看法。在谈判推进过程中，要始终持有一定的怀疑态度，不要轻易流露与对方合作的兴趣。否则会导致对方产生心理负担，降低对谈判结果的期待。

（5）引导原则。在谈判过程中，采购人员应及时了解供应商的需要，尽量先释放善意，满足对方的细节需要，随后再逐步引导对方同意己方提出的要求。但采购人员应避免在短期内暴露需要，否则对方会因此而要求我方先行让步。

2. 谈判方法

在谈判过程中，可以使用以下方法。

（1）先谈原则，再谈细节。如果是关系到大型采购的谈判，双方需要洽谈的问题有很多，而高级谈判团队此时也不应全部介入。这就需要谈判人员先谈原则问题，再谈细节问题，就原则问题达成一致后，再进一步洽谈细节并实现双赢。

（2）确定议题后再谈判。每次谈判之前，双方应首先确定本次的谈判议题，再以此入手进行洽谈。

（3）掌握提问技巧。在谈判中，提问技巧尤其重要。重要的提问技巧包括引导式提问、选择式提问和假设式提问等。采购企业可以轮流使用这些提问技巧，确保本方能够影响乃至掌控谈判的节奏。

（4）同理心方法。当供应商较为强势时，采购方应晓之以理、动之以情，让对方看清双方的共同利益。例如，可以告知供应商，留住采购方才能获得长远利益，而不应只看到短期的价格优势。也可以暗示或直接告知供应商，本方正在考虑采用替代方案等。

（5）利用时机。采购方可利用不同的重要时机发起谈判，找准供应商的软肋，要求合作。例如，供应商在季度末或年末可能需要完成销售额，此时发起谈判，很容易获得有利的价格。如果供应商有大量存货急于清理，也可利用这一时机。

6.3.9　从为库存采购到为订单采购转变

在传统的供应商管理方式中，企业采购部门并不直接服务于企业的生产进程，而企业管理部门也未设立信息共享机制，未将生产进度、用料规律、产品需求变化等信息共享给采购部门。这导致采购部门对供应商的管理简单粗暴，即为了库存而采购，只要库存有足够保险的数量，能保证正在进行的生产不停顿就行。

在精益化的供应链运行模式中，采购活动和供应商管理活动应调整库存采购方式，改为订单拉动生产，即在终端客户需求下拉动订单，形成生产订单。生产订单拉动采购订单，随后拉动供应商。这种订单模式的供应商控制策略，能确保物流系统准时化运行，让供应商能迅速响应客户的需求，并提高物流速度和库存周转率，降低供应链整体成本。

在具体操作中，将销售订单转化为采购订单，需要注意以下事项。

1. 采购订单发出的时间

在收到客户的全部或部分货款后，才能向第三方供应商下达相关内容的采购订单。

2. 风险规避

销售订单转化为采购订单的成功关键，在于确保销售订单的实现。企业应避免出现以下两种风险情况。

（1）采购订单下达后，销售订单却全部或部分不执行，造成成本浪费或产生采购订单的经济纠纷。

（2）采购订单下达后，销售订单不执行，导致销售无法及时完成，带来损失。

3. 协调库存数量

在销售订单产生后，企业不应马上按照销售订单的全部需要下达采购订单。正确的流程是先查清库存相关产品的明细账，或直接盘点相关产品的库存量，结合实际库存量向供应商下达采购订单。

实际上，企业通常不能采取单一为库存或为订单的供应商管理战略。单纯的推动式或拉动式供应链管理，虽然各有优点，但也存在各自的缺陷。例如，为库存而采购，难以确定库存水平、运输能力，对市场变化做出反应需要较长时间。而为订单采购，企业必须有迅速的信息传递机制，能将客户的需求信息及时传递给不同的供应商，还要通过不同途径缩短提前期。一旦提前期不太可能跟随需求信息而缩短，单纯为订单采购就难以顺利实现。

因此，企业应考虑推拉结合的供应商管理战略。对供应链的某些层次，企业可以利用为库存采购，其余层次则利用为订单采购。这种推拉结合的供应链组合战略，尤其适合那些需求不确定性高但生产和运输过程规模效益明显的行业。

6.3.10 由看报价转变为看供应商的价格构成和降价潜力

企业对供应商的管理要求包括品质和服务，而价格也同样重要。尽管如此，采购企业在选择供应商时，不能单纯看报价，而是要通过价格调查和分析，重点了解供应商的价格构成和降价潜力。

1. 价格调查

企业应了解决定采购价格的"重要少数"因素，即通常在数量上占 10% 左右却决定了价格的 80% 的原材料。这些原材料的价格主导了采购报价，应该被列入主要的采购价格调查范围。

（1）主要原材料，其价值占产品总价值的 70% ~ 80%。

（2）常用材料，属于大量采购项目。

（3）性能特殊材料，供应脱节可能导致生产中断。

（4）突发事件经济采购。

（5）波动性物资采购。

（6）计划外资本支出、设备器材的采购。

对上述六大项目，企业应列为价格调查重点，每周或每月进行周期性的行情变动趋势记录和分析，确保采购团队随时记录、了如指掌。

2. 价格信息搜集

为了解供应商的价格构成和降价潜力，企业采购人员应花费必要的时间进行价格信息的搜集。价格信息搜集的方法有 3 种。

（1）向上法。向上法即了解供应商提供的产品由哪些零部件或材料组成，查询制造成本和产量资料，分析其价格构成。

（2）向下法。向下法即了解供应商的产品将用在哪些行业、产品的生产方向，查询需求量及售价资料，分析供应商降价的可能性。

（3）同类法。同类法即了解供应商的产品有哪些类似产品，查询替代品或新供应商的信息，分析原供应商降价的可能性。

3. 价格信息分析

分析采购价格信息，包括以下步骤。

（1）采购品品项定位。将产品分为常规产品、杠杆产品、瓶颈产品和核心产品。这些品项的区别在于它们对企业生产的重要性不同。进行价格分析时，应考虑不同品项对满足企业生产需求的重要性，并将之作为分析的参考因素。

（2）明确价格的决定因素。分析采购价格时，应明确其由哪些因素决定。通常，采购数量会影响价格，采购量大并持续交易，就能带来降价空间。交货期越短，采购价格上升越快，反之可能会有一定的降价空间。此外，宏观经济环境、质量标准、付款方式、采购渠道，都可能是产品价格的决定因素。

（3）获取市场常规价格。企业采购团队可通过非正式、询报价、招标和电子商务等方式，了解市场常规价格。企业在获得定价信息后进行数据汇总，通过汇总分析来判断供应商的定价结构是否合理、降价空间是否存在。在这一步骤中，企业有可能发现异常的报价信息。此时，企业应积极明确该信息形成的原因，包括产品质量是否存在瑕疵、供应商是否打算先进入供应链后再升价，抑或供应商确实具备先进技术，能够压缩成本从而报价更低。

（4）利润倒推法。采购企业如果在供应链中有较为强大的话语权，可以圈定本企业的利润范围，要求供应商以一定价格供应。同样，想了解供应商的价格是否合理，也可以从其原材料成本、人工成本、生产管理成本、经营费用和利润等因素进行分析，最终判断其报价是否为最优结果。

6.4　供应链下的供应商整合实战

在传统供应链管理体系下，"供应商管理"更多像一个口号。缺乏清晰的战略、供应商数量多而关系松散等因素，导致不相关的管理活动过多，企业难以得到令人满意的结果。在精益供应链管理方式下，供应商相对集中，相互紧密合作、共同负责，有效管理各项相关活动。通过供应商整合实战，企业的供应链管理水平将获得全面提高。

6.4.1　供应商的整合技巧

供应商整合是指企业充分利用供应商资源，促进供应商在质量、成本、服务和创新等方面改进与提升，全面协调发展自身和各供应商的管理水平。

对于供应商整合的技巧，实践中常采用以下两种。

1. 需求整合

企业与供应商、供应商与供应商之间，应做到尽可能共享库存、需求等信息，并根据实际情况调整计划和交付的执行过程。同时，供应商自身也需要根据情况变化，调整生产计划，在确保服务水平的基础上降低库存。

在供应链网络中，存在很多无法精确的需求因素，如采购提前期、供应商生产能力等。企业必须充分了解这些因素的特点，并围绕其实现信息共享，实现迅速沟通，进而发现和解决问题。

一般而言，在需求整合的战略协同过程中，主要有以下 5 种方式。

（1）预测整合。企业应将最终产品的中长期预测、期望的客户服务水平等信息，及时与各供应商共享。企业也应要求供应商根据实际情况，将业务能力水平相关承诺及时反馈，使企业采购团队能对供应链整体协同水平有清晰的了解。

（2）库存信息整合。企业应将部分物料的库存情况与供应商充分共享，确保供应商能准确了解企业需求，提高交货的准确度和速度。

（3）采购计划整合。企业应将近期采购计划定期下达给供应商，引导供应商根据采购计划进行生产计划的安排与备货，提高交货速度。

（4）订单执行整合。企业应及时给供应商下达采购订单，使供应商能将执行情况及时转达。企业也应随时明确了解供应商的执行情况，并进行调整。

（5）产品设计整合。客户或企业内部在设计新产品时，可将新产品的零部件需求情况及时与供应商共享，督促供应商在第一时间进行相应研发。

2. 供应商数量整合

在进行供应商数量整合时，企业应致力于减少供应商数量。通过集中采购，减少供应商数量，集中建立良好的合作伙伴关系，有利于降低成本。其主要有以下 3 种方式。

（1）系统供货。通过实行集中统一采购供货方式，使原本分散的采购集中化，有利于提高采购议价的能力，也能防范企业内部采购出现舞弊行为。

（2）代理采购。将品种多、采购批量小的零星原料集中打包，委托第三方代理采购，或者指定产品品牌采购渠道，要求第三方代理采购。通过化零为整的方式，有效整合供应商资源，降低成本和风险。

（3）模块化采购。企业可要求核心供应商将相关复杂的零部件组合成为更大单元供货，并以框架性协议的形式予以确定。这种供货方式能有效降低供应商物流成本，也便于采购方缩短生产周期。

6.4.2 JIT 与 VMI 的实施

JIT 采购又称为准时化采购，由准时化生产管理思想发展而来。其基本理念是要求供应商将合适的原料，以合适的数量和价格，在合适的时间送到合适的地点。JIT 采购能最大限度地消除浪费，优化、整合供应商资源。

在供应商管理方面，JIT 采购与传统采购的不同如表 6.4-1 所示。

表 6.4-1　JIT 采购与传统采购的不同管理项目

项目	JIT 采购	传统采购
采购批量	小批量、送货频率高	大批量、送货频率低
供应商选择	长期合作、单源头供货	短期合作、多源头供货
供应商评价因素	质量、交货期和价格构成	质量、交货期和价格高低
检查工作	逐步减少、最终消除	收货、点货、质量验收
协商内容	长期合作关系、质量、价格	最低价格
运输	准时送货、买方安排	较低成本、卖方安排
产品说明	供应商革新、强调功能	买方关心设计、供应商不介入
包装	小、标准化	普通
信息交换	迅速、可靠	一般要求

JIT 采购最大的特点是采用较少的供应商，对某一种原料仅由一两个供应商供货。这种单源头供应，让企业对供应商的管理比较方便，也让企业成为供应商的重要客户，加强了两者相互依赖的关系，有利于建立长期稳定的合作关系，质量上比较容易得到保证。

供应商管理库存（VMI），即由供应商为采购方管理库存，并制定库存策略和补货计划，根据采购方的销售信息和库存水平为其补货。这种供应商管理方式不同于传统方式，便于采购方对供应商实行集中管理。

在VMI体系中，供应商与采购方的义务、权利与利益能很好分配并平衡，有利于实现双赢。其具体表现如表6.4-2所示。

表6.4-2　供应商管理库存的双赢表现

供应商的义务与利益		客户的权利、义务与利益	
供应商义务	供应商利益	客户权利和义务	客户利益
确定合理库存量，仓储地方挨近客户	减少运输次数和费用；关注客户需求，有效控制库存和自身生产计划；获得长期合作机会、良好的付款条件	提供需求预测；设计工位器具；监督到货时间、数量和质量；提供MRP；处理退货、换货及补货事宜；提供较短的付款时间；承担部分费用；增加配套额度	规避库存与资金占用风险；降低物流成本；交货期与质量得到保证；提高对需求变化的快速反应能力
标准包装/供应商参与设计			
增加交货次数/减少交货数量			
流通加工与分拣			
JIT配送			

VMI的实施基础，可以从以下4个方面打造。

（1）建立情报信息系统。采购方应与供应商协同，建立情报信息库，确保供应商能随时掌握需求变化的情况，并将需求预测与分析功能集成到供应商的操作系统中。

（2）建立销售网络管理系统。采购方应要求供应商建立完善的销售网络管理系统，保证双方产品需求信息和物流畅通。其中包括产品条码的可读性和唯一性、解决产品分类和编码的标准化问题、解决商品存储运输过程中的识别问题。

（3）建立合作框架协议。采购方和供应商可以通过协商，确定处理订单的业务流程、控制库存的有关参数（如再订货点、最低库存水平等）、库存信息的传递方式等。

（4）变革双方的组织机构。VMI采购方式，需要供应商对应性改变组织模式，即增设部门负责采购方的库存控制、补给与服务。

第 7 章

供应链下的库存控制及物流信息技术和工具

在精益供应链下，库存控制及物流信息技术和工具的价值非常重要，其共同作用于库存和物流信息的收集、存储、传输、加工整理、维护和输出，为采购方和供应商提供战略、战术及运营决策的支持，以达到供应链整体的效率优化。

7.1 库存量分析和计算

物料管理的重要工作，是对原材料库存量进行控制。原材料库存量是指企业在报告期初（末）某时点上尚存于企业仓库中而未使用的原料实物价值量，即为了维持生产的连续进行而准备的一定数量的备用物料。

掌握库存量分析和计算方法，有利于企业及时明确采购方向，寻找降低采购成本的方法。

7.1.1 库存控制和库存量

在生产企业中，控制物料库存是控制成本的重要方法。企业需要在不影响生产和市场销售的前提下，尽量削减库存量。

为了有效降低库存量，企业仓储管理人员应找到正确的思路，并使用以下方法。

1. 盘点管理

企业首先通过盘点管理，了解清楚现有物流库存的规模和价值，并按照 ABC 法则对库存商品进行区分。随后应用 5S 技术，明确不同物料的放置地点、堆放方式等。

ABC 法则，是将库存中的物料根据数量和价值，划分为 A、B、C 三个等级。其中，A 类物料数量居少数，价值占据多数；B 类物料的数量和价值均为中等；C 类物料数量居多数，价值占据少数。该法则是控制库存量的重要方法，企业应要求物料管理人员掌握并加以运用。

2. 控制库存量

企业在完成对物料的盘点管理并予以明确后，可采用削减流动库存量、中止供应这两种方式来控制库存量。

在通常情况下，对较容易购买到的物料，企业可通过"随买随用"的方式进行控制，甚至可以让物料跳过仓储环节，直接进入生产线。

对仓库中已有的物料，可通过尽快生产、清仓处理、降价销售等方式，处理滞纳的物料，尽可能削减物料库存的数量。

3. 库存分类

在物料库存控制中,所涉及的相关库存主要分为以下 3 种类型。

(1)流动库存。流动库存即现在重复生产使用的材料、零件等库存。

(2)睡眠库存。睡眠库存即需要长期保存或以前使用所剩余的库存。

(3)滞纳库存。滞纳库存包括陈腐的原材料零件库存、设计变更前的旧材料库存、无法修整的不良物料库存等。

尤其在 5S 整顿整理活动中,企业需要区分必需和非必需的物料。在物料仓储管理过程中,也应借鉴这一思想,结合上述分类,区分必要和非必要的库存,为有效控制库存量做好基础工作。

7.1.2　订购点与安全库存量

在现代库存控制工作中,订购点与安全库存量是非常重要的概念。

1. 订购点

订购点是指在企业安全库存量下立即进行订购操作以补充物料,否则会影响正常生产。其实践过程为,企业在订购点时订购,等物料消耗到安全库存量水平时,订购的物料刚入仓。订购点应看作物料的存量数字,而并非时间点。

订购点的计算公式如下。

订购点=平均日需求量 × 前置时间 + 安全库存量

其中,前置时间即从下订单给供应商到物料入库的这段时间,主要包括采购下单时间、供应商备料时间、生产时间、交货运输时间、进货检验时间等。

例如,某企业对 A 物料的平均日需求量为 100 箱,前置时间为 2 天,安全库存量为 10 箱。则该企业对 A 物料的订购点是 210 箱,其计算过程为 $100 \times 2 + 10 = 210$(箱)。

2. 安全库存

订购点控制法的使用,离不开安全库存这一概念。安全库存是指当企业面对的不确定因素,如订货周期需求增长、到货延期等,带来更高的预期需求,或导致完成周期延长时，企业所需要的缓冲存货。

安全库存的量化计算，可根据客户需求量、需求量变化、固定提前期、提前期变化等情况，利用正态分布图、标准差、期望分布水平来计算。

安全库存，主要用于满足企业生产提前期的需求。安全库存数量越高，企业出现缺货的可能性越小，但库存数量过高则会导致剩余库存的出现。企业应允许一定程度的缺货现象，结合不同物品的用途和客户的要求，将缺货保持在适当水平。

因此，安全库存的计算和使用原则如下。

（1）确保不因缺料而导致停产。

（2）在确保生产的基础上，保证最少量的库存。

（3）不呆料。

安全库存量的具体确定方法，根据定期补货和定量补货的不同，分别如下。

（1）定期补货策略。

企业可以规定补货时间，随着库存量的减少，定期进行补货。一般可以确定两次补货之间的时间间隔，只要第一次补货时间明确，随后即可确定各次补货时间。

（2）定量补货策略。

在该策略下，每次补货的数量都相同，而补货的时间则是根据企业对库存量的盘点而确定的。每当库存量降到企业所规定的限量，即订货点时，就发出确定的补货量。

在定量补货策略下，从每次补货入库到下次补货指令发出之间，通常都不会出现缺货情况。这是因为企业能够随时对库存量情况予以监控，关注变化，直到订货点出现。但值得注意的是，从发出新的补货指令到补货入库期间，如果需求率不确定，依然有可能出现缺货情形。此时，企业就应考虑提高安全库存量。

7.1.3　零库存与适当库存

今天，"零库存"概念已伴随精益供应链管理理念深入人心。但我国生产企业要想采用零库存管理，仅靠生搬硬套国外的零库存管理方法还不够，企业应结合自身和供应链的整体特点，在现有基础上探讨零库存与适当库存管理的可能性和现实性。

1. 零库存

零库存是重要的特殊库存概念，即企业在仓储管理中，要求物料的储存数量始终很低，甚至可以为零，即不保持库存。理论上，零库存能够免去企业仓库存货的一切问题，包括仓库建设、管理费用，存货维护、保管、装卸、搬运等费用，流动资金被占用问题，以及库存物料的老化、损失、变质等问题。

企业如果能在不同环节实现零库存，就能不同程度地降低成本。例如，库存占有资金减少，就能优化应收和应付账款，库存管理成本也能有效降低。

零库存管理的形式主要有以下 4 种。

（1）委托保管方式。由供应商代管所有权属于采购企业的物料，使企业不再有保有库存，甚至实现零库存。供应商收取一定数量的代管费用。但是，这种零库存方式主要依靠库存转移实现，无法使库存总量降低。

（2）协作分包方式。该方式即利用供应链的结构形式，以若干企业柔性生产、准时供应为主，保证主企业供应库存为零。

（3）轮动方式。轮动方式也称为同步方式，即在供应链系统周密运转下，各企业供应环节速率协调，从而从根本上取消库存的运行方式。这种方式主要通过传送系统供应，实现零库存。

（4）准时供应方式。该方式即依靠企业内生产工位之间或企业之间的完全轮动，实现有效的衔接和计划，达到完美协调，实现零库存。

然而，对绝大多数企业所在的供应链而言，零库存永远只是追求目标，而不可能在现实中完全实现。由于受到不确定供应、需求和生产连续性要求等因素的制约，企业库存不可能为零。但通过实践中的有效运营和管理，企业和供应链可以以最大限度接近零库存。

2. 适当库存

理想化的零库存管理模式，并不适合我国目前的企业。零库存无法完全取代安全库存，企业也不可能完全准确地预测未来市场需求的变化。因此，企业必须保持适当库存，达到合理供应，使库存总成本最低。

适当库存管理的关键，是库存整体价值流的流动，确保企业能保持供应链总成本最低。

企业通过以下方法，能够正确认识适当库存，并确定数量。

（1）适当库存的意义与原则。适当库存是指企业保持与正常经营相适应，具有先进性和可行性的商品库存量。适当库存数值不能过大或过小。过大的库存数值占据资金成本，过小则会导致生产经营的中断。在正常情况下，适当库存与生产、销售总额大体有一定的比率，以此确定的平均库存量即为适当库存。

（2）适当库存原则的中心在于"适当"。采购时，企业应充分考虑库存结构是否合理，了解物料生产的周转速度，准确把握进货数量，既不能盲目提高数量，也不应过于降低数量，要确保库存物料数量和结构的合理性。

3. 利用统计方法来确定

企业可以根据以往的统计数据，确定应持有的库存数量。统计依据有以下 3 种情况。

（1）依据销售量或使用量，将之直接作为统计依据来计算库存数量。

（2）依据出库量准备库存，即出库量＝使用量＋预备量。

（3）依据历史库存数量，适当考虑未来不同因素的影响，决定库存数量。可采用的方法如下。

当历史实际库存几乎没有波动时，取其算术平均值。

当历史实际库存略有波动时，取其加权平均值。

当历史实际库存有相当波动时，取其几何平均值。

当历史实际库存有剧烈波动时，取其最小二乘法值。

当历史实际库存变动次数是正态分布时，取其标准偏差计算值。

4. 回转率

适量而正确的库存管理，应参考回转率和回转时间来计算库存需求量。如果出现回转率过高的情况，就会导致过时库存，应注意利用以下方式避免。

（1）销售量稳定时，应减少库存量。

（2）降低库存增加率，将之保持在销售金额增加率之下。

（3）库存减少率应高于销售金额的减少率。

（4）如库存保持在一定水准，应增加销售金额。

（5）使每月销售量高于库存量。

（6）确保销售金额的减少率在库存减少率之下。

7.1.4　物料控制的精髓：物料管理的八大死穴

目前，生产企业的成本控制面临着物料管理方法陈旧、工作效率低下等问题，这些问题导致库存成本居高不下。企业必须深入了解物料控制的方法，掌握相关思想精髓，破解相关问题。

处理、应对物料管理中的八大"死穴"，其流程分别如下。

1. 追加料处理

应由生产部门负责人提出物料不足问题，并查找超额用料原因，提交原因报告。经企业生产主管审核后，确定是否批准追加物料。如确定追加，由仓库管理员工发放物料并登记入账。

2. 紧急用料处理

紧急用料为紧急需要而进行采购的生产用料。紧急用料处理流程在企业中相对不被重视，甚至被看作必然有一定亏损的操作。企业应对此予以规范化，以减少成本增加的风险。

紧急用料需求一般由需求部门经办人员提出，按审核批准权限和程序申报获准后，交由采购部门进行紧急采购，以供使用部门急需。申请采购的部门应于 3 天内补齐、办妥所有手续。

3. 备用料处理

备用料是指企业在正常生产流程中，为了保证流程顺畅，或者为了应付突发异常情况，根据不同环节的需要，预先留存的相关物料。备用料分为常备用料和非常备用料。常备用料应由生产部门根据用料周期和企业以往用料的实际情况，以半年为周期计算用料预算。非常备用料，由用料使用单位或部门根据采购部门提供的价格信息，结合用料实际，制定用料预算。

4. 生产后散料进仓处理

某些企业，积压散料太多，流入和发出程序不够明晰，导致仓储管理混乱。其解决办法如下。

（1）对现有散料加以鉴别，进行处理。如果是原料良品，可以用于生产，或与供应商沟通进行低价回收。如果是不良品，则可以进行报废处理，避免堆积过多。

（2）积极盘点库存，形成数据并进行信息化做账管理。

（3）建立仓库散料管理制度与规范，形成正常入库和出库流程。

5. 物料拆包后处理

物料拆包处理不当，会导致生产现场的严重浪费。企业应着重从以下3点予以规范。

（1）根据生产指令，员工应严格检查从仓库领取的物料的品名、规格、数量、批号以及外包装是否完整，发现问题立即报告现场管理者。

（2）在拆包时，应先按品名、规格、批号分别堆码整齐。同一品名、规格、批号的物料拆包完毕后，再拆另一品名、规格、批号的物料，避免同时或交叉进行。

（3）材料拆包后，应将物料传入生产区，并与内包材料分离，分别存放于物料暂存间和内包材料暂存间。

6. 提高仓库主管现场感

仓库主管现场感不足会降低仓库现场的管理效率，表现为闲置物料堆积，造成仓库面积浪费，仓库作业效率低下，现场流程混乱导致作业不当、人员效率低下，安全隐患明显，物料品质无法保证等。

为了建立应有的现场感，企业可以从以下角度强化仓库主管的履责能力。

（1）仓库作业管理。仓库作业管理包括仓库作业流程的制定、实施，仓库作业区域、作业方式的规划与布置，单位时间作业效率的总结，仓库作业的合理分配，现场装卸的把控，现场作业环境的管理。

（2）仓库人员管理。仓库主管应清楚人员配备、控制岗位分工，熟悉人员各自的优缺点；能够对仓库团队进行协作管理和开展培训，并对现场各岗位人员进行分配、调度、监督。

（3）仓库物料管理。仓库物料管理包括掌握仓库物料的基本功能，了解库存状况，懂得统计仓库物料入库、出库和结存量，控制仓库库存量和面积，对物料盘点持有严谨态度。

（4）仓库设备管理。仓库设备管理包括仓库内设备的日常维修管理、使用管理，对易损备用件的管理等。

（5）仓库安全管理。仓库安全管理包括仓库防火、安全管理，安全监控设备的使用，安全氛围的营造，对违规事件的处罚等。

7. 提高仓库管理员工的成本概念

仓库管理员工不仅应具备基本的现场管理能力，还应有较强的成本概念，主要内容如下。

（1）面积利用率概念。仓库管理员工应注重对现有仓库设施的面积进行有效整合与利用，使之充分发挥作用。有条件的企业还应培训仓库管理员工，使之懂得重新规划仓库布局与路线、学会使用更高效率的仓管系统，从而提高面积利用率，减少存货和仓储的成本费用。

（2）协同配合概念。仓库管理员工应与采购、业务部门协同配合，连动作业，合理控制库存水平。为此，企业内不同部门应实行风险共担、利益平分、信息共享的协调机制，确保在各部门、各岗位共同利益的基础上，实行良好的库存管理策略。

（3）有效管控概念。只有做好物料仓储管理工作，才能从源头降低企业生产成本，这需要仓库管理员工懂得如何使用正确的方法和系统来做到有效管控。例如，仓库管理员工应学会及时、准确地掌握实际储存情况，经常进行账卡核对，确保储存的物料完好无损。又如，仓库管理员工应及时建立和调整仓储管理制度，解决仓库运营中"人"和"态度"的问题。

8. 废料、废品处理

经确认不能再次加工处理、无法提高经济使用价值的物料或产品，均为废料或废品。在仓储管理中，废料、废品应按以下方法处理。

（1）设置废料、废品存放区，按类别分开存放，避免随地丢弃。

（2）各生产场所当日产生的废料、废品，应于当日搬往各规定的废料、废品存放区。

（3）出售废料、废品，必须由相关管理部门负责处理。

（4）出售过程中，应确定部门和人员办理，避免物资夹杂作弊。

此外，对生产过程中出现的废料、废品，也可以充分挖掘其使用价值。例如，将解体后的废料作为他用，进行分类储存，作为备用物料等。这样，即便最终出售，其价格也能得到相应提升。

7.2 如何有效降低库存量

零库存并不意味着企业完全没有库存。大多数企业必须从有效降低库存量开始，加快库存周转速度、提高库存准确度，更好地接近理想运营状态。

7.2.1 加速库存周转

库存周转率是衡量一个企业成本控制和运营效率水平的重要指标。只有不断提高库存周转率，企业才能降低库存数量，减少损耗，加快周转速度，快速增值，达到更为理想的运营状态。

1. 指标描述

库存周转通常可用两个指标来加以描述。

（1）库存天数。库存天数指物品在仓库存放的时间，以天数为单位。

（2）库存周转次数。库存周转次数是指在一年内物料库存循环使用的次数，其公式如下。

物料库存周转次数＝（当月出库金额÷月末物料库存金额）×12

2. 影响因素

在企业中，存在多方面库存周转率的影响因素。

（1）管理制度。企业必须配套相应的管理制度，通过管理工作的持续改进，为提升库存周转率奠定基础。

（2）需求信息。产品需求信息的准确性直接影响采购量的合理性，进而影响出库量、出库时间等因素。因此，企业必须提升把握需求信息的能力，减少波动，提升库存周转的稳定性。

（3）供应商管理。供应商是库存周转的源头。企业应对供应商的信用状况、产品质量、供应及时性、供货周期等予以管理，避免过度增加安全库存数。企业还可以通过了解市场行情、统计分析供应商到货情况、记录售后服务情况等措施，为信用等级及供货业绩评价提供数据支撑，进一步完善供应商管理体系。

（4）采购管理。过量、过早的采购入库，会导致产品在库时间长，产生呆滞料和损耗，影响库存周转率。因此，加强采购管理，避免积压，也能提升库存周转率。

（5）仓储和配送管理。企业应对仓储物料设置合理的安全库存、最低和最高库存，避免盲目采购而造成积压，影响周转。此外，对体积小、用量大的物料，适当考虑采用捆扎、托盘等形式的集中包装存储，以便加快出入库作业的速度。

7.2.2　提高库存准确度

提高库存准确度，能避免库存误差，有效降低库存量。企业应从以下方面着手。

1. 明确库存管理思想

（1）库存管理要以服务与成本的平衡为中心，既要满足客户的需求，又要降低库存成本。要实现这一目标，关键在于做好库存计划。

（2）库存计划应围绕"两个基本点"，确定恰当的订货时间与订货数量。通过库存计划，企业可以在需要的时间补充需要的数量，既能满足客户的需求，又能控制库存成本。因此，库存管理要注重"三不"，即不断料、不呆料、不囤料。要做到"两要"，即要及时供应、要加快周转速度。

①不断料，即确保生产或销售过程不缺料。在实践中，由于各种不确定性问题，总会有断料的情况产生。在断料不可避免的情况下，仓管部门应做好与其他部门信息分享的工作，提前知道何时会断料，以便做好充分准备。"提前知道断料"，实际上是"不断料"的让步计划，也是物料控制管理的底线。

②不囤料，即不能在现场囤积大量物料。企业不能为了避免断料，就走向另一个极端，即大量储备和囤积物料，否则也会带来一系列不良后果。例如，造成库存高企甚至失控、物料呆滞等。

③不呆料，即没有呆滞的物料。这意味着仓储内所有物料都是合理流转的，能够近期使用并使用完成。呆料的直接损失是物料的减值损失和处理成本，而不呆料可以降低呆滞风险，加速库存周转，提高物料管控的准确性，提升库存成本的利用效率。

2. 提高库存准确率

提高库存准确率，是保证库存计划准确的关键，其方法如下。

（1）严把出入关。在出入库管理过程中，仓储管理人员应做到"单单相符、单货相符、严格品控、单证齐全"。

①单单相符是指信用证要求的各种单据之间必须在表面上相符，明显与统一业务有关，相互之间能补充，并与商业发票上货运单据的内容、文字相一致，不能彼此矛盾。

②单货相符，即单据上的信息与货物信息必须一致。

③严格品控，即原料在入库之前必须验收合格，入库后必须保证其仓储环境符合条件，确保品质安全。

④单证齐全，所有与物料相关的单证都不应缺失。

（2）循环盘点。仓储盘点人员对各自所管的仓储物料品种，按月、季度时间进行有计划、有重点的清查盘点，称为循环盘点。该盘点方法能将年度集中清查盘点的繁重工作有节奏地分散到平时进行，既不妨碍物料正常出入库，也能让仓储管理人员充分利用作业间隙进行盘点。同时，循环盘点法还不需要关闭工厂和仓库，能减少停工损失。

循环盘点法的实施程序如下。

①每日任意抽出以 10 为单位的物料进行盘点，在一个月内盘点完全部的物料。

②计算抽出的物料的实际库存数量。

③将库存的实际数量和计算机中的数据对照，找出差异。

④对差异追究原因，最后将计算机中的数据和仓库实际库存数量加以对账。

循环盘点的频率，应取决于企业实际情况。企业应结合物料的重要性等因素，设置循环盘点频率。例如，滞销物料或低值易耗品，按每月一次循环盘点频率就显得太高了。而对高价值物料或经常使用的物料，按每季度一次循环盘点，又显得不够重视。因此，企业要根据物料对生产经营的影响程度等因素，设置具体频率。而为了保证仓储存货数据的准确性，企业在年末应进行每年一次的大盘点。

7.2.3　加速仓库物料周转

企业仓库物料周转率越高，物料的占用水平越低，流动性越强。从整体上看，这说明物料转化为产品，再转化为现金、应收账款等的速度越快。因此，企业必须设置管理制度、运用措施方法，加速仓库物料周转。

1. 仓库物料周转率

仓库物料周转率的计算公式如下。

仓库物料周转率＝（使用数量 ÷ 库存数量）×100%

其中，使用数量并不完全等同于出库数量，由于出库数量包括一部分备用数量，所以该部分必须予以扣除。

2. 提高物料周转率的方法

（1）减少物料库存。通过与供应商建立稳定合作关系，将物料库存转移到供应商处存放，需要时再进行实时采购，减少物料库存。

（2）加快生产与销售。提高生产与销售效率，使产品生产和销售的数量大幅增加，提高库存周转率。

（3）生产适销产品。淘汰技术落后产品，针对市场状况，及时调整产品结构。清理滞销产品，采取打折销售等方式，及时处理。

（4）信息化建设，打破部门壁垒。企业需要打破采购部门、生产部门、财务部门之间的职能壁垒，使它们在工作协同基础上科学制定物料采购计划，合理划拨和配置存量物料。具体措施为，完善企业信息化平台建设，形成财务信息化系统与企业 ERP 系统间的融合，提高物料采购计划准确度。在信息化平台运转过程中，还应落实以上三个部门人员间的线下协商机制，提高调研能力，协同重点分析客户的需求特点，动态调整仓储物料的数量结构，积极提高周转效率。

（5）约束采购活动。提高仓储物料周转率，需要引入必要的约束条件，即通过强化专项资金管理，约束采购团队的活动。实践表明，采购部门很可能由于人为因素而增加物料采购量，从而限制物料周转率的提高。在开展采购活动时，应采取物料发票与采购人员相分离的方法，由三个部门共同协商，制定物料采购计划，并由财务部门编制专项预算。财务部门与供应商直接发生经济联系，采购部门负责对物料按采购清单验收入库。形成分工协作基础后，企业就能有效提高仓储物料周转率。

7.3　如何做好供应链下的库存管理

供应链下的库存管理是指将库存管理置于供应链中管理。该管理方法以降低库存成本和提高企业竞争力为目的，实现从点到链、从链到面的库存管理。

7.3.1　供应商管理库存与关系管理

供应商管理库存，是将多级供应链问题，简化为单级库存管理问题。通过供应商管理库存，整条供应链将能更有效和更快速地跟随市场变化和客户需求。

为有效推进供应商管理库存，企业与供应商的关系应由对立关系转变为战略关系。

1. 实施目标分析

企业应根据供应商管理库存经济效益进行库存分析，并有效确立目标。双方企业的共同目标应集中于以下 4 个方面。

（1）降低供应链上的产品库存。

（2）降低企业和供应商的成本，共同提高利润。

（3）保证企业的核心竞争力。

（4）加深双方合作程度，促进彼此联系。

2. 签订供应商管理库存协议

通过供应商管理库存协议，企业和供应商能明确双方的战略合作关系，寻找共同发展的基础。同时，该协议也能确保后续工作的顺利开展。

供应商管理库存协议的制定重点如下。

（1）为开展供应商管理库存做出的额外投资成本，应通过协议明确采购企业和供应商各自承担的比例。

（2）供应商管理库存带来的利益，应由双方共享。尤其是实施初期，可能会导致大部分收益是采购企业所获得的，因此采购企业应在短期内让渡部分利益给供应商，提高他们的积极性和增强他们的信心。

（3）在协议中，应规定一系列条款，规范双方企业行为。例如，出现意外事件，需要及时通报；通报的渠道和方式；付款协议内容的拟订，包括付款方式、期限的规定等；罚款条约的内容（如采购企业发送错误的信息、供应商运输配送发生错误等情况）。

（4）供应商和采购企业应通过协议确定实施供应商管理库存过程中前置时间、订单处理时间、最低到货率、补货点等一系列操作层面问题的解决方法。

3. 供应商管理库存的种类

供应商管理库存的形式主要有以下种类。

（1）供应商承担部分库存。

（2）供应商承担相对较多的库存。

（3）寄售形式。

（4）供应商完全管理库存。

（5）准时化采购。

7.3.2 共享的信息平台：用信息代替库存

在实施供应商管理库存之前，双方应共同准备必要的资源，形成对供应商管理库存的必要支持。其中最重要的是共享信息平台，即信息网络的建设与维护。通过信息平台，企业可以实现以信息代替库存的共享功能。

在供应商管理库存的系统建设中，双方应注重组建信息网络，运用 IT 技术建立供应商管理库存的信息决策支持系统。其中主要包括以下部分。

（1）电子数据交换系统，即 EDI 系统。该系统能够降低成本。

（2）销售时点信息系统（Point of Sale，POS），即 POS 系统。实施该系统，企业能提高采购资金的周转率，能有效避免缺货现象，使库存水平合理化。此外，对如何进行其他有效管理内容，也发挥着重要作用。对供应商管理库存中的信息共享，该系统必不可少。

（3）条码技术。该技术提供了可靠的代码标识体系，也为供应链内不同节点的供应商提供了通用技术，解决了数据录入和数据采集的瓶颈问题，为供应商管理库存提供了有力支持。

除了上述三大系统或技术之外，信息平台还应包括实施供应商管理库存所需要的物流配套支持、产品仓储、运输配送技术等。

在共享信息平台中，采购企业和供应商应共同协调使用数据，并形成模块化运营体系。首先应由采购企业提供产品的生产和销售数据，并和当时的库存水平相结合，及时提供给供应商。随后由供应商的库存管理系统进行决策，如果供应商的仓储系统能提供所需产品数量，就由仓储与运输配送系统将产品直接、及时配送给采购企业。如果其现有仓储系统无法满足相应产品数量，就必须通知生产系统生产产品，再通过运输配送系统，及时将产品配送给采购企业。

通过高效的信息共享平台，供应商既能负责产品仓储、入库和保存，也能按要求及时送达产品。为此，双方应利用信息的共享，尽量制定符合经济效益的配送计划，确定运输线路、时间编排和承载量等。

7.4 物流信息技术和工具

物流信息技术是物流各个作业环节对现代信息技术的综合应用。物流信息技术和工具的应用，能改变企业应用供应链管理获取竞争优势的方式。成功的企业，通过应用物流信息技术和工具，可以不断改善经营战略并降低成本。

7.4.1 信息识别技术

信息识别技术是以计算机技术和通信技术发展为基础，将光、机、电、计算机等技术集为一体的综合性科学技术。该技术能保证信息数据的自动识读和自动实时输入，促进了供应链管理中物流过程的自动化、标准化与现代化。

信息识别技术的主要种类如下。

1. 条码技术

条形码是由一组规则排列的条、空和对应的字符组成的标记。条形码组成的数据可以传达一定信息，并能用特定设备识读，转化成与计算机兼容的二进制和十进制信息。每种物品的条形码是唯一的， 同时，它成本低、输入速度快、可靠性高、采集信息量大、使用灵活。此外，条形码标签易于制作，对设备与材料并无特殊要求，识别设备操作便捷，设备成本相对较低。条码技术也较为成熟，读取错误率极低，是可靠性高、输入迅速、准确性强、成本低的自动识别技术。

条码技术可用于供应链的以下环节。

（1）物料管理。企业可以将物料依据行业或企业规则，进行统一编码后，打印、粘贴条形标签。这样不仅便于对物料的跟踪管理，也有助于做到合理的物料库存，提高生产效率。

企业也可建立产品档案，对需要标识的物料条码标签进行打印、粘贴，以便在生产管理中，对物料进行单件跟踪，建立完整的产品档案。

此外，还可以利用条码技术，对仓储进行基本的进销存管理，根据生产需要及时对库存进行补充，从而有效降低库存成本。通过产品条形码，可建立物料质量检验档案，形成对供应商的科学评价。

（2）仓储管理。在仓储管理中，条码技术也能发挥重要作用。

仓储管理系统可以根据物料的品名、型号、规格、产地、包装等，划分物料品种，分配唯一的条形码，以便进行管理操作。也可以将仓库分为若干库房、库位，在物料入库时，将库位条形码号和产品条形码号一一对应，实行先进先出或批次管理。还可以对物料进行跟踪管理，记录物料的状态。

2. 无线射频识别技术

无线射频识别简称"射频识别"（Radio Frequency Identification，RFID），是一种无线通信技术。该技术可通过无线电讯号识别特定目标，对相关数据进行读写，而不需要在识别设备与特定目标之间建立物力或光学接触。

无线射频识别技术是对条码技术的补充和发展，规避了一些局限性，为大量信息存储、改写和远距离识别奠定基础。无线射频阅读器能同时辨识、读取数个标签，而条形码阅读器每次只能扫描一个。无线射频标签体积小、形状多样，而且耐久性强。无线射频标签内储存的数据能够重复新增、修改、删除。无线射频标签本身包含电子存储信息，同时不一定要处于识别器视线之内，也可以嵌入被追踪的物体。无线射频标签的信息可以加密处理，内容不易被伪造和更改。此外，无线射频阅读器比二维条码阅读器成本更低、性能更可靠。

无线射频识别技术可用于供应链管理的以下环节。

（1）库存管理。无线射频识别技术能够使库存管理的大量重复作业更为高效。当物料出入库时，无须打开包装，车辆也不必停驶，阅读器即可自动识别出入库物料数量，并将信息传入供应链管理系统中，并更新物料存放地点和状态信息。由于无线射频标签包含了丰富的生产日期、保质期、储存方法等信息，能够最大限度实现信息传递，减少仓储过程的损耗。当物料在库存状态下出现不能正常移动情况时，该系统还能及时警示管理人员，以确定库存状态。

（2）运输和分拣。在运输和分拣过程中，无线射频识别技术能对运输工具和物料进行自动定位。

例如，该技术可以实时告知企业和供货商目前物料所处位置，有利于各方提前安排到货后的工作，并进行精细计算，减少库存量。运输方也可根据该信息，结合物料需求和交通状况，动态调度运输工具，对配送路线进行设计优化，提高运输能力和效率。此外，还可以对错误运输的物料进行追踪，从而解决物料漏运、错运的问题。

无线射频识别技术，在供应链管理的各个环节中都有应用空间。企业在任何环节中，都能不断挖掘其实用可能。

7.4.2　信息交换技术

信息交换技术主要指电子数据交换技术，即 EDI 技术。该技术属于电子商业贸易系统，即将商业文件，如订单、发票、货运单、报关单和进出口许可证，按统一的标准编制成计算机能识别和处理的数据格式，在计算机之间进行自动传输。

利用该技术，可以实现在采购企业、供应商和承运企业之间的物流数据交换，并以此为基础实施物流作业活动。

1.EDI 工具

实现 EDI 系统的正常运转需要配备相应的硬件和软件。

（1）软件。转化软件可帮助用户将原有计算机系统的文字、数据库数据，转换成翻译软件能理解的平面文件。也可将从翻译软件接收到的平面文件，转换为原计算机系统的文件。

翻译软件，即在平面文件和 EDI 标准格式之间翻译的软件。

通信软件，即在 EDI 标准格式文件外加上通信信封，再送到系统交换中心邮箱的软件。

（2）硬件。实现 EDI 系统的正常运行，需要计算机、互联网通信设备等。通信线路通常利用电话线路，如果在传输时效和资料传输量上有较高需求，也可以利用专线。

2.EDI 的优势

相比普通的信息交换技术，EDI 技术具有下列优势。

（1）EDI 传输的是格式化的标准文件，并具有格式校验功能。

（2）EDI 可实现计算机到计算机的自动传输和自动处理，无人工处理。

（3）EDI传输的文件具有跟踪、确认、防篡改、防冒领、电子签名等一系列安全保密功能。

（4）EDI文本具有法律效力。

（5）EDI具有存储转发功能。

3.EDI的应用

采购企业与供应商之间的接单、出货、催款、收款等作业需要利用大量单据，包括采购进货单、出货单、催款对账单、付款凭证等。EDI在其中能发挥重要作用。

（1）采购企业引入EDI，可利用低成本方式引入采购进货单，接收客户传来的EDI订购单，将其转换成企业内部的订单形式。

（2）采购企业也可以利用EDI改善作业，同供应商合作，引入采购进货单、出货单、催款对账单等，并与企业内部相关的信息系统集成，逐步改善相关作业。

（3）供应商配送中心引入EDI，还可以改善作业流程。例如，引入EDI出货单，与配送中心的拣货系统集成，生成拣货单，可提高内部作业效率，缩短配送时间。在出货完成后，供应商即可将出货结果第一时间利用EDI告知采购企业，以便采购企业及时了解并处理情况。

（4）采购企业使用EDI，不需要为配合不同供应商而开发不同的电子订货系统，也不需要重复输入订单数据，节约了人力和时间。

（5）运输企业使用EDI，可以改善托运、收货、送货、回报、对账、收款等作业流程，自动生成或发送明细单，提高信息共享效率。确保采购企业事先了解托运物料的详细情况，以便调配车辆，减少人为错误。

7.4.3　信息定位技术

在供应链管理实践中，各类物流运输仓储企业虽积累了丰富的实践经验，但由于车辆动态信息的实时监控始终未得到解决，所以信息反馈不及时、不精准、不全面，导致运输能力的低下、物流成本的居高不下等。为此，企业必须利用现代科技工具，将GPS、GIS结合到供应链物流运营中。

1. 全球定位系统（GPS）

全球定位系统（GPS）从 20 世纪 70 年代初开始发展运用，具有全球性、全能性、全天候性优势，拥有导航定位、定时、测速功能。GPS 包括三大子系统，分别是空间卫星系统、地面监控系统和用户接收系统。

与其他导航系统相比，GPS 全球地面连续覆盖，能保障全球、全天候连续实时导航与定位。GPS 能为各类用户连续提供高精度的三维位置、速度和时间信息，实时定位速度快，抗干扰性能好、保密性强。

用于物流运输的 GPS 技术包括基于 GPS 技术的车辆监控管理系统，其主要功能是在电子地图上显示移动目标的运动轨迹，并能对目标的准确位置、速度、运动方向、车辆状态等参数进行监控和查询，确保车辆的安全，方便调度管理，提高运营效率。

利用 GPS 技术还能实现货物跟踪管理。物流运输企业可以利用该技术，及时获取有关货物运输状态的信息，如物料品种、数量、在送情况、交货期间、发货地和到达地、物料货主、送货责任车辆和人员。物流运输企业工作人员在进行运输作业时，利用扫描仪读取物料包装或发票上的物流条形码等信息，通过同行网络，将物料的信息传送到总部中心计算机进行汇总整理。企业所有被运送物料的各种信息，都集中到中心计算机，以便供应商和采购企业随时查询物料的位置和状态。

2. 地理信息系统（GIS）

地理信息系统（GIS）以地理空间数据库为基础，采用地理模型分析方法，实时提供各种空间和动态的地理信息。

GIS 技术具有采集、管理、分析和输出不同地理空间信息的能力，具有空间性和动态性。该技术以地理研究和决策为目的，以模型方法为手段，可以产生高层次的地理信息。该技术能支持空间地理数据管理，将专门的分析方法作用于数据，产生有用信息。

GIS 应用于物流分析时，主要表现为利用该技术来完善物流分析技术。一个完整的 GIS 物流分析软件，包括以下功能模型。

（1）车辆线路模型。该模型主要用于解决一个起点、多重终点的物料运输中，如何降低物流作业费用，并确保物流质量的问题，包括决定使用多少车辆、每辆车的行走路线等。

（2）网络物流模型。该模型主要用于解决最有效的物料路径分配问题，即物流网点布局问题。例如，将物料从不同仓库运送到不同生产地点，每个地点都有固定的需求量，因此必须事先布局，确定仓库与生产地之间的各自对应关系，确保运输总成本最小。

（3）设施定位模型。该模型主要用于确定一个或多个设施的位置。在物流系统中，仓库与运输路线共同组成物流网络。大型企业尤其应根据实际需要，结合成本效益原则，设定具体的仓库数量、位置、规模和物流关系等。

第 8 章

供应链管理的五大技术工具及应用

供应链管理技术工具能使企业在优化供应链的同时，减少付出的成本。企业需要熟练掌握这些技术工具和应用方法，才能运用于自身供应链的管理，提高供应链运行水平，不断降低其内部误差。

8.1 供应商管理库存（VMI）

供应商管理库存（VMI）技术能帮助采购企业和供应商都获得最低成本，并在共同协议下由供应商管理库存，相互不断监督协议执行。同时，该管理策略下也能修订协议内容，从而使库存管理得到持续改进。

VMI是一种新的、有代表性的库存管理思想，对企业提高经营效率、降低成本有重要作用。

8.1.1 VMI的基本思想

供应商管理库存（VMI），是指供应商等上游企业基于其下游客户的生产经营、库存信息，对客户的库存进行管理和控制。VMI系统，即供应商代替客户管理库存的系统，库存的管理职能由供应商负责。

1.VMI的施行原则

（1）合作精神。实施该策略时，相互信任和信息透明非常重要。供应商和采购企业只有都具备较好的合作精神，才能相互保护并合作。

（2）互惠原则。VMI不仅包括成本如何分配和如何支付的问题，同时也涉及怎样减少成本的问题。VMI策略能够使得双方成本都减少。

（3）框架协议。双方在VIM协作模式中，明确各自责任，观念上达成一致。例如，对库存放在何处，何时支付，是否需要管理费用、要花费多少等问题，都应做出回答，并体现在框架协议中。

（4）连续改进原则。其能够确保供需双方共享利益，消除浪费。VMI能促进供应商在采购企业允许的情况下设立库存，确定库存水平和补货策略，拥有库存控制权。这不仅能降低供应链的库存水平，也能让客户获得更高水平的服务，与供应商共享需求变化的透明性，使供应商获得更高的客户信任度。

2.VMI 运行计划

在 VMI 实施和运用时,双方应充分认识到彼此的利益关联和实际矛盾,共同制定运行计划。为此,必须先形成运行系统,保障 VMI 运行计划顺利执行,再在执行中进行完善,直至得到所有参与方的认可。

VMI 运行计划通常分为两个阶段。

(1)VMI 系统与合作模式的建立。该阶段大约需要 6 个月的时间,主要内容包括各方确定投入资源,建立评估指标,分析与协议所需条件,确定整个运营方式和系统设置。

(2)VMI 系统实施与改善阶段。该阶段大约需要 6 个月的时间,主要任务是以测试方式不断修正,确保 VMI 系统与运行方式趋于稳定,并能以评估指标不断寻找问题并加以完善,直到无须人工介入。

8.1.2　实施 VMI 的好处

在现代供应链管理实践中,VMI 已发展为成熟的库存管理模式,在诸多行业内获得成功。

VMI 的价值体现于下游生产企业和上游供应商之间的合作关系基础上,基于该基础,双方不断监督协议的执行情况,并对协议内容进行修正。由此,生产企业将库存决策权委托给供应商,供应商代替企业行使库存管理和做出订货策略的权力。同时,供应商也能与生产企业共享信息数据,了解生产进度安排的有关信息,准确预测未来需求。

VMI 模式能为供应链各方带来的具体价值如下。

1. 对生产企业的价值

(1)能有效降低生产企业管理库存成本和与供应商合作的成本,以便企业集中资源,培养核心能力。

(2)降低生产企业的缺货率和积压率。

(3)降低供应链库存环节的成本,最终能带来总成本和产品价格的降低,提高各生产企业的竞争力。

（4）提高成品库存的周转率。当物料库存由供应商管理后，采购企业更为接近零库存，并将资源更多投入成品库存的周转中。由于成品能够在市场上销售并变为现金，所以成品库存周转得越快，企业获得现金的能力就越强。

2. 对供应商的价值

（1）促进供应商更多掌握、了解下游需求信息，获取更为准确的预测，使生产企业所需物料能及时、准确到达。由于供应商负责物料产品的库存管理，所以他们会更重视这些产品，为采购企业提供高质量、价格合理的物料，改善采购企业的使用效果。只有这样，供应商才能获得相应货款。当供应链中每个成员都具备类似的内在驱动力，就能促进整条供应链成本的降低。

（2）VMI 模式增加了供应商和生产企业之间的交流，双方对等协商，相互合作，从而提高产品的质量、减少不确定性和库存持有成本。

实行 VMI 模式之前，供应商总是期望采购企业购买得越多越好，这样，供应商就能获得更多销售收入。实行 VMI 模式之后，采购企业在使用物料之后才付款，这促进了供应商对信息协商的积极性，并增加他们对市场环境、采购企业与终端客户需求的了解，努力降低库存成本。

（3）供应商可与下游生产企业发展长期合作战略关系，并进行有效沟通，从而有利于供应商的长期发展，使之在激烈竞争中保持核心能力。

8.1.3 VMI 的实施方法

企业在实施 VMI 之前，应改变订单处理方式，建立标准的订单处理模式。因此，采购企业和供应商应共同确立订单业务处理过程需要的信息和库存控制参数。随后，建立订单的处理标准模式，并将订货、交货和票据处理的各个业务功能集成到供应商处。其中，提高库存状态的透明性是实施 VMI 有效管理的关键。这需要供应商能及时跟踪和检查生产商物料的库存状态，并保证双方库存和生产信息实时连接。

在上述基础上，VMI 的实施方法，可按以下步骤进行。

1. 建立情报信息系统

要想有效地推动 VMI 模式，必须保证供应商能及时获得采购方的有关信息。在双方共同努力下，建立采购信息库，确保供应商能掌握需求变化的有效情况，将需求预测分析功能集成到供应商系统中。

2. 建立销售网络管理系统

为确保 VMI 模式内供应商对物料库存的管理能力，应建立完善的销售网络管理系统，确保产品需求信息和物流的畅通。因此，供应商应保证物料产品条形码的可读性与唯一性，建立产品分类和编码的明确标准。采购企业也应和供应商共同解决物料存储运输过程中的识别问题，如采用 ERP 系统，继承生产和销售管理功能，及时提供完整、充分的信息。

3. 建立供应商与生产企业的合作框架

生产企业应和供应商建立完整的合作框架，通过协商，确立处理订单的业务流程、控制库存的有关参数、确认库存信息的传递方式等。

4. 导入 VMI

VMI 的导入具体分为 8 个阶段。其中前 4 个阶段为管理层面的准备阶段，后 4 个阶段为实际系统导入阶段。

（1）企业内部评估阶段。采购企业与供应商进行内部评估，考虑是否应导入 VMI，评估导入后的实际利益。评估的项目包括企业策略目标、成本效益、外在因素等。这一阶段的最终目的是获得双方主管层面的共识与承诺。

（2）高层商谈阶段。在上一步骤成果的基础上，进一步建立双方共识。该阶段要由双方总经理形成共识，并由部门级主管具体讨论出共同目标，取得充分的内部共识。最后，双方签订共同协议，具体承诺各自在导入中的责任。

（3）组织计划小组阶段。该阶段应建立执行计划的小组，双方分别设立项目小组和负责人，随后形成跨企业的项目小组。在实际执行中，各企业执行计划小组的成员都是由跨部门成员组成的，因此可将项目计划列入小组成员的年终绩效考核，这样才能顺利执行计划。

（4）建立评分表并审查标准。为了能进行导入前后的比较，并完成持续性改进，应有具体的评估衡量表。其中应包含审查时间或周期，包括双方一致的计算标准、方式和单位，从而确保一致的衡量基准。审查完成后，签订合作协议，开始正式导入。

（5）建立双方电子数据传输，保证符合大量数据和高传输频率的要求，确保数据的准确性。

（6）试行合作式的管理库存方式。在该方式中，供应商决定的订货量仍然以建议订单方式传送给客户并确定。在确定执行细节和系统架构后，可进行实际上线测试。

（7）实际测试。采购企业与供应商不断调整彼此的作业方式和工作流程，配合实际运营，并在发生问题时，记录发生问题的主要原因，通过会议进行具体解决。

（8）正式上线阶段。依据双方信赖程度和约定情况，进行 VMI 系统的正式上线运行。

8.1.4　供应商管理存货的方式应用

供应商管理存货的方式应用，有以下 3 种类型。

1. 供应商提供决策

供应商提供包括所有产品的软件进行存货决策，采购企业使用软件执行存货决策，采购企业拥有存货所有权，管理存货。

2. 供应商在所在地

供应商在采购企业的所在地，代表采购企业执行存货决策、管理存货，但是存货的所有权归采购企业。

供应商在采购企业的所在地，代表采购企业执行存货决策、管理存货，拥有存货所有权。

3. 供应商不在所在地

供应商不在采购企业的所在地，但定期派人代表采购企业执行存货决策、管理存货，拥有存货所有权。

8.2 联合库存管理（JMI）

联合库存管理（JMI）是一种风险分担的库存管理模式。JMI 模式在供应商管理库存基础上发展起来，强调上下游企业之间的权责平衡、风险共担。这种库存管理模式体现了战略供应商联盟基础的新型企业合作关系，强调了供应链内各个企业的互利与合作。

8.2.1 JMI 的基本思想

JMI 的基本思想在于供应链上所有企业对终端客户需求认知和预测有协调认知与预测能力。这些企业共同进行库存的管控，实现利益共享和风险分担。其核心思想是供应商战略联盟、避免需求放大和减少库存浪费，实现风险分担。

在传统库存管理实践中，通常将库存分为独立需求和相关需求两种模式进行管理。其中前者采用订购点办法应对，后者采用物料需求计划处理。JMI 对这些不同需求性质的库存，进行统一协调的管控，能够更好地解决供应链系统中固有问题，加深其内部同步化程度。

JMI 模式强调双方同时参与、共同制定库存计划，而不是由其中某一方管理。在 JMI 模式中，每个库存管理者都应从整体的协调性考虑，对需求预期保持一致，尽量消除需求放大现象。因此，在 JMI 模式中，供应链内任何相邻节点需求的确定，都来自供需双方的协调，这样的库存管理不再是各个企业独立操作的过程，而是供需连接的整体协调。

8.2.2 JMI 的优点及实施策略

由于 JMI 的独特管理思想，与传统库存管理模式相比，它有以下 5 方面的优点。

（1）JMI 的构建，为实现供应链同步化运营提供了充分的条件与保证。

（2）JMI 减少了供应链中难以避免的需求认知错误现象，也降低了库存不确定性，提高了供应链稳定性。

（3）使库存成为供需双方信息交流与协调的纽带，充分暴露供应链原有管理方式的缺陷，为供应链管理水平的提高提供实际依据。

（4）为实现零库存管理、准时化采购和精益供应链管理创造了更有利的条件。

（5）促进了供应链管理资源共享，推动了风险分担。

JMI 的实施策略和步骤具体如下。

（1）建立供需协调的管理机制。为了发挥 JMI 体系的作用，采购企业和供应商应从合作精神出发，建立供需协调的管理机制，明确各自目标和责任，建立合作沟通渠道，创造有利的机制。因此，双方应本着互惠互利原则，形成共同合作目标，其中包括库存如何调节与分配，库存最大量和最高库存水平、安全库存的确定，需求的预测等。

为了建立类似机制，供应链各企业之间应建立信息沟通的渠道或系统，确保需求信息传递的畅通和准确。

（2）充分利用资源计划系统。制造资源计划技术系统和配送资源计划技术系统是供应链库存管理中目前较为成熟的两种资源管理系统。联合库存管理功效应借助这两大系统进行充分发挥。

通常而言，在物料的联合库存管理中，应利用制造资源计划技术系统。在产品的联合库存管理中，则应采用配送资源计划技术系统。

（3）快速响应系统。在供应链管理实践中，快速响应系统证明了其管理策略的有效性，并能使联合库存管理更高效。快速响应系统需要供应商和生产企业之间的密切合作，其具体发展阶段包括以下 3 部分。

①第一阶段，物料或产品条码化。对物料或产品进行标准化识别，加快订单传输速度。

②第二阶段，内部业务处理自动化。利用自动补库系统，提高业务自动化水平。

③第三阶段，采用更有效的企业间合作，消除供应链内部障碍，提高整体效率。

（4）发挥第三方物流系统的作用。第三方物流（Third-Party Logistics，3PL）系统是 JMI 供应链集成的技术手段。第三方物流系统为采购企业提供各种服务，如产品运输、订单选择、库存管理等。将第三方物流系统纳入 JMI 供应链集成体系，能够获得更多的附加服务。

8.3　快速反应（QR）

快速反应（Quick Response，QR）是供应链管理的主要方法，值得现代企业对此深入研究和探索。

8.3.1　QR 的定义和优点

QR 最早诞生于美国，是零售商、服装制造商和纺织品供应商开发的整体业务概念。其定义为，在供应链中，为了实现共同目标，至少在两个环节之间进行紧密合作。

QR 的目的在于减少从原材料到销售点的时间，并减少整条供应链上的库存，最大限度地提高供应链的运行效率。其目标包括以下两点。

（1）提高客户服务水平，确保供应链能在正确的时间、正确的地点提供正确的产品，以响应终端客户的需求。

（2）降低供应链总成本，提高供应商和企业的销售额，提高供应商和企业的获利能力。

QR 的优点在于其实施效果。如果运用得当，QR 的收益将远超过其投入，能节约 5% 以上的成本。

在实践操作中，企业的供应链应用 QR 后，销售额大幅度增加，库存周转率大幅度提高，需求预测误差大幅度下降。这体现出了 QR 的下列优点。

（1）销售额增加。应用 QR 系统能降低经营成本，从而降低销售价格，增加销售额。由于物料和产品库存风险的降低，产品以低价位定价，能增加销售，避免缺货现象，避免损失机会。同时，QR 系统也能确定畅销产品，确保畅销品种齐全，能够连续供应并增加销售额。

（2）原料和产品周转率大幅度提高。应用 QR 系统能减少供应链上整体库存量，并保证畅销产品的正常库存量，加速产品周转。

（3）需求预测误差减少。应用该系统能够及时获得销售信息，把握畅销和滞销产品信息。通过多频率、小数量送货方式，可实现采购方零库存的目标。

目前，QR 系统管理在各国企业迅速扩展，尤其是已成为零售企业实现竞争优势的工具。随着 QR 系统的推广，企业间的供应链竞争正开始转变为供应链战略联盟之间的全方位竞争。

8.3.2　QR 的成功条件及实施步骤

QR 管理体系的成功，与以下 5 个条件密切相关。

（1）对经营方式的改变。供应链上的企业必须改变通过单打独斗来提高经营效率的传统方式，转而与供应链各方积极建立合作伙伴关系，努力运用不同方面的资源，提高经营效率。例如，零售型企业通常在垂直型 QR 系统中发挥主导作用，QR 系统可能通过销售信息和成本信息的数据公开、交换，提高不同企业的经营效率。同时，还能明确 QR 系统内不同企业的分工协作范围和形式，消除重复作业，建立有效分工的协作框架。

（2）开发和应用现代信息处理技术。包括商品条形码、物流条形码、电子订货系统、POS 数据读取技术、EDI 系统、预先发货清单技术、电子支付系统、供应商管理库存方式和连续库存补充计划等。

（3）建立战略伙伴关系。企业必须在供应链内积极寻找和发现战略合作伙伴，必须在合作伙伴之间建立分工与协作关系。合作的目标既包括削减库存，也包括避免缺货，从而降低供应风险，减少作业成本。

（4）信息必须透明，企业应改变传统的过多保密商业信息做法，而是将销售信息、库存信息、生产信息、成本信息等与合作伙伴相互交流，在此基础上，供应链上各方共同发现、分析并解决问题。

（5）要求供货商缩短生产周期，减少物料库存，以此进行多品种、小批量的生产，实现多频率、小数量的配送，降低采购企业的库存水平，提高客户服务水平。追求采用 JIT 生产方式，减少供应链库存。

以零售企业主导为例，QR 的实施步骤，可分为以下 6 个阶段。

（1）安装条形码和 EDI。零售企业必须安装条形码、POS 扫描和 EDI 等硬件设备，以加快收款速度，更准确地获得销售数据，确保信息沟通的流畅性。其中，POS 扫描功能用于数据输入和采集，而条形码则用于产品识别。EDI 即 Electronic

Data Interchange，电子数据交换，指按照同一规定的一套通用标准格式，将标准的经济信息通过通信网络传输在贸易伙伴的电子计算机系统之间，进行数据交换和自动处理。

（2）固定周期补货。QR 系统的自动补货要求供应商能更快、更频繁地供应新的物料或产品，确保企业不会缺货，从而提高周转率和销售额。自动补货功能离不开基于历史销售数据的定期预测，以及对目前存货情况和其他因素的考虑，以确定订货量。

（3）先进的补货联盟。为确保补货业务流畅，必须成立先进的补货联盟。供应商、生产商和零售商应联合检查销售数据，制定能满足未来需求的计划，并积极预测，在保证有货和减少缺货的情况下，降低库存水平。此外，还可以由补货联盟进一步管理存货和补货，加快库存周转速度，提高供应链运行效率。

（4）零售空间管理。零售空间管理是指根据不同企业需求模式，规定其经营产品的种类和补货业务。一般而言，供应商可以参与零售企业经营产品品类、数量、店内陈列、培训以及激励等决策，实现高效管理。

（5）联合产品开发。供应商和零售企业进行新产品的联合开发，其关系密切程度超过了采购、销售之间的业务关系。通过联合开发，缩短了新产品从形成概念到上市的时间。

（6）快速反应集成。零售企业通过重新设计业务流程，将之前的工作与企业整体业务进行集成，能够充分支持企业的整体战略。这一步骤需要零售企业和供应商对整条供应链重新设计，并调整业务评估系统、业务流程和信息系统，设计重心应围绕市场需求而非传统企业职能。

8.4　有效客户反应（ECR）

有效客户反应（ECR）来自 20 世纪 90 年代，零售企业和供应商之间的关系转变。从供应商占主导地位，转换为零售企业占主导地位。供应链内部的竞争变得更为激烈，为此，供应商和零售企业开始寻找新的管理方法，希望结成更紧密的联盟，形成双赢局面。ECR 由此诞生。

8.4.1 什么是 ECR

ECR 是真正以终端客户为核心，转变供应商与零售企业对立统一关系，解决供应与需求矛盾的有效途径。

ECR 是一种通过供应商和零售企业各自经济活动整合，以最低成本，最快、最好实现终端客户需求的流通模式。该模式强调供应商和零售企业的合作，建立相互信赖和促进的协作关系，通过现代化信息和手段，协调彼此生产、经营和物流管理，在最短时间内应对客户的需求变化。

ECR 以满足客户要求和最大限度降低物流过程费用为原则，及时做出准确反应，力求提供的物品或服务流程最佳化。

ECR 的特点如下。

（1）新技术、新方法。ECR 系统采用了先进的信息技术。例如，自动订货系统能使零售企业的库存降至零状态，减少订货、交货的周期，提高产品新鲜度，降低产品破损率。又如，采用种类管理和空间管理的技术和方法，实现单位销售面积销售额和毛利的提高。

（2）稳定伙伴关系。传统供应链管理体系中，各个环节联系不紧密，导致每次订货都会产生随机性，从而导致产品流动的不稳定性，增加了供应成本。ECR 系统克服了这些缺点，形成连续、闭合、稳定的供应体系，实现了新型伙伴关系基础上的合作形式。

（3）非文书化。ECR 系统充分利用信息处理技术，使供应链各个环节上的信息传递实现非文书化。例如，企业之间的订货单、价格变更、出产通知等，都通过网络电子数据交换进行自动处理。这对迅速补货、提高精准度、大幅度降低成本起到很大作用。

8.4.2 实施 ECR 的原则

实施 ECR 技术应遵循的原则如下。

1. 提升客户价值

各企业满足消费高价值的目标，面向客户提供齐全的商品品种、便利的选购、优质的商品质量等。产品在从其生产、包装、流动直到到达最终客户手中这一过程中应当不断增值，能通过 ECR 系统产生最大附加价值。

2. 双方共赢

在 ECR 系统中，供需双方应密切合作，将交易与竞争关系变为联盟伙伴关系。在双赢基础上，双方共同参与产品的流通过程管理。

3. 信息及时、准确

通过行业系统，组成产品供应链信息平台，为供需双方提供及时、准确的信息，以便共同组织、协调运营。

4. 利益均衡，价值最大化

在合作前提下，建立共同评价体系，共同控制产品的进、销、存等流通过程，以实现降低成本、减少库存、最大化产品价值的目标。

8.4.3 ECR 系统的构建

构建 ECR 系统的具体目标在于低成本的流通、基础观念设施建设，以消除组织之间的隔阂。ECR 系统的构建因素包括以下方面。

1. 营销技术

以零售企业为例，在 ECR 系统中采用的营销技术，主要包括产品类别管理和店铺货架空间管理。

产品类别管理是通过产品类别的调整与组合，寻求让整个零售企业产品类别收益最大化的方案。店铺货架空间管理则是对店铺的空间安排、各类产品的展示比例、产品在货架上的布置等加以最优化管理。

2. 物流技术

ECR 系统的构建包括 JIT 配送和顺畅流动两大物流技术因素。为此，供应链要以连续库存补充计划、自动订货、预先发货清单、供应商管理库存、交叉配送、店铺直送等具体技术作为支撑。

3. 信息技术

ECR 系统应用的信息技术主要包括销售时点信息和电子数据交换。

销售时点信息，需要零售企业对门店收银机读取的 POS 数据进行整理分析，以便掌握终端客户的购买状况，做好品类管理。同时还应利用 POS 数据进行库存管理和订货管理。同时，该信息也可以被供应商利用以制定生产计划、开发新产品、进行供应商库存管理。

电子数据交换，即 EDI 技术。利用该技术，可以实现供应链企业之间传送和交换订货发货清单、价格变化信息表、付款通知书等单据，进而提高整个企业乃至整条供应链的效率。

4. 组织革新技术

由于 ECR 系统的基本思想在于从流通过程和业务活动中寻求变革方案。所以，传统的供应链和企业职能下划分出的组织形式对此必不适应，需要构筑新型的组织形式。

在企业内部，组织革新行动应着力将采购、生产、物流、销售等组织形式，转变为以商品流程为基础的横向型组织形式。这需要将企业经营的所有产品按类别划分，对应不同的产品类别，设立不同的管理团队，并围绕这些管理团队，形成新的组织形式。在新的组织形式中，应对不同的产品类别管理团队，设定不同的经营目标，并赋予相应权限。由于产品类别管理团队规模小，内部更容易交流，职能也更易于协调。

在企业之间，应建立双赢型的合作伙伴关系。零售企业和供应商需要在各自企业内部建立产品类别管理团队，双方相同产品类别的管理团队可平等讨论问题，包括原材料采购、生产计划、销售状况、客户需求动向等全盘管理问题。

5. 作业成本法

ECR 在提高供应链整体效率的同时还可能产生新的费用或利益，因此，企业应转变成本会计方法。传统的按部门或产品划分成本的计算方法，应转变为根据活动来计算成本的方法，即作业成本法。

作业成本法是将企业经营过程划分为一系列作业，通过驱动成本的作业来分配间接费用，从而计算产品成本。

8.4.4 ECR 与 QR 的比较

经过比较，ECR 与 QR 的异同如表 8.4-1 所示。

表 8.4-1 ECR 与 QR 的异同

类别		ECR	QR
相同点	共同的构建重点	两者都围绕信息处理技术、合作伙伴关系和核心业务进行构建。利用信息处理技术，推进各环节信息传递的电子化。例如，EDI 应用实现订货数据或出货数据的传送无纸化、对迅速补货、提高预测进度、大幅度降低成本发挥了重要作用。稳定的合作伙伴关系使供应链成为连续闭合的供应体系，实现了共赢。对核心业务的重新设计更好地减少了资源的浪费	
	共同的目标	在引入 ECR 和 QR 之前，供应链各节点虽然都有各自的业绩测量标准，但从整体来看，其效率很低。因此，两个系统的业务改善，是围绕供应链整体效率的目标开展的	
	共同的推进步骤	ECR 和 QR 策略的推进步骤较为接近，即在核心企业带动下，供应链上各方有效运营（具体步骤见后文）	
差异点	侧重点不同	ECR 侧重于减少和消除供应链内部浪费，提高运行的有效性	QR 侧重缩短交货提前期，追求迅速响应客户需求
	管理方法不同	ECR 除了快速引入新产品外，还实行有效产品管理和促销	QR 主要借助信息技术，减少补货时间，缩短产品上市的准备时间
	适用行业不同	ECR 主要适用于产品单价低、库存周转率高、毛利少、可替代性强、购买频率高的行业	QR 主要适用于产品单价高、季节性强、可替代性弱、购买频率低的行业
	变革重点不同	ECR 变革重点是效率和成本	QR 变革重点是补货和订货的速度

表 8.4-1 中，ECR 与 QR 共同的推进步骤具体如下。

①寻找合作伙伴，由核心企业拜访上下游企业高层决策主管。

②确定合作对象，获得决策主管合作共识后，确定具体合作者。

③成立工作小组，供应链节点各企业内部成立 ECR 或 QR 的工作小组，并选出负责人，把握小组工作进度。

④确立双方合作目标，根据供应链中的问题，制定切实可行计划，包括品类管理重点、自动补货系统建设等。

⑤制定合作计划与进程，包括双方合作产品项目、计划实施阶段表、双方合作人员等内容。

⑥不定期召开会议,包括汇报合作计划成果,寻找产生问题的原因并解决问题等。

⑦最终实现全面推广,包括将模式推广到其他合作产品,或推广到供应链内其他合作伙伴之间。

8.5 合作计划、预测和补给（CPFR）

近年来,随着市场环境的变迁、信息技术进一步发展,精益化的供应链管理逐渐被更多企业认同与推广,供应链管理向无缝连接转化,提高了其中资源整合程度。CPFR 管理系统,着力于利用互联网推进供应链类合作,理应为企业所重视。

8.5.1 CPFR 出现的背景及特点

自 QR、ECR 迅速发展后,CPFR 开始受到越来越多大型企业（尤其是零售企业）的重视。其原因在于迅速多变而不断发展的市场情况,要求企业不断缩短交期、提高质量、降低成本并改进服务。因此,供应链的管理不仅要跨越各个企业,还要跨越内部的功能、文化和员工范畴,因此必须对供应链合作伙伴关系和模式,重新构思、定义和组织。CPFR 正是在此基础上形成并发挥作用的。

CPFR 的形成,起始于沃尔玛推动的合作预测和补货（Collaborative Forecast And Replenishment, CFAR）。CFAR 是利用互联网推进零售企业与供应商的合作,共同做出商品预测并在此基础上连续补货的系统。此后,在沃尔玛的不断推动下,CFAR 逐渐发展为 CPFR。

CPFR 在合作预测和补货基础上,进一步制定共同计划,不仅使合作企业实行合作预测和补货,还将原本属于各企业内部事务的计划工作（生产计划、库存计划、配送计划、销售规划等）也交由供应链各企业共同参与完成。

CPFR 有以下明显特点。

1. 协同

CPFR 这种新型合作模式要求供应链上下游确立共同目标，长期承诺公开沟通和信息分享，以确立协同性的经营战略。协同的基础在于签署保密协议、建立纠纷解决机制、确立供应链记分卡、形成共同激励目标。

2. 规划

CPFR 强调合作规划和合作财务，前者包括品类、品牌、分类、关键品种等，后者包括销量、订单满足率、定价、库存、安全库存和毛利润等。此外，还需要供应链双方共同制定促销计划、库存政策变化计划、产品导入和中止计划以及仓储分类计划等。

3. 预测

CPFR 强调供应链双方应做出最终的协同预测。协同预测才能大大减少整条供应链的低效率，促进更快的周转速度，节约整条供应链的资源。

4. 补货

在 CPFR 体系下，供应链双方共同利用时间序列预测技术，将需求转化为订单预测，并对供应商提出约束条件。其中包括订单处理周期、前置时间、订单最小量、商品单元，以及终端客户的购买习惯等内容，这些都需要供应链双方在补货方式内进行协商解决。

8.5.2　CPFR 供应链的实施

CPFR 实施的基本框架和步骤包括以下 4 个阶段。

1. 机遇识别

CPFR 实施的第一步，即识别比较新的机遇。一般而言，零售企业更关注终端客户对不同产品类别、促销形式和竞争者之间差异的反应，而供应商对管理库存水准更为关心。零售企业希望能在排除滞销产品的同时确保畅销产品不断货，供应商的目标则在于建立有效的生产和补货流程，因此，双方必须积极识别可比较的机遇，消除彼此计划差异。

识别可比较机遇的关键在于订单预测的整合、销售预测的协同。因此，CPFR

应该与其他供应和需求系统相整合。对零售企业而言，CPFR 要整合的资源包括产品销售规划、分销系统、店铺运营系统；对供应商而言，则需要帮助销售队伍确定销售预测、建立最优的补货计划、基于企业需求生产并分销产品等。

2. 数据资源整合

数据资源整合不仅需要集合并调整数据，也需要供应链各参与方积极调整相应业务政策。其包括以下要点。

（1）进行不同层面的预测比较。零售企业通常更倾向于确定基于地点的信息，而供应商更关注产品层面的具体信息。CPFR 要求双方协同团队寻求不同层面的信息，并确定可比较层次。

（2）产品展示与促销包装的计划。CPFR 在数据整合运用上，应该做到对每个产品进行追踪，并通过销售报告中包含的展示信息来体现。这样，数据的比较不再是预测与实际绩效的比较，而是建立在单品基础上包含产品展示信息的比较。

（3）时间段规定。CPFR 在整合利用数据资源时，更强调时间段的统一。由于预测、计划等行为都建立在时间段基础上，所以供应链内各方需要就管理时间段的规定加以协商统一，其中包括预测周期、计划起始时间和补货周期等。

3. 组织评判

供应链各参与方需要在 CPFR 体系内，建立企业特定的组织框架，反映产品和地点层次、分销地区和其他品类计划的特征。CPFR 需要在企业清楚界定组织管理框架后，支持多体系的映射关系。

4. 商业规则界定

在实施 CPFR 的过程中，最终需要确定的是供应链参与方的商业行为规则。这些规则具体表现如下。

（1）例外标准。在实际运行 CPFR 中，企业很可能面对各种例外情况。针对这些例外情况的产生和发现，应形成相应的规则与标准，并尽可能简单而便于操作。

（2）相对于绝对周期。在制定例外标准时，有时应确立绝对周期上的标准，有时则应强调相对于绝对周期的例外标准。

（3）例外标准还可利用绝对数和百分比表示。高水准、累计性的偏差标准，可以用百分比表示。而对每天或每周的经营业务控制，则最好用绝对数表示。

8.5.3　CPFR 实施中需要关注的五大因素

在 CPFR 实施中，为追求成功，需要关注以下五大因素。

1. 双赢态度

企业必须了解整个供应链过程，以追求双赢的态度看待合作关系和供应链内的相互作用，进而有益于最终客户和供应链合作伙伴。因此，企业管理者应该转变传统思维，从追求单一维度的赢利转向追求全供应链的赢利。

2. 持续保证，共同承担

企业为适应 CPFR 的供应链管理模式，必须树立应有的企业价值观。不同合作伙伴对供应链的责任不同，能提供的资源也不同，但都应该积极调整业务活动，以适应各自的不同。同时，企业也应坚持其承诺和责任，促进 CPFR 管理模式的成功运营。

3. 抵御转向机会

CPFR 不能和产品转向共存，后者将较大限度抑制合作伙伴协调需求与计划的能力。企业需要了解其短期效益，并建立良好计划，实现低库存和长期效益，以期从此树立对 CPFR 的信心与承诺。

4. 实现跨企业的供应链

在 CPFR 体系内，核心企业应主导建立跨企业的团队，并注重联合的程度与交换信息的类型。在此基础上，还应有效构建、支持完整团队的供应链共同价值观。

5. 制定并维护行业标准

供应链上的每个企业都对自身产品与服务标准的开发过程，这也会影响企业与合作伙伴的联合。行业标准必须体现其中的一致性，同时又允许企业之间不同，这样才能有效应用于供应链上，有利于合作伙伴的信息共享。

第9章

供应链从业者的态度转变及职业化工作

供应链的运转，最终需要落实到"人"，人才是进行供应链管理的主体。所以，企业要对供应链从业者进行筛选与培训，保证有能力的员工走上供应链岗位，能力不足的员工得到不断培训，形成正向循环，确保供应链的控制与运营。

9.1 企业中管理职能的三个层次

供应链是一种自上而下的管理模式，供应链从业者中，管理职能的划分起到了至关重要的作用。供应链全流程控制与运营，不仅在于执行力度，更在于理念与策略。对管理职能，必须构建三个层次，这样才能更好地进行采购与供应链工作。不同层次的责权，意味着不同层级的人员需要建立不同的层级，这是采购部门组织机构设置的依据。表 9.1-1 为管理职能的职责层次。

表 9.1-1 管理职能的职责层次

管理层次 职责层次	企业高层	策划部门	采购部门经理	采购员	采购助理 / 物料员
战略层次	▲	▲			
战术层次	▲	▲	▲		
运营层次			▲	▲	▲

注：▲为必须做到的职责

9.1.1 战略层次

战略层次，即影响企业长远发展及市场定位的有关职能决策，是企业供应链优化提纲挈领的战略指导，影响供应链发展的长远方向。

战略层次的管理职能会影响企业的长远发展，涉及市场定位、产品定位、用户定位等，通常跨度为 3 ~ 5 年，会直接决定采购的策略。战略由企业高层和核心策划部门制定，主要包括以下内容。

（1）制定、发布采购方针政策，尤其对管理运营程序要有明确的规范，制定详细的工作描述。

（2）对采购工作进行定期审核，制定完善的采购绩效策略，并根据实际数据提出问题，进行供应链的改进优化。

（3）制定影响企业长远发展的策略，包括厂房建设、设备升级、信息技术的提升等。

（4）制定完善的生产规划，尤其对主要零部件的自制、外协生产或直接采购的计划进行确认。

（5）确认供应商关系定位，建立符合企业发展的供应商体系，如是否向供应商投资、是否与供应商共同开发等，从价值创造过程考虑对供应商的参控股。

（6）企业内部供应商的内部价位决策。

这6个方面包含了战略层次的核心，是企业最高层次的发展计划，为战术的指定、具体运营方式的选择提供总纲。一旦战略层次确定，短时间内尽可能避免较大的修改，否则容易导致企业下属的各个业务部门陷入朝令夕改的困境。战略层次直接决定企业最长远的配置、核心能力的培养，对企业未来的总体目标进行了详细的规划。通过战略层次的确认，企业完成了发展中两个重要的问题。

第一个问题是"应该做什么业务"。战略层次从企业的全局出发，根据市场的实际发展变化和内部的特点，确定企业的使命与任务、产品与市场领域。

第二个问题是"怎样管理这些业务"。结合企业自身的特点，包括人力、物力、财力、自然条件、技术专利、商标信誉等经营资源条件，企业的生产能力、技术能力、销售能力、竞争能力、适应能力以及管理水平等，确定资源分配的模式，给不同的战略事业部门提供精准的发展方向，有序推进企业整体的战略谋划。

9.1.2 战术层次

战术层次主要涉及的是管理中与产品、工艺、质量及具体选择等相关的决策，以策划部门为核心，企业高层进行审核、批准，采购部门根据实际情况进行有针对性的调整，提出合理建议。战术层次决定了对企业的中期运营，通常对发展产生跨度为 1～3 年的影响，会直接决定各个职能部门之间，如工程、开发、制造、企划、品质及采购部门之间的合作模式。

战术层次主要包括以下内容。

1. 供应商审核、选择及认可

对供应商的审核，要从以下5个维度入手。

（1）供应商的经营状况。确认每一家供应商的经营时间、注册资本、员工人数、负责人的从业经历、合作企业、财务状况。

（2）供应商的生产能力。对供应商进行实地考察，确认其生产设备的级别，生产能力是否充分发挥，生产作业的员工是否具备专业素养，是否具有设备升级与改良计划等。

（3）技术能力。确认供应商的技术是自主研发还是外来引进。如果为引进，授权期限是否为长期。要着重了解供应商的合作机构实力，确认其技术是否符合行业标准，是否存在知识产权等问题。

（4）管理制度。了解供应商的生产流程是否合理，产出效率达到怎样的水准，是否建立了完善的管理制度。

（5）质量管理。确认供应商是否有严格的管理制度手册，是否有年度质量检测体系，是否通过 ISO9000 认证等。

2. 签订合作协议、采购合同或年度改进目标协议

针对不同的生产需求，与不同供应商签订相对应的合作协议与采购合同。对短期合作的供应商，明确产品规格、数量、交货方式等；对长期合作的深度供应商，还需要进行改进目标的协议谈判与签署，保证供应商能够不断提升生产技术、完善管理制度，符合企业长远发展的需求。

3. 建立供应商考评、考核体系

与供应商合作正式开始后，根据实际情况，建立供应商考评、考核体系。以下4 项数据是考核的核心。

（1）质量指标。质量指标是供应商考评基础指标，包括来料批次合格率、来料抽检缺陷率、来料在线报废率、供应商来料免检率等。其中，来料批次合格率是最重要的数据，如果合格率始终不能达标，应降低供应商评级、减少采购数量；如果合格率始终处于较高的层次，可以增加采购数量，提升供应商层级。

（2）供应指标。供应指标包括准时交货率、交货周期、订单变化接受率等。尤其在双方约定的交货周期能否按时完成应当做考核重点。而订单变化接受率是衡量供应商对订单变化灵活性反应的一个指标，是指在双方确认的交货周期中可接受的订单增加或减少的比率。

（3）经济指标。经济指标与采购价格、成本直接关联。通常，企业应以季度为单位进行考核，主要确认价格水平是否合理以及报价单是否透明、具体，其应包括

原材料费用、加工费用、包装费用、运输费用、税金等，以及相对应的交货与付款条件。同时，还应考核供应商能否主动按照市场实际情况，主动配合企业开展成本降低的活动。

（4）服务指标。服务指标以季度为单位进行考核，主要内容有反应与沟通、表现合作态度、售后服务等，包括供应商是否有文件用于与本公司沟通，对订单、交货、质量投诉等反应是否及时、迅速，答复是否完整，对退货、挑选等是否及时处理，以确认供应商在合作过程中是否可以满足企业的需求。一份完整的供应商考评表如表 9.1-2 所示。

表 9.1-2　供应商考评表

公司名称		
供应商名称		
分公司考评评分标准		
质量情况 （9分）	评分标准	未出现质量问题的，为满分； 第一次出现质量问题的，扣 2 分； 经甲方要求整改后，出现第二次质量问题的，扣 5 分； 经甲方第二次要求整改后，仍出现质量问题的，为 0 分
	此项得分	
工程配合情况 （9分）	评分标准	积极配合工程需要的，为满分； 第一次出现与甲方施工等不配合情况的，扣 2 分； 经甲方发出整改通知书后，出现第二次的，扣 5 分； 经甲方发出第二次整改通知书后，出现第三次的，为 0 分
	此项得分	
供货及时性 （8分）	评分标准	未出现供货不及时的，为满分； 出现第一次供货不及时的，扣 1 分； 经甲方要求，出现第二次供货不及时的，扣 3 分； 经甲方要求，出现第三次供货不及时的，扣 6 分； 出现第四次的，为 0 分
	此项得分	
合同履约情况 （8分）	评分标准	履约行为良好的，为满分； 第一次出现不按合同执行的，扣 2 分； 经甲方发出整改通知后，出现第二次的，扣 5 分； 经甲方发出第二次整改通知后，出现第三次的，为 0 分
	此项得分	

（续表）

售后服务 （8分）	评分标准	售后服务良好的，为满分； 出现第一次维修、保养等不及时的，扣1分； 经甲方发出整改通知后，出现第二次的，扣3分； 经甲方发出第二次整改通知后，出现第三次的，扣5分； 出现第四次的，为0分
	此项得分	
错误整改 （8分）	评分标准	问题整改及时、到位，达到甲方要求的，为满分； 发出第一次整改通知后，出现第二次的，扣3分； 发出第二次整改通知后，出现第三次的，扣6分； 出现第四次的，为0分
	此项得分	
合计得分		
分公司采购部经理	签字：	年 月 日
分公司材料采购领导小组组长	签字：	年 月 日
公司考评评分标准		
质量情况 （9分）	评分标准	未出现质量问题的，为满分； 供应商接到第一次整改通知书后，再次出现（第二次）同样问题的，扣4分。经协调整改后，再次（第三次）出现的，为0分
	此项得分	
工程配合情况 （9分）	评分标准	积极配合工程需要的，为满分； 供应商接到第一次整改通知书后，再次出现（第二次）同样问题的，扣4分。经协调整改后，再次（第三次）出现的，为0分
	此项得分	
供货及时性 （8分）	评分标准	未出现供货不及时的，为满分； 供应商接到第一次整改通知书后，再次出现（第二次）同样问题的，扣4分。经协调整改后，再次（第三次）出现的，为0分
	此项得分	

合同履约情况 （8分）	评分标准	履约行为良好的，为满分； 供应商接到第一次整改通知书后，再次出现（第二次）同样问题的，扣4分。经协调整改后，再次（第三次）出现的，为0分
	此项得分	
售后服务 （8分）	评分标准	售后服务良好的，为满分； 供应商接到第一次整改通知书后，再次出现（第二次）同样问题的，扣4分。经协调整改后，再次（第三次）出现的，为0分
	此项得分	
错误整改 （8分）	评分标准	问题整改及时、到位，达到甲方要求的，为满分； 供应商接到第一次整改通知书后，再次出现（第二次）同样问题的，扣4分。经协调整改后，再次（第三次）出现的，为0分
	此项得分	
合计得分		
总计得分		级别
公司采购 部经理		签字：　　　年　月　日
公司材料采购 领导小组组长		签字：　　　年　月　日

注：①此表一式两份，一份报公司采购部，一份上交分公司采购领导小组长。

②上报公司此表时，请将供应商货物进场验收单、问题整改通知及措施回复附后，一同上报。

4. 实施供应体系优化

根据供应商的考评、考核数据，对供应体系进行优化。降级不达标的供应商，减少采购量；符合预期的供应商，维持原评级，继续合作；升级超出预期的供应商，加大合作，实行动态管理优化模式。

9.1.3　运营层次

运营层次着重于采购过程中的后期采购，主要执行下单、跟进交期、付款及相关事宜。运营层次下潜至一线采购人员、物料人员等，主要工作如下。

（1）按照采购合同与生产计划，与供应商进行数据的确认与核实，并进行订单开具、落单签单。

（2）对供应商的工作进行跟进，对生产计划、包装材料、物流方式与周期等进行确认。如有需要，应到供应商的生产厂房进行现场监督。

（3）对产品进行验货，并按有关规定及决策处理，安排不合格材料的退货工作，并要求供应商进行数据说明与解释。

（4）将供应商考核成绩发送至供应商，并明确知会其考核结果，对需要进行改进的部分进行说明。如供应商无法达到要求，应及时将信息汇总上报至采购部门经理，企业及时根据数据进行供应商调整。

（5）跟进发票及付款等事宜。

战略层次、战术层次、运营层次构成企业供应链管理职能的3个层次，战略层次侧重于总体价值取向，战术层次侧重于具体业务的战略规划，运营层次侧重于具体执行和操作问题，三者形成从高层到中层、中层到一线的立体式管理思维。每个层次之间相互联系、相互配合，上层战略为下层战略提供方向，下层战略又为上层战略目标的实现提供保障和支持。所以，建立3个层次的管理职能，才能保证整条供应链形成正向循环。

9.2　供应链管理人员的素质和能力要求

要想构建完善的供应链系统，供应链从业者就必须达到相应的素质和能力。供应链管理人员需要做到"才能"与"品德"兼备，"知识"与"经验"共存：一方面，可以在谈判中展现出过人的技巧；另一方面，又能够牢牢把握做生意的底线。

9.2.1 供应链管理人员要具备的六大工作能力

供应链管理人员需要具备以下六大工作能力。

1. 分析能力

进行供应链管理过程中，尤其是一线采购人员，往往面临各种不同的场景，需要在短时间内快速做出分析与选择。例如物料规格、品种的购买决策、原材料的运输与存储等。这种分析能力，直接决定了最终能否以合理的价格完成采购。如果缺乏完善的分析能力，会导致花了冤枉钱，购入质量不好或不具有使用价值的物品。

现在，让我们来做一个小测试，5分钟之内说出答案，看看自己的分析能力是否合格。

一位顾客到小卖部买了一瓶10元人民币的饮料，拿了一张100元的钞票付账。小卖部店主没零钱，于是拿这张100元的钞票去小刘那里换了10张10元的，然后找给顾客90元。后来小刘发现那张100元的钞票是假钞，找小卖部店主退还。小卖部店主不相信，拿到银行去验证，果然是假钞，这张假钞随后被银行没收了。小卖部店主只好拿另一张100元的真钞赔给小刘。

请问这个可怜的小卖部店主一共损失了多少钱？

供应链管理人员的分析能力至关重要，一旦做出错误的判断，会导致供应链的起点出现偏差，导致最终的结果与预计大相径庭。所以，管理人员必须提升自身的分析能力，尤其对报价单要建立全局观和细节观，不能简单以"总价"比较，必须在相同的基础上，对每一个细节进行分析，包括原料、人工、工具、税费、利润、交货时间、付款条件等，能够敏锐地发现有风险的环节。

2. 预测能力

供应链管理紧扣市场经济，在动态经济环境下，物料的价格与供应数量往往不会一成不变，而是依据市场需求不断变化。尤其对较为热门的物料，每天价格都会呈现明显波动。

所以，供应链管理人员要具备预测能力。培养这种能力可从以下两个角度入手。

（1）了解市场的走向。管理人员要关注整体市场的变化趋势，第一时间掌握行业数据，从物料价格的涨跌，判断货源是否充裕、价格接下来的走势。

（2）了解供应商的特点。管理人员必须经常与供应商进行交流，从对方的销售态度中，判断其物料供应的情况。

从行业数据入手，了解供应商的动态变化，开阔自己的视野，这样才能牢牢把握供应链上的供需关系与价格波动。

3. 沟通能力

供应链管理环节中，其中有一项就是"谈判"，需要在不断的交涉中，最终以合理的价格完成交易。谈判，离不开沟通，所以沟通能力同样是供应链管理人员需要具备的重要能力。

无论采用电子邮件、微信沟通还是现场进行沟通，供应链管理人员都必须能正确、清晰表达采购的各种条件，尤其是规格、数量、价格、交货期限、付款方式等重点数据。无论是文字表达还是语言表达，都要避免语意含混，让对方产生误解。长话短说、言简意赅，以保证信息传递的精准性；晓之以理、动之以情，让对方产生共情心理，获得谈判的主动权。这些都是供应链管理人员必须掌握的表达技巧。

4. 市场意识

供应链管理人员要建立市场大局意识，了解整个市场的走向，只有牢牢掌握市场变化趋势，与供应商进行沟通时才能表现出自己的专业，并用数据说话。尤其对重点采购物资，一定要建立完善的市场趋势数据图，对重要节点数据了如指掌。

5. 战略思维

无论是高层供应链管理人员，还是一线供应链采购人员，无论采用哪些方式、手段与供应商进行交流，都不能忽视战略思维，每一次的采购都要顾全大局，符合企业的长远计划和目标，而不是拘泥于一次谈判。

例如，一名一线采购人员与一家非常符合企业需求的供应商达成初步合作协议，为了压低报价，采购人员采用各种手段让供应商做出让步。最终，供应商以几乎不赚钱的价格进行交易，但从此以后不再与企业进行合作，企业损失了一家优质供应商。这就是缺乏战略思维导致的结果。供应链管理人员既要保证一次采购的成功，也要保证长期采购的合作关系，这是非常重要的战略思维。

6. 跨部门沟通能力

现代供应链系统打破了过去各个部门"各自为战"的思维，如果不具备跨部门沟通能力，会导致"孤岛思维"形成，导致供应链信息无法得到有效共享。所以，供应链管理人员还要具备跨部门沟通能力，熟悉企业的内部流程，与其他部门建立积极的沟通桥梁，及时将其他部门的需求进行汇总，并将相关信息反馈至各个部门，这样才能保证最终的采购价格符合企业预期与发展规划。

9.2.2　供应链管理人员要具备的三大知识与经验

除了六大工作能力，供应链管理人员还要在专业知识方面做好储备，并提升采购的能力。

1. 产品知识

首先，供应链管理人员必须建立完善的产品知识体系，无论采购哪一类物料，都要对其欲采购的标的物有基本的认识。在这个过程中，经验非常重要，但更重要的是不断学习。例如，企业需要转型电子元件采购，这与过去采购的产品在本质上有明显的不同，一名从事机械零部件采购的优秀采购人员必须进行新的学习，才能了解新领域的产品特性。

因此，企业应当定期针对一线采购人员进行课程培训，对他们开展产品专项课程，保证一线采购人员的产品知识储备符合需求。

很多采购人员往往都有这样的错误认知：采购更重要的是谈判技巧、压价手段，产品知识只是次要，只要有品控管理人员协助即可。这种思维往往导致企业最终采购的产品规格、品质都无法符合企业生产的要求，导致成本浪费。采购人员必须了解产品的功能、技术层次、原料、制程、保修期限等。除了企业的专项培训课程，行业杂志、线上培训班、会展等，都可以有效提升采购人员对产品的专业知识水平。

2. 客观理智

供应链管理的任何一个环节都会对最终生产产生重要的影响，所以，供应链管理人员必须保持客观、理智的心态，以企业生产需求、企业长远发展规划为依据，进行客观、理智的分析。一线采购人员选择产品时，绝对不能凭自我的感觉，必须要利用科学的方法针对消费者需求与市场流行趋势进行合理的分析；采购经理对一线采购人员提供的数据报告，必须进行认真的分析，确认其提交的名录是对企业最有利益的产品，符合企业的客观发展需求。

选择最有利益的产品时，不因主观的偏见而左右采购策略的拟定，这是供应链管理人员必须具备的经验。例如，当需要采购的产品在国内、国外企业都有生产时，在品质、级别相同的情况下，选择国产品牌还是国外品牌，要以我们的产品定位为主导，而不是凭单纯的个人喜好做出决定。

3. 专注投入

专注投入是每一个供应链管理人员都必须具备的工作态度，它同样是经验的体现。相比较其他工种，供应链管理存在更多的不可控性，无论是中层领导还是一线采购人员，为了更好地了解市场、与供应商进行沟通，通常都处于长期加班的状态，尤其在生产旺季，几乎每天都要加班到深夜。如果没有专注投入的态度，对工作充满抱怨，就不可能做好采购工作。所以，供应链管理人员必须毫无怨言地投入工作，协助高层主管规划采购策略。

9.2.3 供应链管理人员应具备的四大品德

供应链管理人员还应具备以下四大品德。

1. 廉洁

供应链管理人员不仅需要与现金打交道，还需要与各种供应商打交道，所以，很容易被一些唯利是图的供应商包围，供应商通过各种手段，如回扣利诱、人际关系利诱、其他好处福利利诱等，让供应链管理人员为自己的企业"开后门"。几乎所有企业，都曾曝光过采购人员与供应商私下勾结导致企业的利益遭受损害，最终产品在消费市场端引发巨大争议的事件。

所以，供应链管理人员必须树立廉洁之风，维持"平常心""不动心"。一方面，这需要当事人提升自身的道德水准，建立正确的职业素养与思维；另一方面，企业需要构建完善的反腐廉洁体系，反腐小组直接对接企业董事会等，不隶属于任何一个部门，从制度上杜绝腐败的滋生，这样才能保证供应链管理人员形成廉洁的品德。

2. 敬业精神

不少企业无法顺利完成采购工作，一线采购人员往往将其归咎于"供应商缺货或断货"。事实上，这种借口恰恰反映出供应链管理人员缺乏敬业精神。在市场没有遭遇突发紧急情况的背景下，除了一些垄断性产品，多数产品都不存在绝对意义上的"缺货"，只是采购人员不愿意继续寻找供应商，采购经理也不愿进一步拓展供应商选择范围罢了。这都是供应链管理人员缺乏敬业精神的表现。如果采购人员能有"舍我其谁"的态度，高度负责采购所需的物料，采购经理不断扩大供应商选择的层面，一线采购人员主动与多家供应商展开谈判，这类问题都会大大减少，使企业的损失降低。

3. 虚心与耐心

作为甲方，部分企业的一线采购人员往往带有一定傲慢的姿态，对供应商表现出些许不尊重，导致一些优质供应商流失。例如，用一种"我是甲方不用你教我"的心态与供应商交流，让供应商的自尊心受到伤害；或是若谈判过程较为艰辛与复杂，立刻表现出不耐烦，用人格侮辱性的语言逼迫对方，让对方主动选择放弃谈判。

供应链管理人员必须懂得虚心与耐心，以公平互惠的心态与供应商交流，要虚心求教，不可趾高气扬、傲慢无礼。遇到谈判困境时，要有忍耐、等待的修养，这样才能真正掌握主动权。企业必须定期开展素质课程培训，让供应链管理人员意识到哪些行为是不被允许的，哪些行为是值得提倡的。

4. 遵守纪律

无论是供应链管理中层还是外出执行采购工作的一线采购人员，与供应商交流时，一言一行都会展现出企业的文化与形象，直接影响企业的声誉。所以，企业必须制定严格规范的供应链管理人员行为规范，并要求相关人员严格遵循。相关人员一旦出现有损企业形象的行为，必须按照规定接受处罚。

9.3　如何提升供应链从业者的职业影响力

要想在供应链管理这条路上越走越远，从业者就必须从多个维度入手，做好自身的职业定位与规划，逐渐形成属于自己的职业影响力。

9.3.1 具备良好的职业道德和仪表形态

供应链从业者要具备以下 3 点良好的职业道德和仪表形态。

（1）清正廉洁，自我约束，自我规范，自我控制。对贿赂等诱惑，能够主动拒绝，意识到这些行为会给自己的职业生涯带来非常严重的危害，甚至需要接受法律的制裁，身陷囹圄。始终在自己的脑海里守住法律底线，这不仅是对企业的负责，更是对自身未来的负责。

（2）提升自己的职业技能，做到手勤、腿勤、眼勤。在工作中不断充实自己，在接受企业内部培训的同时，还应主动购买、借阅相关书籍，参与各类培训班，通过互联网在线学习提升自己的职业技能。

（3）穿着要得体、大方、整洁，态度要热情、友好，不蔑视对手，不以势压人。不以"甲方身份"为由欺压、侮辱供应商，始终保持友好的态度进行沟通。这不仅是对企业形象的维护，更是自身形象的展现。一个不懂得尊重别人的人，会被贴上"狐假虎威"的标签，自己的职业道路将会越走越窄。

9.3.2 用满腔的热忱点燃工作的激情

热情，是做好工作的助推器。供应链从业者要在工作中保持以下态度。

（1）工作中不找任何借口。对上级安排的工作要第一时间投入，杜绝以各种借口逃避。尤其是企业即将进入关键生产期时，从业者面对委派的采购任务，要第一时间展开行动，与多家供应商同时展开交流，在最短的时间内将问题解决。

（2）使命必达，坚守工作中的责任。对自己负责的部分，做到责任制管理，每一项流程、每一个工作都要有详细的说明并签字，无论对收货、打款、产品验收都要做到签字、签章。

（3）保持阳光心态，快乐地工作。始终以积极的心态对待工作，遇到烦恼之事不会将情绪带入工作。企业也应建立员工情绪疏导处，理解供应链管理是一项压力较大的工作，认识到员工需要接受上级要求、与供应商交流，还要盯紧生产流程与收货、打款等诸多工作，积极引导员工的情绪。

（4）超越雇佣的关系，与企业一起成长。正确认识到自己的工作，不是单纯的"打工"，而是实现自我价值的过程。随着企业实力的不断提升，自己在行业内的影响力也会不断提升，实现企业与个人的双成长，这不仅是企业的成功，更是自身价值的成功。

（5）绝不浪费，养成节约的习惯。遵循企业制定的规章制度，绝不浪费企业的资源，包括笔、纸张等。学会重复利用资源，为企业降低运营成本。

9.3.3　服务好自己的内外客户

客户不仅来自外部，还有内部。供应链工作涉及内部与外部，所以，管理人员还要树立服务好内外客户的心态。

1. 对待内部客户

内部客户，即与供应链相关的各个部门。管理人员要想各部门所想，急各部门所急，始终为企业的经营服务。

例如，设计部门的某个采购需求短期内无法完成，那么管理人员需要制定 B 方案，选择可以替代的产品，并及时将 B 方案发送给设计部门进行审核，一旦确定立刻进行采购。

再如，发现生产部门的采购需求大大超过实际订单量，管理人员应及时与生产部门负责人进行联系，确认数据是否准确，避免数据偏差导致生产失误。

总之，对内部客户，即公司内部的其他部门，要尽可能协助其将工作做到细致、完善。

2. 对待外部客户

外部客户，即供应商、客户和其他相关方。

对外部客户，要提升服务的意识，对供应商同样如此。为供应商提供尽可能丰富、完整、详尽的需求数据，有利于供应商进行精准报价，双方可以快速完成需求谈判。生产正式开始后，加强与供应商的信息交流互动，及时获知生产进度，并对供应商提出的问题进行快速解答，也能够保证产品生产如期乃至提前完成。

对外部客户的服务，重点是学会用成本和利润的眼光看待合作，在最大限度保证自身利益的同时，让客户也能产生盈利，以"双赢"的心态构建完善的客户体系。部分供应链管理人员在与供应商进行谈判时，已经获知对方触及最低线，但依然在无休止地压价，这就是一种"双输"的心态，供应商选择放弃谈判，企业则失去一次理想的合作机会。

9.3.4　与各部门建立良好的关系

由于供应链涉及企业发展的各个环节，所以供应链管理人员应与企业内部的各部门建立良好的关系，这样才能保证获得各种有效的信息，提升工作效率与质量。

首先，供应链管理人员要像专家一样工作，在与各部门进行交流时表现出专业的知识和专业的技术，让其他部门同事感到钦佩。例如，生产部门提出采购需求，管理人员养成随时记录的习惯，并快速形成生产部门需求表（见表9.3-1），交由生产部门进行审核。这种专业的工作模式，不仅可以提升数据的准确度，还能够加快工作进程，体现专业姿态，让其他部门钦佩。

表9.3-1　生产部门需求表

项目名称 / 部门所属			
提单人	姓名：	提单时间	月　日
	相关负责人：	希望完成时间	月　日
需求说明：			
项目重要度	□紧急　　　□高　□中　□低		
质量 / 时间要求	□要求高品质设计（时间相对长） □正常 □时间要求第一位（品质合格即可）		

其次，经常到各个部门的办公室进行交流。这种交流可以关于工作，也可以无关工作，目的是增进与其他部门之间的友谊。建立良好的合作关系，这样，其他部门需求的提出效率、内容细节度将会全方位提升，有利于供应链管理人员开展各种采购工作。

9.3.5　不断提升自己的五大绩效

供应链管理模式在不断发展，这就要求从业者不断提升自身的能力，满足供应链的发展趋势。只有做到不断提升自己，才能更好地处理工作。

1. 提高采购绩效——做到物料"三不"

采购绩效关系到企业运营成本、仓库管理成本等。进行采购时，要做到物料"三不"原则。

（1）不断料原则。不断料即生产现场不存在领不到材料或零件的现象。

要想实现这一点，就必须做好采购计划。采购部门要与各个部门确认采购数量，根据生产进度进行采购。采购部门应要求生产部门提出明确的采购计划，经过审批核准后再进行采购。根据需求进行采购，才能保证在不增加额外库存、占用资金尽量少的前提下，为生产部门提供生产所需的物料，既杜绝浪费，也避免因为缺少物料导致生产停工。

（2）不呆料原则。不呆料即购入需要使用的物料，不需要、不可以使用的物料不会进入仓库，或不会长时间在仓库中。

出现呆料现象，就是由采购量过大导致的。所以，解决方法就是保持适当库存，在确保生产所需物料量的前提下，库存量越少越合理。否则，呆料不仅造成物料长期搁置浪费，还会占用大量的流动资金。

（3）不囤料原则。不囤料即物料购入要适时，贮存数量要适量，以减少资金的积压。

要想避免囤料现象出现，就必须做好仓库的归类，严格按照采购单要求事项和物料进程排期计划表，以及相关产品物料收发程序文件执行收货。对半年或一年以上的囤货，应当归类并做好状态标识，避免再次采购相同的产品。

2. 提高交期绩效——做到准时交货

要想提升交期绩效，做到准时交货，从业者可以从以下 4 个角度入手。

（1）与生产部门确认交货时间，并在与供应商签订合同时，将交货时间提前，以预留出机动时间，以防出现问题。

（2）合同中明确说明一旦超期供应商需要进行的赔付。

（3）供应商生产过程中，供应链管理人员及时跟踪，如有必要，到生产现场确认进度，确保顺利完成生产工作。

（4）在生产完成前 3 天就要确认物流信息，包括装车信息、车辆数量等。如果距离较远，这一准备应当进一步提前。

3. 提高品质绩效——做到缺陷"三不"

为了保证供应商提供的产品符合要求，从业者要做到缺陷"三不"。

（1）不制造缺陷。与供应商共同确认设备、流程不会制造缺陷，不会导致后工序出现不可避免的后果。

（2）不传递缺陷。及时与供应商确认生产信息，发现缺陷则不可进一步生产，否则将追究流转环节的责任。

（3）不接受缺陷。前工序缺陷将影响本工序正常生产的现象应提前杜绝，避免因为前工序缺陷导致本工序无法正常生产与装配。

要想做到这 3 点，就必须做好供应商的现场生产管理，以天、周、月、季度为单位，汇总每个时间段内的问题。只有这样严格执行，才能真正做到"缺陷三不"。

4. 提高成本绩效——排除浪费，节约成本

在供应链管理工作中杜绝浪费，包括纸张的使用、物流包装的使用等，应以够用、安全为原则，杜绝铺张造成成本的激增。如供应链从业者需要到外地出差，原则上应以企业规定的标准进行住宿、交通出行和客户宴请，所有支出必须提供发票，否则企业有权拒绝报销。只有将成本控制在合理范围内，才能有效降低不必要的支出。

5. 提高管理绩效——以制度为标准，实行责任到人

为了保证供应链管理的高效和精准，企业开展的各类采购与供应链活动必须进行申请与报备，以制度将各项活动明确。申请人、采购人员、批准人、出纳人员必须进行签字确认，同时说明活动的内容、目的、详细价格。如果财务对账时发现数据出现偏差，当事人需要进行解释，并接受处理。只有做到责任到人，才能真正规范采购与供应链流程，提高管理绩效。

第 10 章

供应链成本控制体制的建立和考核

供应链成本控制应当形成完善的体系，这样才能发挥最大效果。注重全员成本改善文化的建设，并形成完善的成本管理机制，同时做好成本绩效考核，那么供应链成本控制就会在企业内真正落地生根，从各个维度进行成本改善。

10.1 降低供应链成本的原则与步骤

降低供应链成本能够有效缓解企业现金流状况，提升企业的经营健康度。降低供应链成本，管理人员要遵循以下原则与步骤。

10.1.1 降低供应链成本的五大原则

降低供应链成本需要按以下五个原则进行。

1. 要持之以恒，滴水穿石，积少成多

供应链的管理与控制是一项持之以恒的工作，一次精细的供应链成本管理会实现成本大幅度降低，但是如果不能坚持，成本很快就将回到高位水平，无法进行精准控制。

供应链成本管理是一项综合性体系，其涉及企业运营、产品采购、生产工作的各个环节，由一个个细节组成，如厂房内的水电管理、采购过程中的交通、生产时对辅助材料的使用……这些细节很容易被忽视，但又会对整体成本产生巨大的影响。稍有不留意，就有可能造成浪费。这种浪费单次成本不高，但随着日积月累会产生非常大的现金流，最终降低整个供应链管理的科学性，导致供应链体系被破坏，无法真正在企业中落地。

在笔者接触过的不少企业中，这类现象并不少见。企业制定了看似完善的供应链管理体系，但一方面忽视对细节的管控，包括差旅费管理、辅助材料管理等，浪费现象依然没有改善；另一方面是不能持之以恒，总部进行相应的检查工作时才会有所注意，制定的供应链管理规则成为一纸空文。这些现象，都会造成供应链成本管理无效。

所以，要想降低供应链成本，持之以恒，积少成多是前提。关注每一个细节，并不断推行下去，才能产生积极的效果。

2. 必须要有全面、周详的计划

制定目标与计划是一切供应链管理工作的起点。在进行供应链成本体系建立前，企业需要根据企业的发展特点及目标，通过 5W2H 的方法，使其成为可以落地的计划和行动。5W2H 如表 10.1-1 所示。

表 10.1-1　供应链中的 5W2H

5W2H 内容	内部资源	外部资源
WHAT	以生产为中心	以客户为中心
WHY	生产是企业之本	没有供应就无法生产 没有订单就没有收入
WHEN	时时刻刻	时时刻刻
WHERE	厂区内	可利用的所有社会资源
WHO	全体人员	采购、销售人员
HOW	每个部门、每个人员的目标和计划	提高供应商、客户转换率
HOW MUCH	工资、奖金	销售成本、供应商货款

供应链管理的目标，就是通过 5W2H 方法，确认企业可以利用的所有内部、外部资源，并对其进行整合，实现时时刻刻降低费用的目的。内部资源，包括物质资源、人力资源，其中涉及生产过程、生产目标、员工工资体系；外部资源，则包括供应商与客户资源。

建立供应链体系时，内部与外部的计划是同步进行的，不存在先后区别。针对内部资源，企业要确认以"生产计划为中心"的理念，把生产厂房、人力、设备、仓库和报关，提供确定的计划给供应商，这样才能确认自身需要的品质、价格与时间，让工作落实精准。

针对外部资源，则要评估供应商、外包商的生产能力、利润率和可提供的服务，找到最符合企业要求的优质供应商，实现生产的匹配。

供应链管理计划必须围绕内部与外部资源展开，结合 5W2H 方法，最终逐条确认规则。

3.掌握现场各种充分的资料

成本管理中，大部分成本都发生在生产现场，尤其是制造加工、土木工程等行业，现场的成本通常占据总成本70%左右。所以，要想降低供应链成本，就必须遵循"掌握现场各种充分资料"的原则。

部分企业的成本之所以居高不下，是因为只注意生产效率，忽视资料管理，尤其是材料管理。进行供应链管理，必须针对生产现场进行完善的资料统计，包括员工人数、员工工作时长、材料成本、材料消耗等。材料部门要严格把关，确认材料是否符合生产需求，是否存在浪费的情况，建立包工包料的工程都由专人负责、落实到个人工作目标的责任制，这样才能确保数据的准确。

对现场的管理：一方面要做到材料的数量、品种、规格每天做好记录，保证数据可查，不存在材料随意丢弃的现象；另一方面，要了解现场生产环境的特点，做好防火、防水、防锈、防潮、防腐、防爆、防震、防鼠、防漏电、防变质等工作，避免材料不当受损，由专人负责材料的管理和统计。这些都是有效降低成本的方法。

生产物料中，运输成本也必须特别重视。特别是涉及建筑材料、大型设备购入的企业，运输成本是材料成本中的重要组成部分，它也需要纳入现场资料管理。采购人员选择合理的物流方式，尽可能直接送到现场，这样才能避免和减少中转环节，降低成本。

4.注意发掘机会，不放过任何疏漏

在遵循指定计划的同时，还要随时挖掘机会，不放过任何疏漏，将成本管理做到时时进行。例如：采购人员到外地出差，入住宾馆推出限时折扣活动，那么就应当及时进行调整，参与活动以降低成本；供应商两天后新设备调试完毕，将会大大提升生产效率与品质，企业可以委派专员到现场配合，确认新设备符合企业更高需求，等待新设备上线后再投入生产。

这种机动型的供应链成本管理，往往并不在于计划本身，而是根据客观现实随时发生的，所以这就要求供应链管理人员具备敏锐的观察力，可以发现问题并迅速制定解决问题的方案，这样才能进一步降低成本。

5.建立各种成本管控制度

建立各种成本管控制度，如审批、责任、计量管理、定额管理等制度。供应链

管理必须遵循制度原则，企业应当建立完善的成本管理制度体系，包含审批制度、责任制度、计量管理制度、定格管理制度，每个制度都以表格呈现，涵盖申请人、批准人、申请日期、申请内容、说明等，申请人、批准人都要进行签字，否则其他部门有权拒绝执行。只有从制度入手，建立成本管控体系，才能用制度实现高效管理，而不是停留在传统的粗放式管理之上，才能保证供应链管理有效推行。

10.1.2　降低供应链成本的七个步骤

降低供应链成本应遵循以下七个步骤。

1. 全面动员，通力合作

首先，要针对全体员工进行动员，强调供应链成本管理的意义，并通过"三找"确定供应链降低的方向，并明确每个部门的职责，实现通力合作。

所谓"三找"，内容如下。

（1）找目标项目。针对过去的某个项目，分析其存在的成本问题。每个部门都要根据自己的实际工作，挖掘存在的不合理现象。

（2）找对策。针对不合理现象，每个部门找到合理解决的对策，并进行说明。

（3）找结果之差异分析。通过对策，确认降低供应链成本后企业生产实际的支出。然后对比之前的数据，再次分析其中存在的不合理现象，未来可以改善的方向。

通过这种方式，企业内部认识到供应链管理的重要性，每个部门找到自身问题所在，认识到成本控制的可行性与必要性，为未来的供应链管理建立基础。

2. 观察工作，寻找机会

针对已经开始进行的生产工作，观察其存在的问题，并做出翔实记录，找到可以实现节约的切入点。建议企业建立一支独立小组，对生产工作、采购活动等进行观察分析。这一观察可以持续至一次生产活动的结束、贯穿一次采购的完整流程，将存在的问题一一记录，并提出合理的改善方案，并在内部会议中进行展示说明。

3. 决定先后订立的次序

问题一一分析后，可以决定供应链成本降低的订立次序。

次序的确定，以"容易见效者优先"为原则。企业刚进入供应链管理阶段，需要一个过渡的时间，从容易入手的领域进行，让管理层逐渐掌握相关经验、员工层适应新的变化，再逐步向纵深发展。企业要确定以下数据。

（1）可能节省的金额。哪个方向的优化能够产生最大的成本压缩，则此项为优先项。

（2）实施所需要的时间。哪个环节的优化可以在最短时间内看到效益，则此项为优先项。

（3）需要付出的代价。哪个领域的改革付出的代价最小，则此项为优先项。

（4）执行所需要的人力。哪个环节的优化需要付出的人力最少，则此项为优先项。

（5）各个部门的现状。哪个部门的改革阵痛最小，则此项为优先项。

确认这5个问题，综合优先项最多的最先进行，以此类推。

4. 合理地核减次序表

企业进行供应链改革初期，不妨先从一两个立竿见影的项目入手，同时实施的计划不宜过多。等到员工逐渐适应新的工作节奏，领导层对供应链管理有了足够的经验与心得后，再逐步铺开到整个企业。所以，对订立的次序表，要进行再次分析，确认哪些内容是必须立刻进行的，哪些可以适当延后。

5. 分析计划，逐步改进

对计划进行分析，确定改进的步骤，遵循"循序渐进"的原则，在处理好现状问题的基础上，再进一步提升效果。

（1）针对现状问题。针对存在的明显漏洞进行改进，包括运用专用机械设备进行生产，提升效率；裁减冗员，让有能力的员工掌握多台设备；避免废料，控制存料，做好材料的管理。

通过解决现状，提升企业生产效率，不再需要无意义的加班，不仅可以节省加班费用，还可以节省厂房使用费用（水电费用等）和管理费用。

（2）改良工作方法，降低成本。员工逐渐适应机械化生产、一人控制多台设备的模式后，对工作模式进行改良，针对员工进行专项设备操作的培训，进一步提升生产效率，降低成本。

（3）改良及增加机器设备，降低成本。对机器设备进行升级改造，引入全新生产线，再次提升生产效率。

6. 按照计划付诸实践

计划确认后，要按照计划推进，付诸实践。

（1）订立实施步骤。每个阶段都要订立完善的实施步骤，针对员工进行培训，使其能够快速掌握机器设备的应用技巧；或是针对采购活动，确定新的采购流程，每个流程的重点工作都应详细说明，让采购人员一目了然。

（2）设定负责人及所属人员。每个改进计划以小组为单位，确认小组负责人和参与的员工。小组负责人应当具备较强的业务能力与人际交往能力，可以理解改进计划的目的，做好大局控制，并能够引导一线员工投入改进工作。

（3）设定预定时间。设定计划的开始与完成时间，所有工作必须在预定时间内完成。

7. 监督实施考核

对进行的计划，要进行监督考核，每一个细节都需要如实记录。计划完成后，小组组长提交报告，交由企业高层进行审查，并对实施的过程进行考核打分。针对有欠缺的部分，在下一次的考核中进行重点观察，直到每个环节都能达到预期，那么这一模式可以逐步推广到整个企业之中。

10.2　如何营造全员成本改善文化

成本改善不仅是一种制度，还是应当逐渐形成的全员文化，每一名员工都能意识到供应链改善给企业、自身带来的好处。所以，从制度向文化层面升级，营造全员成本改善文化，会有利于企业形成更加完善的供应链成本控制体系。

10.2.1　如何增强员工培训

要想让员工意识到成本改善带来的好处，应当从培训入手，引导员工形成自觉自发的降本增效意识。成功的员工培训课程能够增强员工对企业的归属感与主人翁责任感。世界上知名企业都会针对员工开展各类培训课程。通过培训，员工不仅在职业技能上得到明显提升，还对自身工作有了全新的认识，更理解企业的发展规划。

所以，企业应当定期开展关于成本改善、采购与供应链管理方面的培训课程。这类课程涉及较为专业的内容，所以应当邀请行业内的专业培训师进行授课。

对授课老师的选择，要遵循"理论＋实操"的原则：授课老师应当具备渊博的学识，对课程建立完善的系统体系，理论部分扎实；但为了避免过于沉闷，授课老师还应当具备企业管理，尤其是供应链管理方面的实际经验，能够一针见血地指出企业的问题，可以总结各类有效的方法让员工在生产工作中立刻使用，而不是停留在单纯的理论教条之中。

传统的培训课程往往存在重形式、轻效果的缺点，所以，针对成本改善的培训课程，要注重多样性。例如，利用好班前会、调度会，会前播放 10 ~ 15 分钟的视频资料，以案例为核心进行分析。视频不必过长，尽可能满足当前"短视频"的趋势，力求短小精悍，小步伐、多阶梯，这样才会让培训内容与实际生产密切结合，使培训效果更加明显。

同时，培训的模式也可以更加新颖、有趣，符合时代潮流。例如，借助互联网平台开展培训活动，包括视频直播间、远程视频会议软件的广泛应用，做到网络资源的共享，并结合各种多媒体互动模式，改正传统会议较为枯燥的缺点，使员工参与的积极性更高。同时，部分在线培训平台也会针对每一名学员进行考核、布置作业等，学员必须在线完成作业才能结束培训，大数据系统会进行快速批卷，避免人工审核的效率低下，会让培训的效果更加明显。

同时，企业还要注意培训中容易忽视的问题，避免影响培训效果。

1. 课程内容模糊，需求没找对

成本改善的内容非常细致且精准，必须有针对性地解决问题。但是，部分企业往往只是"赶时髦"，看到其他企业在做成本改善培训，就匆忙"上马"，内容却非常模糊，只是一些理论和口号型的知识，并不能让员工从培训中真正找到需要的部分，这就是典型的没找对需求。所以，进行培训前，一定要分析这场培训能否给员工带来实际的建议，课程设置是否结合本企业的特色等。

2. 对一场培训的期望值过高

成本改善并不是一蹴而就的事情，它涉及供应链上的每一个环节，需要不断进行培训，才能实现整体优化的效果。所以，企业应建立长期性的员工培训体系课程，而不是只依赖某一次心血来潮的培训。笔者曾遇到过很多企业家，他们往往都有这样的想法：我们后天开半天课，是不是就会立刻产生成本降低的效果？

成本改善并不像某个简单的操作性培训那样可以立竿见影，而是需要针对供应链进行各个维度的改造，从意识上认识成本改善的意义，从行动上做出积极的改变，这个过程有时候需要数月之久。所以，对培训，不要奢望一次就产生非常大的改变，而是应当遵循"循序渐进"的原则，让培训成为一种企业文化。

10.2.2 如何提高全员成本意识

提高全员的成本意识，是企业进行供应链管理工作中重要的一环，只有让全员意识到成本控制的意义，才能实现长期成本降低的目的。

1. 在生产生活中不断灌输成本控制的意义与方法

成本控制意识的形成与提升，不能只依托于培训课程，还应当在日常工作中不断深化。针对具体问题，将方法打印出来并张贴在显著位置，在潜移默化中引导员工养成习惯。例如，小到随手关灯、人离空调关、纸张双面打印，大到项目材料合理分配使用，都形成小字条、看板等。每周根据生产的实际情况进行会议讨论，会上分析每一名员工本周内是否按照相应规定进行成本控制，并阐述成本控制的理念，这样，每个员工都能理解企业的命运和自己的命运是相互联系的。

2. 领导要重视

成本意识是一项从上至下的全员性思维，领导管理层同样要重视这一点。在日常工作中，领导首先要做到以身作则，尤其是细节部分，如纸张重复利用、采购会进行遴选、离开办公室主动关闭电源等。从细节入手重视成本的改善，就会给下级员工带来积极的精神暗示，使企业上下形成氛围和文化，以创造企业效益最大化为宗旨，建立经营成本费用的新理念。

3. 完善指标考核体系，并动态更新

企业应建立完善的指标考核体系，设定多个控制点，向基层延伸。考核体系应当将操作控制指标纳入其中，并与经济技术指标挂钩，与成本费用形成关联。例如，出差采购，设定交通出行指标，公交出行、打车出行等形成数据，员工需要将相关信息及时更新，实现实时跟踪，及时发现问题并反馈给责任人进行改进，这样有助于及时发现问题，并快速拟定计划进行调整。考核目标值不断提升的动态循环机制，使成本管理得到持续改进，相关数据也将会成为成本考核评价的重要依据。

4. 建立成本意识的架构

成本意识需要形成架构，从上至下涉及每个部门，这样才能让这种文化真正落地，"有计划、有组织"地进行成本控制。要想实现这一点，需要从两个角度入手。

（1）扩展成本控制的范畴，从企业高层开始，牵头组织各个部门，不仅包括采购部门，还要将生产、设计、供应、物流等多个部门纳入其中，每个部门根据自己的实际情况建立精准的成本意识与操作细则，形成整个企业的"组织化成本意识"。

（2）提高成本控制的定位，使成本控制向一线生产领域不断渗透，从项目立项开始就将成本理念作为重点内容，确立具有长期发展性的"战略性成本意识"。

5. 用制度强化全员的成本意识

要强化制度的作用，而不是仅依赖某个领导的权势，这样成本意识才能真正被员工理解。尤其是极个别员工，如果缺乏制度的作用，他们的自律效果有限，就会导致他们并不遵守企业的成本改善计划。

一旦其他人看到这些员工的行为并没有受到任何批评，也会无形中放松对自己的要求。所以，企业必须建立完善的制度，通过行政约束机制、赏罚分明的激励机制来保障节约文化的建设。

企业应立足制度建设、组织建设、检查监督体系建设 3 个基本点，由决策层、管理层和操作层共同参与，对每个层次的员工都有相应的要求和规范，落实责任，这样才能形成全员成本意识。

10.2.3　如何激励全员参与成本改善活动

日本松下电器有一句经典语："我制定，我遵守。我检查，我改善。我激励，我参与。"激励是企业管理中非常有效的手段，同样可以应用于成本改善活动之中。创建多种激励模式，能够塑造企业的环境氛围，引导全员主动参与成本控制活动。

1. 用适当奖励刺激员工的欲望

人的行为都是由动机引起的，尤其对一线员工，其主动行为往往带有强烈的目的性。所以，通过激励法则引导全员参与成本改善活动，要给予员工一定的物质刺激：针对某一次采购、某一次生产活动，指定详细且具体的目标，并划分多个档次。每个档次的成本控制标准不同，达到相应的档次，部门或成员即可获得奖励，从而激励员工的行为，调动积极性。

2. 引入 PK 模式

引入 PK 模式将会产生进一步的激励效果。

企业可以以周期为单位，如设定"本月采购成本控制大赛"，哪个部门或个人可以以最低的成本完成任务，即可获得企业的物质与精神奖励。通过成本控制管理，本次采购预算下降了多少、无意义支出减少了多少、供应商物流时间缩短了多少等，这些都是考核的数据。建立 PK 机制，企业内部就会掀起"比、学、赶、帮、超"的氛围。

对获胜的部门或个人，企业一定要按照承诺进行表彰、鼓励，并通过企业内部的各种媒体矩阵（微信公众号、微博等）进行展示，提升获胜者的精神奖励。

同时，企业还可以在内部召开阶段性的成果总结会，将模式较好的成本控制方法在全企业推广，获胜者可以出任讲师，并纳入年终奖金体系。让获胜者获得满足感与成就感，让其他人也有冲击冠军的冲动，形成良性竞争，全员成本改善文化就会逐步形成。

3. 沟通激励

除了做好物质奖励、竞争激励外，部门领导还要做好沟通激励，从情感这一维度入手，提升员工的成本改善意识。领导层不仅要在专业领域具备过人的能力，还要具备亲和力与号召力，可以与下属员工保持良好的关系，通过小组会议、四人交流等方式，调动他们的热情。对管理者，沟通是必须具备的能力，任何一种制度的贯彻都不能只依靠规定和条例，必须通过交流让员工意识到成本改善的重要性，甚至倾听员工提出的合理建议，这样才能真正激励员工，使他们主动投入成本改善活动。

4. 巧妙借助信息化手段

数字信息化管理已经逐渐成为主流，高效管理、快捷处理、快速分析是数字信息化管理带来的优势，它也可以有效应用于全员参与成本改善活动的激励之中。

企业要建立全员成本目标平台，可以通过信息化技术跟踪员工的行为，实现实时的全过程监控。例如，员工对设备的维护频次、维护方式、机油注入量等都可以有效记录，平台通过大数据分析，实时抽取数据并实现分析判断，特别是对操作控制指标的监控进行自动分析与采集，对出现异常的问题可以立刻预警提示，并锁定操作员工。

企业应积极对接数据管理平台，健全平台的指标体系，并分配权限，指定专人进行平台的维护和数据确认。这些数据，都应定期发送至各个部门，由各个部门的负责人召开班组会议，对优秀员工进行奖励，对操作不当的员工进行问询、处罚和培训，落实到真正的责任主体。这种高效的沟通和数据汇总机制，会让员工进一步意识到自身的一举一动都会涉及企业成本，全员成本改善文化会逐步形成并生根发芽。

10.3　如何建立成本管理机制

让成本管理形成机制，从单一项目逐渐发展为整个企业的管理核心，这样才能真正建立供应链成本管理体系。那么，企业该如何建立成本管理机制？

10.3.1　建立成本体制的因素和要求、步骤

要想建立成本体制，需要找到其因素、要求与步骤。它们主要由以下内容构成。

1. 建立成本体制的因素

建立成本体制的因素主要由以下 6 个方面组成。

（1）企业规模经济。规模经济是指由于扩大规模导致平均成本降低的情况。企业规模对成本有直接影响，主要是从以下两点产生的。

①固定成本的分摊。规模化生产将成本分摊给更多单位产品，从而降低边际成本。

②规模化生产必然导致新的大型设备使用，它在效率、资源利用上比小设备的优势更加明显，从而降低单位产品的能耗。

由此可见，要想实现成本控制，更高效的新技术、更先进的设备与更有效的生产方式会直接影响成本的高低。找到适合自己的最优规模，是企业进行成本体制建设的基础。

（2）成本经验。企业的成本高低与生产经验具有很大关联。通常来说，经验越丰富，成本降低的可能性就越大。这种经验，主要来自学习和培训，企业通过不断的学习培训让员工掌握熟练的技巧，降低人工，发挥员工的主观能动性。管理层同样如此，不断进行成本控制的管理尝试，会提升管理层了解市场、驾驭市场的能力，为员工的成本降低提供战略战术支持。

所以，企业必须定期展开各类培训。一线员工进行技能、设备操作方面的培训，包括内部授课、外出进修、脱产学习等；管理层参与管理课程的培训，以人为本，提升对成本管理的理解与成本管理能力。

（3）企业的组织状况。企业的组织状况也会影响到成本的高低。组织状况主要体现在各个层级的责权是否统一，各部门之间的合作状态，各部门与员工之间是否建立良好的关系，部门成员之间的沟通状况等。

一旦组织状况不佳，就很容易出现"信息孤岛"现象，信息无法得到有效共享，自然会导致成本的激增。例如，采购部门始终无法获得生产部门具体的需求信息，包括规格、数量、周期等，那么在采购时很有可能出现需求偏差、采购的产品不符合生产部门要求，直接导致成本的浪费。

（4）制度因素。成本管理涉及非常细致的工作，如果没有制度做保障，就很难实现成本的控制。所以，企业内是否有完善的、可以推行的、能够有效执行的制度，也会影响到成本的高低。以邯郸钢铁集团有限责任公司（以下简称"邯郸钢铁"）为例，邯郸钢铁实行严格的成本否决制度，用成本来否决职工的奖金、工资，即便企业高层也不能打破这一制度，所以邯郸钢铁可以做好成本控制。但是，如果制度不能落实，只流于表面，或太过粗枝大叶，那么成本就无法有效控制。

完善的企业成本制度包括各种定额制度、财务管理制度、生产管理制度、各岗位责任制度、计划制度、奖惩考核制度等，在此基础上尊重制度的原则性，以制度为导向，才会保证成本的控制。

（5）地理因素。地理因素也会对企业成本产生影响。尤其对加工型企业，地理因素直接决定原材料采购是否方便、物流速度是否快、物流费用是否合理等。同时，企业所在地的人工成本高低、市场需求状况，也会影响到企业成本。

（6）企业文化。文化是企业长远发展之本，让制度逐渐进化为文化，企业成本控制才能持续性地产生效果。企业文化会对生产经营观念、凝聚力、自我控制、自我约束力、成本意识等产生全方位的影响，如格力、华为等无一例外都形成了品牌独特的文化体系，所以他们能够在做好成本控制的同时，不断激发内部的创造性、团结度和积极进取心。各种制度、条例、培训模式等，最终转化为企业文化，这是成本体制建立最重要的因素。

2. 建立成本体制的要求和步骤

结合建立成本体制的因素，企业要进一步细化建立成本体制的要求，并找到建立的步骤。

（1）建立成本管理的组织体系。成本管理的组织体系，包括核算管理中心、核算单位两个部分。核算管理中心的计划财务室、成本室进行定额成本的核算，将成本指标落实到各个核算单位，以及各业务部门负责人。每个部门的成本费用与部门负责人挂钩，实行责任制。

（2）成本定额的测算。成本定额测算的准确度与科学性，决定成本管理是否有效。所以，核算管理中心必须严格按照企业过去的实际消耗情况、各部门领导下达的成本指标进行核算。在这个过程中，还要不断与各部门进行数据确认，如果部门始终无法拿出准确数据，应当对部门负责人进行问责。成本定额的测算要按系统、工作性质、类别进行分类汇总，汇编成册，使每个部门的成本需求一目了然，形成科学、合理的指标体系。

（3）成本指标的公示与下达。成本定额测算完毕后，要在企业内部进行公示。公示阶段如果没有异议，可以以文件的形式正式发布；如果存在较大争议，应当再次进行核算。

（4）成本指标的分解、细化。对成本指标，各部门根据自己的实际情况再次进行分解、细化，将定额成本精确到每一个设备、每一个班组、每个人，保证每一名员工都清楚自己的成本指标，做到人人承担指标，让成本责任明确到个人，构建起责、权、利相结合的责任体系。

通过分解和细化，企业成本体制要形成四个层次。第一层次：领导成本控制。第二层次：部门成本控制。第三层次：小组成本控制。第四层次：个人成本控制。做好这四层次，才能建立完善的成本体制。

（5）成本控制与考核。进行实际工作时，要进行成本控制的分级制度，包括事前审批、事中监督、事后考核工作，形成三级成本体系。每一层都需要负责人签字确认，定期公布每个人、每个小组的指标，对可能出现问题的要制定出解决对策，提出进一步的工作计划与措施。

（6）成本分析和成本信息的反馈。建立和实施成本分析例会制度，以部门为单位，每季度召开成本分析会议，对成本执行情况进行总结。对好的经验，形成制度上报企业高层，并进行推广；对较大的漏洞，进行专项培训整治，并建立预防体系。例会的相关信息要及时下发至各个部门、小组，要求内部再次进行小组会议沟通，构建起成本信息反馈系统。

10.3.2 成本体制的建立问题点分析

在成本体制建立的过程中，还有一些问题需要特别注意。

1. "产值论" 不是唯一

很多企业进行业务考核时，往往对产值、利润双重指标进行考核，且以前者为主。产值的确能够衡量一家企业的盈利问题，也会反映一定的成本控制，但如果唯"产值论"，会弱化利润指标，忽视成本管理的重要性。具体的表现就是企业生产往往围绕产值较高的产品进行，职工愿意生产产值高、加工难度低的产品。表面上看，这样做会使企业的产值增加，但事实上产品与销售环节脱钩，造成成本管理推不动、展不开，库存激增，最终导致成本增加。

所以，建立成本管理制度体系，要将市场价格、内部核算价格等因素纳入成本体系，编制产品成本计划，分析其是否符合企业的成本体系。尤其对设计、采购、生产、质量、管理、销售、财务等 7 个方面的费用要持续跟踪，一旦发现某个环节有可能造成成本的不可控，就需要立刻对生产项目进行调整，优化生产体系，直到其符合标准后才能开工。

2. 忽视非生产成本的控制

部分企业进行成本体系建设时，往往忽视非生产成本的控制，结果一段时间后发现，设定的成本管理机制并没有达到预期。企业的成本是指企业生产和销售产品所发生的一切费用，包括生产成本和非生产成本两大类，生产成本中的人工费用、制造费用和材料采购费用较为明显，通常都可以做到精准把控；但是非生产成本，如销售费用、管理费用和财务费用等，却很容易被忽视。例如，管理部门的管理环节、技术部门的设计环节以及供应销售部门的供销环节等发生的成本，这些成本属于隐性成本，并处于动态变化之中，所以就很容易被忽视。

要想解决这个问题，就必须强化成本的基础管理和日常管理。在把控生产成本的同时，注重对非生产成本的数据监控：一是控制高于或低于废品率差异；二是控制计时工资的生产效益差异；三是控制材料、能源消耗量差异。针对非生产成本，同样进行定额管理与考核，对目标成本指标进行量化分解，将设备使用记录、材料物资消耗记录、劳动记录、费用开支记录等同样记录在案，建立考核体系，明确经济责任，按期考核，严格执行奖惩。

3. 执行力不强

执行力不强，也是很多企业进行成本管理时存在的常见问题。这个问题主要表现在以下方面。

（1）部门没有完全按照管理制度执行，尤其对一些容易忽视的细节。例如，采购人员并不按规定进行酒店住宿、生产车间对废弃的零部件随意丢弃等，造成成本的增加。

（2）个别部门与车间没有进行成本分析，提交的成本预算与实际并不相符，造成最终生产成本严重超标。

（3）对体系学习不到位，相关管理制度滞后，管理机制不能有效得到推行。

（4）各部门之间的业务接口不清晰、数据传递不畅，导致最终数据失真。

要想杜绝执行力不强的现象，唯一的方法就是完善考核机制，用制度解决人的惰性和习惯问题。特别是体系执行不力，需要进一步加大成本考核的力度，建立责任明确的目标成本责任考核机制，部门领导负责成本控制，一旦超出成本，需要承担相应责任。建立制度化管理模式是成本体制建立并运行的重中之重。

10.4 成本绩效考核的要求

绩效考核直接关系成本控制能否达到预期。缺乏合理的考核手段与模式，管理机制再完善也是纸上谈兵。

10.4.1 关键成本绩效考核的对象、项目和权重

关键成本绩效考核中，要注重对关键对象的考核，确认其项目和权重。表10.4-1 为关键成本绩效考核内容。

表 10.4-1 关键成本绩效考核内容

部门	内容	说明	权重(100分)
采购部	材料采购成本	不能控制市场调价、货源紧缺以及其他部门引起的因素，而造成采购成本增高	20
	来料不良	生产过程因缺料、来料不良等原因造成停产	15
	仓库错误出货	仓库因错误出货造成退货损失	5
生产部	工资费用成本控制	生产部门的工资成本控制效果	10
	失效成本控制	生产计划安排不当、生产中人为造成不良率高、返修率过高而造成的产品报废损失和工时损失	15
	设备利用率	设备利用率过低、设备闲置时间过长造成损失	15
质管部	质检不当	因质检原因产生的产品销售退货	5
	错检、不到位损失	因错检、漏检、巡检不到位造成生产过程产品批量报废损失	5

（续表）

部门	内容	说明	权重（100分）
工程部	停工、返工、报废	由于工程师对产品生产工艺、作业指导工作失误造成停线、返工、产品报废率高而发生的成本	5
	品质不良	因模具、夹具异常造成品质不良率、工时损失	5

从表10.4-1可以看到，关键成本绩效的控制，在于采购与生产阶段，这两个阶段将会直接影响后期的各项成本指数。所以，进行供应链成本控制时，要将重点工作放在采购上，其次则是生产环节。做好这两点，成本绩效就会明显提升。

10.4.2　如何设立绩效指标并进行考核

设定详细的绩效考核指标，并针对每一项进行考核，是决定成本控制能否实现的关键。表10.4-2是一份完整的成本绩效考核指标，企业应按照此进行考核。

表10.4-2　成本绩效考核指标

序号	考核内容（子指标）	分值（分）	绩效标准	考评标准和方法	得分（分）	
					扣分	实得
1	策划准备阶段成本管理指标	100	—	—	—	—
1.1	对合同的理解分析	10	总包合同条件的理解分析，对造价有重大影响的风险源、项目内部总包合同交底，及有针对性的解决方案	①总包合同理解分析没做，扣10分；对总包条件的分析不完善、对造价有重大影响的风险源分析不完善，扣2分／项 ②项目部交底没做，扣3分；交底不明确，扣1分／项 ③没有针对性方案，扣3分；针对性的解决方案不完善，扣1分／项		

（续表）

序号	考核内容（子指标）	分值（分）	绩效标准	考评标准和方法	得分（分）	
					扣分	实得
1.2	预算编制及时有效性	30	①开工后一个月内完成预算编制和工程量复核工作并上报造价物资部（因客观原因不能编制完成全部合同范围内预算书的，应分期、分批完成） ②预算编制应保证有效性，标明与投标时的差异	①未按时完成上报的，每拖延1天扣5分，最多不超过30分 ②工程量计算错误，预算书的编制与图纸不符的，扣3分／项；预算编制存在明显缺项的，扣5分／项，未标明与投标预算的差异的，扣3分／项；预算的编制工程量的复核工作（尤其是钢筋的复核）必须是由项目经理部牵头完成，不是的扣10分 ③未进行预算编制及复核工程量的，扣30分		
1.3	造价管理及时有效性	30	开工后一个月内完成造价策划方案，并报造价物资部；造价策划方案应包括：中标预算分解，人、材、机指标分析，及收支对比；与甲方经济往来工作的流程；索赔与反索赔工作的责任体系和职责分工	①未按时编制完成上报的，每拖延1天扣5分，最多不超过30分；内容缺项的，扣3分／项；分析结果及结果处理措施不准确、不合理、措施失当的，扣3分／项；收支对比不清楚的，扣3分／项；项目主要岗位成员应清楚与岗位职责和专业业务相关的策划内容，抽查人员取证，不了解的，1人／次扣5分；策划方案未全员参与、存在闭门造车应付的，扣6分 ②未编制造价策划方案的，扣30分		
1.4	成本控制及时有效性	30	开工后一个月内完成成本指标分解，建立健全项目成本管理责任体系，指标落实到各业务部门，指标内容应包括：周转料、机械费等非实体费用的控制；钢筋放样下料加工绑扎，周转料损耗、丢赔，混凝土等主要材料的消耗量的控制；分供合同范围外费用（零杂工、设计变更、工程洽商、现场签证、分包商索赔）等的控制；招标、合同签订、履行、结算和付款等环节的控制	①未按时编制完成上报的，每拖延1天扣5分，最多不超过30分；未建立健全成本管理责任体系的扣20分；内容缺项的，扣3分／项；项目主要岗位成员应清楚与岗位职责和专业业务相关的策划内容，抽查人员取证，不了解的，1人／次扣3分；控制方案未全员参与、存在闭门造车应付的，扣6分 ②未对成本管理指标进行分解的，扣30分		

10.4.3　如何让考核持续改进

　　进行考核的目的是发现问题，针对问题进行改善。所以，要根据考核的内容，实现持续改进。

1. 消除质量检测环节出现问题和返工现象

如果企业可以做到从采购到生产，始终保证每个环节的质量达到100%，那么检测频繁出现问题与返工的现象就不会发生。所以，根据考核，企业要建立"出错保护"的思维，从采购开始就严格把控质量关，保证每一种原材料都完全符合生产需求，生产环节做到精益求精，这会有效避免各类错误的发生。所以，将重点放在采购与生产管控上，严密监视产生废品的各种现象，这样成本绩效考核成绩会大大提升。

2. 消除设备、零件不必要的移动

生产设备、零件频繁搬动，会造成生产线路过长，从而导致生产周期长，间接引发库存过高的现象。所以，针对生产环节，消除设备、零件频繁的移动，也会提升成本绩效考核。这就要求在生产活动开始前进行加工顺序的确认，确定合理的布局，使布局尽可能紧凑，这样有利于缩短运输路线，消除零件不必要的搬动及不合理的物料挪动，节约生产时间。

3. 合理安排生产计划

从生产管理的角度上讲，针对生产计划进行优化，可以最大限度地发挥生产系统的作用，每一名员工、每一台设备都能合理地投入生产工作，避免出现一时过于忙碌、一时无事可做的现象。所以，进行生产前，要设定合理的生产计划，平衡生产单元内的每一道工序，使每项操作或一组操作与生产线的单件产品生产时间相匹配。这样，员工与设备的效率得到提升，库存也会降至最低限度，提升成本控制效果。

4. 落实具体方法

针对考核出现的问题，对应的部门应当成立持续改进小组开展工作。部门应当每周开展问题分析会，要求每一名员工针对自己的问题进行阐述。经过讨论后，确定具体的改善方案、明确改进时间，并制定相关负责人监督制度。

改进会议应进行记录，内容应整理归档。小组还应选拔考核员，在工作中监督改进过程，并持续记录。如果相关责任人连续两次未能实现持续改进工作，应给予警告和相应的处罚。

5. 全员参与，职责落实

企业成本改善不是独立的工作，需要各个部门与员工协同合作，所以，想要考

核持续改进，就必须进一步落实全员参与的思维。例如，对厂房设备维护，要划分责任区，每一个人都应负责设备的某一个方面，考核小组定期进行检查，发现问题直接扣分，每月予以公示。只有让每一名员工意识到自己的工作方向、核心是什么，认真贯彻企业的各项规章制度，才能保证企业成本的不断改善。

10.4.4　如何运用考核的结果

考核的目的是实现更好的生产经营效果。所以，企业可以灵活运用考核结果，针对企业的各个方向进行正面推动。

1. 采购的改革

采购是供应链管理的重头，根据考核结果，发现过去采购方式存在的问题，进行针对性调整，甚至开始大规模的改革。让采购活动每一个细节都形成成本管理体系，包括供应商选择、供应商报价分析、出差成本控制、客户招待费用控制等，让采购成本可控、可视。

2. 对培训的调整

考核的结果也可以作为培训的重要参考。通过考核，企业可以确定员工的培训需求在哪里，哪些低分项是薄弱环节，这就是未来培训开展的重点方向。同时，考核也可以帮助企业评价培训效果，如员工在接受培训后，相关绩效有了提高，甚至有了显著的提高，培训自然是有效的；反之，如果相关绩效没有明显变化，就意味着培训并不符合企业的预期，企业可以及时针对培训课程进行调整。

3. 对薪金体系的调整

人工成本是最重要的成本之一，考核也会给薪金体系调整带来帮助。图 10.4-1 为薪金体系调整内容。

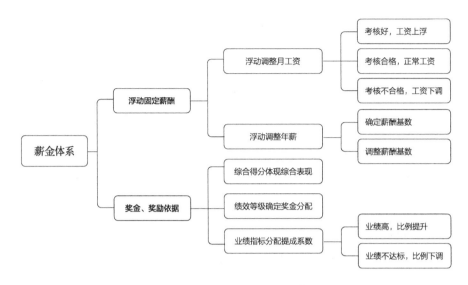

图 10.4-1　薪金体系调整内容

　　通过考核对薪酬体系进行调整，基本能涵盖薪酬体系的全部内容，既能为固定薪酬的浮动提供参考，又能作为奖金、奖励的依据，这会进一步加强员工的主观能动性，使员工主动进行成本控制，以获得更高的收入。

第 11 章

供应链环境下的绩效管理

建立供应链环境下的绩效管理，不仅能够对供应链运营形成动态评价，发现企业经营中存在的问题，还能够有效调动供应链从业人员的积极性，通过合理的激励模式，让企业、部门、个人主动加入供应链管理工作。

11.1 供应链绩效评价概述

针对供应链进行绩效管理并做出评价，能够有效发现供应链存在的问题，企业可以根据存在的问题，进行有针对性的调整。

11.1.1 供应链绩效评价的概念

供应链的绩效评价是指对供应链的运营过程、运营效果进行评价的过程。在评价过程中，要始终围绕供应链的目标展开，对供应链整体，尤其是企业的核心运营情况以及各环节之间的运营关系进行细致分析，包括事前、事中、事后的分析、评价，形成绩效评价指标。

在供应链绩效中，有一个关键词：共享。供应链绩效评价会打通供应链上各个部门、个人的信息，进行数据共享，并做出最终判断。采购、物流管理、生产操作、客户服务、信息开发等创造的价值总和形成最终绩效。供应链上的每个活动都会对最终的评价产生影响，要想实现较高的供应链绩效评价，就必须做到每个环节精准无误。

11.1.2 供应链绩效评价与现行企业绩效评价的对比

现行企业绩效评价，多数都属于传统绩效评价模式。这种模式的缺点在于偏重企业内部评价，忽视企业外部环境的变化，重点放在了制造商（生产部门）、销售（分销商）的管理上，缺乏供应商、客户的动态数据管理。

传统的企业绩效评价缺乏对内外环境的评价，所以企业难以发现自己的优势和缺点，只能精准衡量过去的短期财务，缺乏长远战略眼光与管理心态。由于不重视供应链整体绩效衡量，各个部门只关注自己的绩效，缺乏企业大局观，不关心自己的工作对其他部门是否会产生影响，导致供应链效率低下。久而久之，企业的急功近利思想与短期投机行为大大加重，影响企业未来的长远发展。

更严重的是，现行企业绩效评价侧重事后分析，一旦发现问题往往意味着已经造成既定事实，危害和损失已经出现，并且往往很难补救。传统绩效评价方法的单一财务评价体系，只提供了企业部分的财务信息，偏重对过去活动结果的绩效评价，忽视企业外部管理，尤其对无形资产和智力资产的确认、计量、记录、报告方面等显得非常不足。

而供应链绩效评价，则将每个部门的所有数据进行汇总，并加强企业在信息和知识方面的共享，达到理想效果。图 11.1-1 为供应链业务流程的绩效评价。

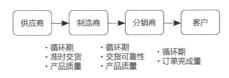

图 11.1-1　供应链业务流程的绩效评价

从图 11.1-1 可以看到：从供应商到最终客户，每个环节的重点数据都将及时汇总，并给下一个环节的部门提供数据参考。供应链绩效评价从 4 个维度入手，将供应商、制造商、分销商与客户平衡评分，包含财务指标和非财务指标、内部绩效和外部绩效、前置指标和滞后指标、短期目标和长期目标，注重每一个评分之间的因果关系，从而做到不断调整与优化。管理层的关注点不再局限于短期目标，而是兼顾长期战略目标，对结果的反馈思考转向对问题原因的实时分析。

这种动态化的绩效评价，有利于每一个部门提升管理效果，从而实现所有部门的共赢。通过供应链绩效评价与现行企业绩效评价的比较，会发现供应链绩效评价的优势，如表 11.1-1 所示。

表 11.1-1　供应链绩效评价与现行企业绩效评价的比较

	企业管理绩效评价	供应链管理绩效评价
侧重	单个企业绩效	供应链整体运营绩效
评价的对象	某个具体企业的内部职能部门或者职工个人工作完成情况	企业业务流程评价，能科学、客观地评价整条供应链的运营情况
数据来源	财务结果，在时间上略为滞后	反映动态运营情况

（续表）

	企业管理绩效评价	供应链管理绩效评价
绩效评价指标	基于部门职能，会计数据	基于业务流程，内容广泛，它不仅代替会计数据，还提出一些方法来测定供应链的上游企业是否有能力及时满足企业或市场的需求
实时性	事后分析	实时评价和分析

11.1.3　供应链绩效评价的作用

供应链绩效评价会产生以下作用。

1. 对整条供应链的运行效果做出评价

供应链绩效评价会从宏观入手，对整条供应链运行做出评价。运行效果的重点，是供应链之间的竞争，包括供应商的选择、渠道商的选择等，判断每一个供应商、渠道商存在的问题，哪些问题可以快速解决，哪些供应商已经不符合企业需求，哪些供应商的采购报价已经超出正常范围等，为供应链在市场中的组建、生存、运行和撤销的决策提供必要的客观依据。

通过对运行效果的全局评价，企业可以对整条供应链进行优化，及时发现问题并予以纠正，保证供应链始终契合企业发展的需求。

2. 对供应链上各个成员企业做出评价

供应链各个成员，即为企业提供专项业务服务的企业，包括提供资源、知识以及设施的供应链成员，为企业提供增值活动。供应商、渠道商等都是供应链上的成员企业。

通过供应链模式的引入，企业可以根据动态数据对各成员企业做出评价，剔除不良企业的同时，还能够吸引更具潜质的企业进入供应链。例如，A 公司是企业的长期合作采购单位，通过供应链评价发现 A 公司的报价已经远超市场平均水平，给企业的成本带来巨大影响。根据评价，A 公司被降级，并将相关数据及时通报。如果 A 公司依然没有进行改善，企业将会选择性价比更高的 C 公司作为主要合作方，将 C 公司的评价等级提升。这种动态评价，有利于企业及时发现各个成员企业存在的问题，及时进行调整，优化供应链结构。

3. 对供应链内企业之间的合作关系做出评价

供应链内部企业之间也会产生合作，供应链绩效评价会针对这种合作做出精准的评价，考查供应链的上游企业（如供应商）对下游企业（如制造商）提供的产品和服务的质量。企业将会从用户满意度入手，评价上、下游企业之间的合作伙伴关系，并及时做出调整。

例如，A 公司为企业的供应商，B 公司为企业的制造商，根据企业需求，B 公司提出了一系列的采购与原料计划。A 公司的原材料符合需求，进入供应链体系。但是，随着首批测试产品正式投放市场后，市场部发现：首批内测客户对品质的口碑不佳。经过对供应商与制造商的调查发现：B 公司提供的采购需求，A 公司并没有完全按照标准提供，部分原材料存在不合格的现象，导致用户体验效果不佳。而 B 公司的生产流程，符合产品需求。企业根据评价，立刻暂停 A 公司的供应权，与其他公司达成采购协议，最终顺利完成生产计划。

可以看到，供应链绩效管理关注的是整个供应链流程与运营，每一个细节都会形成评价体系，这样企业就可以快速做出调整，保证每一个环节不影响生产的正常进行。

4. 对企业产生激励作用

除了对供应链企业运营绩效的评价外，供应链绩效评价还会对企业产生激励作用。这种激励一方面包括对自身的激励：每一个部门都会形成绩效管理，最终的结果直接与工资档次、奖金福利等挂钩。要想实现全员奖励，每个部门都必须做好绩效管理，以形成内部的自我绩效管理心态。另一方面，这种激励也会对供应商、制造商、销售渠道商产生激励作用，达到企业的要求，甚至超出企业预期，对应的等级上升，意味着可以获得更大的采购量、生产量与销售权，增加企业利润，实现双赢的目的。

11.1.4 供应链绩效评价的三大内容

供应链绩效评价包括以下三大内容。

1. 内部绩效衡量

内部绩效衡量主要包括成本、顾客服务、生产率（交期）、质量、资产管理这5个方面，如图 11.1-2 所示。

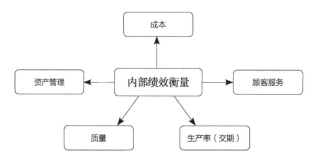

图 11.1-2　内部绩效衡量

（1）成本。以市场为主导，产品的价格由市场决定。在市场供需关系基本平衡的情况下，价格可以看作是不变量。将成本引入，意味着产品的价格等于成本加利润。产品的利润越高，企业的盈利能力就会越强，也反映企业的综合管理水平较高。

所以，在供应链内部绩效衡量中，成本管理是重中之重。通过对成本的分析，即可获知企业的盈利状态，利润率越高，企业的发展能力自然越强，供应链管理的积极性也会得到提升。

（2）顾客服务。顾客是供应链的最终输出端，直接决定产品、服务的最终销售。顾客服务高，就会提升销售率，增加企业的利润；反之，如果顾客服务不佳，顾客的不满情绪不断增加，久而久之会造成品牌的口碑下降，导致企业的利润持续性下滑，企业无法正常运转。尤其在互联网时代，产品针对大众消费者的品牌，如酒店、旅游、餐饮、娱乐行业，一旦做不好顾客服务，很容易在互联网形成快速裂变的负面口碑，进一步影响企业的发展。

（3）生产率（交期）。生产率是指设备在单位时间内生产出的合格产品的数量。例如，一台机床在 24 小时内生产出合格产品的数量就是这台设备的生产率。生产率是衡量生产技术的先进性、生产组织的合理性和工人劳动的积极性的指标之一，同时，它也直接决定了产品能否按照规定正常交货。

生产率较高，则企业的生产技术较为先进，工人的积极性较高，以及设备的维护状态较好，符合企业供应链的需求，产品可以如期完成生产，保证经营活动的正常开展。反之，则证明存在需要改进的地方。

（4）质量。质量不仅决定利润，更决定供应商的生产水平。质量不合格的产品越多，合格率越低，自然导致成本上升、利润下降，说明供应商提供产品的质量不稳定或质量差。产品的质量合格率与利润指标密切相关，产品质量合格率低造成产品返修工作量加大，延长交货期，对供应链管理产生非常明显的影响。

（5）资产管理。资产管理也是内部绩效衡量的重要指标。资产管理清晰、科学，意味着企业的现金流较为顺畅，可以有效进行各种生产活动、采购活动与企业运营；反之，如果资产管理不当，财务统计混乱，往往说明企业内部存在严重的资产问题，如随意支出、采购不合理、部门各自为政，甚至存在贪污等现象，给企业造成严重的现金流紧张，制定的生产活动无法正常推行。

2. 外部绩效的衡量

外部绩效的衡量主要包括最佳实施基准与用户满意程度两个方面。

最佳实施基准是指企业运行管理的基本准则与基础标准。基准的确定，需要与竞争对手或行业顶尖品牌的管理模式做对比，包括资产管理、成本、客户服务、生产率、质量、战略、技术、运输、仓储、订货处理等，分析竞争对手的供应链管理模式，结合自身企业的特点，最终找到自己最佳的供应链流程控制方式。

绩效较高的最佳实施基准还会呈现动态变化的特点。企业根据实际发展中出现的各种问题不断进行修正与调整，最终创建出一套适合企业特点的最佳系统程序，保证企业的各项工作合理展开。

用户满意程度则是对企业所能提供的总的客户满意度能力的衡量。用户是市场的裁判，企业的实施基准是否能够达到预期与效果，最终由用户决定。用户通过信息的可用性、问题的解决和产品支持、按期发货的比例等指标进行评价。所有指标达到要求，意味着企业的实施基准符合企业发展；反之则说明存在不足，需要改进。企业的最佳实施基准决定用户满意程度，用户满意程度又会给企业提供市场终端数据，以此对最佳实施基准进行调整与改良。

3. 综合绩效衡量

综合绩效衡量结合内部与外部绩效衡量从顾客服务、时间、成本、资产管理等4 个方面展开，如图 11.1-3 所示。

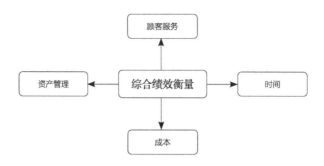

图 11.1-3　综合绩效衡量

综合绩效衡量将内部绩效与外部绩效的核心内容进行结合，通过总体观察透视供应链的运营，确认绩效是否符合企业标准。如果缺乏综合绩效衡量，很容易出现对用户服务的看法和决策与销售渠道商的想法背道而驰的现象。

（1）顾客服务。顾客服务的衡量包括完美的订货、用户满意程度和产品质量。它衡量供应链企业所能提供的总的客户满意程度。

（2）时间。时间衡量企业对用户要求的反应能力，也就是从用户订货开始到用户使用产品为止，需要多少时间，包括装运时间、送达运输时间和用户接受时间。

（3）成本。供应链总的成本包括订货完成成本、原材料取得成本、总的库存运输成本、与物流有关的财务和管理信息系统成本、制造劳动力和库存的间接成本等。

（4）资产管理。资产管理是对包括库存、设施及设备等相当大的资产负责，资产评价主要测定资金周转时间、库存周转天数、销售额与总资产的比率等资产绩效。

11.1.5　供应链绩效评价的原则

进行供应链绩效评价时，企业要遵循以下原则。

1. 供应链绩效优先，兼顾企业绩效的原则

随着多数企业的不断转型，企业之间单纯的生产经营竞争开始转向供应链竞争。这个时候，供应链绩效就会超越单纯的业绩绩效，从更多层面判断企业经营状态。所以，企业要将供应链绩效评价放在首位，同时兼顾供应链中各成员企业的绩效评价。

2. 多层次、多渠道和全方位的评价原则

供应链的绩效评价涉及多个方面,包括采购、生产管理、供应商管理、物流管理、销售渠道管理等诸多方面,这就要求企业必须多方搜集信息,实行多层次、多渠道和全方位的评价原则。每一个环节都有翔实的数据,这样才能增强绩效评价的科学性,并做出针对性的改善行动。

3. 短期绩效与长期绩效、近期绩效与远期绩效相结合的原则

短期绩效要与长期绩效、近期绩效要与远期绩效进行结合。企业要每周、每月、每季度、每年度进行绩效考核,让供应链绩效考核形成不同的时间维度体系,并寻找其中存在的联系。部分企业出现短期绩效较好、长期绩效不稳定的现象,原因就在于刻意追求短时间内的绩效管理效果,采用了一些较为激进的手段,却造成阻碍长远发展的隐患。这种绩效就不是成功的绩效,是没有实行相结合原则的后果。

4. 静态评价与动态评价相结合的原则

在供应链企业绩效评价的过程中,不仅要对各种内部因素进行静态考虑和分析,还要结合企业的实际工作进行动态评价,尤其包括物流、天气、市场趋势、行业热点、发展趋势等。这些都是处于动态变化中的,将这些因素加入供应链绩效评价,分析动态因素与静态因素之间的影响,最终的评价才会更加精准。

5. 宏观绩效与微观绩效相结合的原则

注重宏观绩效与微观绩效相结合,保证绩效处于多维、多角度的立体考核体系中,避免"头重脚轻"、忽视微观绩效的现象。宏观绩效包括政策、人员架构、管理体系等,而微观绩效包括资金管理、行为管理等,如采购模式、采购具体执行规划、采购报销流程等。这些细节容易被企业忽视,但它们是宏观绩效能否落地的基础,是企业供应链管理的最终端,缺少微观绩效,供应链管理就始终无法落地。

6. 责、权、利相结合原则

实行责、权、利相结合的原则,可大大提升员工的主观能动性。供应链上的每一个部门、员工,都要明确自身的责任、权力和利益,形成三位一体,避免存在脱节、错位的现象。有了明确的责任,部门和员工会约束自身的行为;赋予相应的权力,他们的主动性和作用可充分发挥;而完成企业规定的相应义务后,可以获得相应的物质、精神利益,他们会更加投入供应链管理工作。将责任、权力与利益相结合,企业的供应链绩效就会大大提升。

11.2　供应链绩效评价指标体系

供应链的绩效评价通过一系列指标完成。进行绩效评价前，企业要深入了解各类指标体系。

11.2.1　供应链业务流程的绩效评价指标

1. 产销率指标

产销率是指在一定时间内已销售出去的产品与已生产的产品数量的比值。产销率的计算公式如下。

产销率＝一定时间内已销售出去的产品数量 ÷ 一定时间内生产的产品数量 ×100%

除了反映产品的生产与销售量比率外，这个数据还会反映供应链的资源利用程度。产销率越接近1，说明资源利用程度越高，同时也反映出库存量较小、仓库处于良好的运营状态。

产销率指标又可以分为3个具体指标。

（1）供应链核心企业的产销率。这个指标会反映供应链核心企业在一定时间内的产销经营状况。

（2）供应链节点企业的产销率。这个指标反映供应链节点企业在一定时间内的经营状况。

（3）供应链产销率。这个指标反映供应链在一定时间内的产销经营状况。

2. 产需率指标

产需率是指在一定时间内，企业已生产的产品数量与其用户对该产品的需求量的比值，能够衡量供应链的整体运营状态。具体来说，它又分为两个指标。

（1）供应链节点企业产需率。供应链节点企业产需率可以反映上、下层节点企业之间的供需关系，它的计算公式如下。

供应链节点企业产需率＝一定时间内节点企业已生产的产品数量 ÷ 一定时间内上层节点企业对该产品的需求量 ×100%

该数值越接近1，说明上、下层节点企业之间的供需关系越协调；反之，则说明企业之间存在较为严重的关系不协调情况，尤其在准时交货方面，双方存在较大的分歧。

（2）供应链核心企业产需率。供应链核心企业产需率可以反映供应链整体生产能力和快速响应市场能力。它的计算公式如下。

供应链核心企业产需率＝一定时间内核心企业生产的产品数量 ÷ 一定时间内用户对该产品的需求量 ×100%

该数值大于或等于1，说明供应链生产能力符合市场需求，具有很强的竞争力；如果低于1，说明不能满足市场的需求，供应链生产存在不足。

3. 供应链产品出产（或投产）循环期或节拍指标

如果供应链节点企业的产品为单一品种，那么产品出产循环期就是产品的出产节拍。如果产品品类较为丰富，那么循环期就是混流生产线上同一种产品的出产间隔。

多数情况下，供应链管理呈现多样化的特点，节点企业的产品品类较多，所以，供应链产品出产循环期一般是指节点企业混流生产线上同两种产品的出产间隔期。有两个具体指标需要关注。

（1）供应链节点企业（或供应商）零部件出产循环期。循环期越短，说明该企业对需求的反应较快，符合企业需求；反之，则意味着循环期较长，不利于上层节点企业的正常工作。

（2）供应链核心企业产品出产循环期。该循环期指标反映了整条供应链的在制品库存水平和成品库存水平，同时也反映了整条供应链对市场或用户需求的快速响应能力。循环期短，一方面说明整条供应链的在制品库存量和成品库存量都比较少，总的库存费用都比较低；另一方面也说明供应链管理水平比较高，能快速响应市场需求，并具有较强的市场竞争能力。

4. 供应链总运营成本指标

供应链总运营成本指标包括以下3个方面。

（1）供应链总库存费用。其包含各节点企业在制品库存和成品库存费用、各节点之间在途库存费用。

（2）供应链通信成本。供应链通信成本包括各节点企业之间的通信费用，如互联网的建设和使用费用、物联网的使用费用、供应链信息系统的开发和维护费等。

（3）各节点企业外部运输总费用。其包含供应链所有节点企业之间所有的运输费用。

5. 供应链核心企业产品成本指标

供应链核心企业的产品成本直接体现供应链管理水平的高低。根据产品在市场上的终端售价，确定该产品的目标成本，然后追溯各个供应商的成本，如原材料、拍套材料的目标成本。只有当目标成本小于市场价格，各个企业才能获得利润，这样的供应链运营才是符合要求的，才能实现持续性发展。

6. 供应链产品质量指标

供应链产品质量指标主要包括合格率、废品率、退货率、破损率、破损物价值等，这些综合指标形成对各节点企业生产的产品或零部件质量的绩效评价体系。

11.2.2　供应链上、下节点企业关系的满意度指标

供应链上、下节点企业关系的满意度指标，是指在一定时间内上层供应商（i）对其相邻下层供应商（j）的综合满意程度（Gij）。它的计算公式如下。

满意度（Gij）＝ aj× 供应商（j）准时交货率＋ bj× 供应商（j）成本利润率 ＋ cj× 供应商（j）产品质量合格率

公式中，aj、bj、cj 为权数，且（aj+bj+cj）÷3 ＝ 1。准时交货率是下层供应商在一定时期内准时交货占其总交货次数的比率。成本利润率是指单位产品净利润占单位产品成本的比率。产品质量合格率是指质量合格的产品占产品总量的比率。企业可以根据自己的需求自主制定满意度中的 3 个权数。满意度越高，说明其对下层供应商的选择越成功。

在满意度指标中，还有以下 3 个概念需要明确。

（1）准时交货率是指下层供应商在一定时间内准时交货的次数占其总交货次数的百分比。如果供应商的准时交货率低，说明其生产能力不符合要求，企业应当及时进行更换。

（2）产品质量合格率是指质量合格的产品数量占产品总产量的百分比，它反映了供应商提供货物的质量水平。如果质量水平不高，也会造成满意度指标的大幅下降。

（3）供应链最后两层为最终用户层，最终用户对供应链产品的满意度指标是供应链绩效评价的一个最终标准，可按以下公式进行计算。

满意度＝a×准时交货率＋b×产品质量合格率＋c×（实际的产品价格÷用户期望的产品价格）

其中，a、b、c均为权数，权数的取值可随着上层供应商的不同而不同，但只是对于同一个上层供应商，在计算与其相邻的所有下层供应商的满意度指标时，其权数均取相同值。

11.2.3 供应链分销渠道的绩效评价

对供应链分销渠道的绩效评价，通常采用定性和定量两种方法。

1. 定性绩效法

定性绩效法，主要侧重于分销渠道的合作绩效。其主要对分销渠道成员协作的程度、分销渠道成员矛盾冲突的程度、所需信息的可获得程度进行考核，确认分销渠道是否能够将产品尽快、尽好、尽早地通过最短的路线送达消费者方便购买的地点。

2. 定量绩效法

定量绩效法，主要通过销售数量确认绩效，包括每单元的分销成本，履行订单的出错率，以及商品的破损率等。通过定量绩效法，企业可确认分销渠道成员能否按照规定达到销量；是否可以在较短的时间内，通过成本较低的方式完成绩效。

进行供应链分销渠道绩效评价，这些数据都必须掌握。表 11.2-1 为供应链分销渠道绩效评价各指标。

表 11.2-1　供应链分销渠道绩效评价各指标

顾客服务	宏观生产率	微观生产率
库存补充速度	物流成本占销售额的百分比	每单位的仓库成本
订单完成百分率	运输成本占销售额的百分比	库存破损
运送提前期	累计库存成本	运输成本／（吨·千米）
订单、运单、票据出错率	定期补充的库存量	回程空载率

11.3　供应链绩效评价方法：供应链运作参考模型（SCOR 模型）

进行供应链绩效评价，供应链运作参考模型（Supply-Chain Operations Reference model，SCOR）模型是非常重要的参考模型。

11.3.1　SCOR 模型定义

SCOR 模型是于 1996 年底由供应链管理专业协会（Coucil of Supply Chain Management Professionals，CSCMP）发布的。

SCOR 模型对供应链绩效评价具有划时代意义，它是第一个标准的供应链流程参考模型，是供应链的诊断工具，涵盖了所有行业，帮助企业诊断供应链中存在的问题，进行绩效评估，确立绩效改进目标，并促进供应链管理相关软件的开发。

SCOR 模型将供应链中的所有指标一一涵盖，从而为企业提供完善的供应链管理实施计划，并提供相应的技术进行改进。这一模型的基础由五大模块组成：计划、采购、生产、配送和退货。每个模块都有分别对应和界定的供应链流程，这样一来，供应链就会形成高效、简洁的模块化管理，将实际上非常简单或是极其复杂的供应链流程完整地描述出来，满足企业的商业需求。

SCOR 模型一诞生，立刻受到全球商业市场的欢迎，它的规范化、流程化，可以完整地描述出一个基于全球范围或是在某一特定地域内发生的供应链项目，并对它加以改进和完善。所以，任何一家进行供应链改革的企业，都离不开 SCOR 模型的支持。

11.3.2 SCOR 模型的层次和内容

SCOR 模型的应用开发包括三个基本层次和一个附加的执行层次，它们分别对应企业渴望达到的供应链开发的不同深度。根据开发的不同层次，SCOR 模型会呈现出不同的结果，企业供应链流程的实际发展状况会一一得到展现。根据模型得出的结论，企业对存在的低效率、冗余环节进行有针对性的调整，实现对现有供应链重组的目的。

1. SCOR 模型的第一层次

第一层次是 SCOR 模型的最高层次。在这个层次中，SCOR 模型将会从企业的战略规划入手，定义供应链的具体内容与范畴，分析企业需要达到哪些绩效目标，并以此制定更加长远的战略发展方向。

在 SCOR 模型第一层次中，主要的性能指标包括以下内容。

（1）交付能力，即按时或提前完成订单、计划的比率，发运速度。

（2）增值生产率，即保修、返修成本比。

（3）资金周转时间，即存货供应天数、资金周转次数等。

（4）生产的柔性，即生产系统对用户需求变化的响应速度，是对生产系统适应市场变化能力的一种度量。

（5）完成订单能力，即订单完成提前期、全部订单完成率、供应链响应时间。

2. SCOR 模型的第二层次

SCOR 模型的第二层次，主要侧重于供应链的配置层。在这个层次，SCOR 模型将会重点摸索供应链流程的基本布局，对每一个基础流程进行确认，为未来的执行提供规范管理。同时，每一个流程都会按照 SCOR 模型的基本流程的分类规则进行定位，包含一系列的具体操作步骤与技巧，从而体现出企业"采购—制造—发运"的具体过程。

例如，当企业通过 SCOR 模型进行供应链配置层管理时，针对库存产品采购这一流程，会将计划产品发送时间表、产品入库、确认产品、库存转移等内容和操作步骤一一说明，并形成具体的操作步骤，企业员工按照步骤执行。

要想通过 SCOR 模型第二层次建立具体的分析步骤，首先，企业需要建立实际的供应链地理分布图，根据地理分布情况，将每一个流程的元素进行定义，形成流程图。然后，根据流程的元素进行分解，每一个流程都可以再描述出一系列的具体步骤，如从输入到输出的具体操作环节。

通过这样的方法，企业就可以借助 SCOR 模型了解每一个流程元素需要哪些信息输入，期望哪些信息输出，形成完整体系。

3. SCOR 模型的第三层次

SCOR 模型的第三个层次决定了企业是否能在特定市场中取得成功的竞争实力。该层次是信息的收集分析层次，所选择的有用的指标将通过实际情况和目标的对比直观地体现出供应链整体表现。

4. SCOR 模型的第四层次（附加层次）

SCOR 模型的第四层次也被称为 SCOR 模型的实施层次。这个层次的重点就是根据模型制定的流程和规范，每个部门、每个人进行实际工作。工作中要不断对照 SCOR 模型，发现问题并及时纠正与调整，保证所有工作始终围绕 SCOR 模型展开。

11.4　供应链绩效报告及激励机制

通过供应链绩效考核，企业应当建立供应链绩效报告。通过报告，企业创造激励机制，进一步深化供应链管理。

11.4.1　供应链绩效报告的作用

一份完善的供应链绩效报告可以实现以下的作用。

1. 了解供应链及供应链各企业的工作概况和成果

通过绩效报告，企业最高管理层可以快速了解供应链及企业的全面运营状态，制定更加精准的经营策略，并不断完善长远的战略规划。完善的供应链绩效报告包括供应链及供应链企业的绩效，本企业各部门的汇总绩效，并标明重大的特殊事件，还应有详细的附表以供跟踪、查核，将企业发展的各个方面进行展现。

2. 各部门了解本部门的工作概况及成果

绩效报告会针对每一个部门展开细致的数据展示、问题说明等。各个部门的中层管理者能够根据这份绩效报告，对具体的运营工作进行改善，推广有效的方法，解决存在的问题。

3. 基层管理人员了解下属工作的概况及成果

针对每个员工的具体工作，供应链绩效报告形成详细、易懂的内容，重点展示日常作业的完成状态，包括原材料采购频次、生产过程中的浪费情况、设备是否正常运转等。这些内容是基层管理人员日常工作的重点，能够帮助其进行有针对性的生产协调与控制。

11.4.2 供应链绩效报告的设计与编制

供应链绩效报告的设计与编制应遵循以下原则。

1. 供应链绩效报告的设计与编制原则

（1）配合组织构架。绩效报告的设计应遵循与企业构架相匹配的原则，企业有多少个管理层，就应编制与之对应数量的绩效报告，保证每个管理层都可以获得绩效报告。同时，还要注意保证绩效报告可以下发至直属下级点位，让绩效报告遍及整个组织内部。

（2）重视例外报告。对规模量和交易量较大的企业，由于管理高层很难做到对企业每一个经营环节了如指掌，所以编制绩效报告时要注意重点，尤其是对例外报告要着重说明，使企业管理高层可以注意到这种与原计划不同的例外事件。

（3）内容力求简明相关。绩效报告不是单纯的财务报告，它的适用对象包括生产部门、采购部门、营销部门以及各个部门中的每一名成员，所以内容要力求简明，各项数据应尽量列表汇总，并配合相应说明，让人能够快速理解其中的内容。同时，内容要与该层领导的经营决策相关、相适应，让领导可以快速了解、发现问题。

（4）区分可控和不可控项目。应将绩效报告项目划分为可控和不可控两大类。可控项目，指管理者能够执行、推进并掌控进度，并对最终结果负责的项目；不可控项目指管理者无权或无法改变的项目，这类项目如果出现问题，应当在绩效报告中明确说明，相关管理者不应该负直接责任。

（5）报表格式的设计。为了保证绩效报告的可读性，应当以报表的格式进行设计，尽可能以数字化的方式体现数据内容。根据管理者的级层不同，所设计的表格内容、详细程度、项目也应有所差异。如果需要对比，则应当通过图示法增强数字的传达能力，力求绩效报告专业、翔实但不失可读性，能够快速在日常生产工作中得到应用。

（6）适时提供绩效报告。供应链绩效应当形成规范报告的习惯，以月为单位，每个月按时编制绩效报告。如果遇到特殊情况，则应进行周报的编制，保证供应链绩效报告具有持续性。

（7）是协助决策的工具而非批评他人的依据。供应链绩效报告的目的是传达咨询、产生激励效果，所以报告应当以正面的建设表达方式为主，协助管理者改善自身工作，而不是进行主观的批评，否则供应链绩效报告会失去客观反映现实的作用。

2. 供应链绩效报告的具体内容与格式

供应链绩效报告的具体内容与格式，应当按照以下的规范进行。

（1）题目。

（2）概况。

（3）正文。其包括绩效报告分析的目的、方法、步骤和时间。

①外部环境分析。

②内部资源分析。

③竞争战略分析。

④财务报告分析。

⑤成长战略分析。

⑥企业风险分析。

⑦实际材料与分析说明。

⑧数据汇总及计算方法。

⑨做出结论。

（4）建议和应对策略。

（5）统计资料、图表附件。

11.4.3　供应链企业激励机制的模式

通过供应链绩效报告，可以对供应链企业建立以下激励机制。

1. 价格激励

在供应链管理体系中，各个企业都是战略上的合作伙伴，每个企业都需要实现自身的利益，形成利益分配，这主要体现在价格上。产品的价格包含供应链利润在所有企业间的分配、供应链优化而产生的额外收益或损失在所有企业间的均衡。

较高的价格会增强企业的积极性；不合理的价格则会让企业无法获得利益，产生挫败感。所以，供应链利润要实现合理分配，实现价格激励的目的。制定价格前，要将供应链上所有企业的利润考虑进去，让每个企业都能获得收益。

这一点是建立在对合作企业较为了解的基础上的。如果对供应商的了解程度有限，过分压缩价格，会造成整体水平较高的企业被淘汰，产品质量、交货时间等不可控制，反而影响整条供应链。所以，采用价格激励，必须对供应链所有企业充分了解。

2. 订单激励

对供应链绩效报告中考核成绩较高的企业，对其进行等级提升并增加订单数量，这也会对该企业形成激励效果。供应链内的其他企业也会不断提升自身能力，争取到更多订单。

3. 商誉激励

商誉对供应链的企业非常重要。供应链越发达，意味着最终产品的市场口碑越高，企业渴望进入这样的供应链系统，这也是对自身商誉的提升，增强品牌的含金量。

所以，商誉激励也能够起到优化供应链的效果。对那些重视合同、依法经营的企业给予更多的支持，并加大宣传力度，会增强供应链中企业的积极向上心态。

4. 信息激励

信息激励是一种间接的激励方式。供应链主导企业建立信息共享体系，所有供应链企业都可以享受其中的信息服务，快捷获得合作企业的需求信息，以主动提供针对性的优质服务，这也会使合作方的满意度大大提高。所以，在供应链体系中加强各个企业的信息分享，也会起到非常强大的激励作用。

5. 淘汰激励

淘汰激励是一种"负向激励"。为了保证整条供应链处于较强的竞争力水平，供应链需要建立成员企业的优胜劣汰机制，对始终无法满足供应链需求、绩效成绩较低的企业，要进行降级、淘汰等，以刺激企业的上进心。

淘汰激励属于危机激励机制，供应链定期对企业进行考核，会让所有合作企业都充满危机感。为了保证不被淘汰，合作企业就必须对成本、质量、交货期等负有全方位的责任，保证供应链处于较高的水平。

6. 组织激励

具备良好组织效果的供应链会对所有供应链企业都产生激励效果。良好的组织体系，有一个显著的现象：主要供应商和经销商保持长期稳定的合作伙伴关系，供应商数量控制在合理范围内，并不会频繁调整、增加新的合作企业。如果供应链组织非常不稳定，会让主要供应商、经销商产生不信任感，供应链绩效会受到影响。

7. 新产品或新技术的开发激励

供应链管理实施好的企业，会主动与供应商、经销商进行深度合作，开展新产品或新技术的开发工作，保证每一家企业都能伴随供应链的成长而成长。所有企业都愿意主动加入新产品、新技术的开发，就会形成激励机制。

11.4.4 供应链激励的实现方式

供应链激励需要通过良好的方式实现。供应链协议（Supply Chain Protocol，SCP）就提供了这样的机会。供应链协议就是在一系列标准支持下的拥有许多条目的文本。同时，这些文本还会在网络系统中固化，使每一家企业都可以确认。这种强调实用性和可操作性的协议，有利于信息化的传播和快速响应的实现。

图 11.4-1 为供应链协议（SCP）的架构。

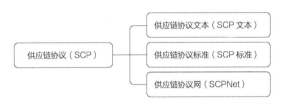

图 11.4-1 供应链协议（SCP）的架构

1. 供应链协议文本（SCP 文本）

SCP 文本是供应链管理规范化、文本化、程序化的主体部分，包括以下内容。

（1）定义。

（2）语法规范。

（3）文本规范。

（4）供应链的组建和撤销。

（5）企业加入供应链的条件、享受权利、应担风险以及应尽义务。

（6）供应关系的确立与解除。

（7）信息的传递、收集、共享与发布。

（8）供应、分销与生产的操作。

（9）资金结算。

（10）纠纷仲裁与责任追究。

2. 供应链协议标准（SCP 标准）

SCP 标准包括产品标准、零配件标准、质量标准、标准合同、标准表（格）单（据）、标准指令、标准数据、标准文本以及 SCPnet 标准等。

3. 供应链协议网（SCPNet）

SCPNet 分为硬件和软件两部分。硬件为 Internet 网络、客户机、工作站、网管中心。软件为数据库、网络系统、SCPNet 支撑软件。

第 12 章

供应链风险的识别、分析与防控

供应链管理虽然能够对企业经营进行底层优化，但它依然存在一定的风险。企业需要对这些风险进行识别，并分析它可能造成的后果。针对分析内容，制定一系列行之有效的防控措施，才能让供应链管理发挥真正的效力！

12.1　供应链风险的识别、分析评估与控制

对供应链存在的风险，企业要有针对性地识别，并对这些风险进行评估，从而做到控制，避免风险最终转化为现实危机。

12.1.1　供应链风险的种类

供应链风险的种类主要包括以下 9 种。

1. 计划风险

计划风险是指在供应链规划时，就已经出现了失误，从而给整个供应链管理带来极大的危机。例如，在供应链规划时，只注重供应商的价格选择，忽视对供应商的口碑考查、忽视渠道商销售实力，供应链规划出现明显的"顾此失彼"，导致项目正式开始后漏洞百出，产品不合格、物流不及时、销售无法推进，供应链管理失效。

2. 道德风险

道德风险是指由于信息不对称导致的供应链危机。这种风险通常见于供应链管理中，代理人往往借助信息不对称的特点，从委托合伙伙伴处获得更大的利益。例如，企业授权某代理人进行商务谈判，其对供应商提出回扣要求，供应商为了获得订单不得不答应其要求，最终在生产时采用偷工减料、以次充好的方式降低成本，导致最终提供的产品不能达到采购要求，让供应链管理陷入危机。

3. 程序控制风险

供应链管理没有建立科学的程序控制体系，或是制定了程序规范，但实际工作中没有严格遵守，如产品入库、出库混乱，原材料使用随意、浪费，导致成本激增，无法实现供应链精准管理的目的。

4. 库存风险

库存管理不规范，频繁出现库房备货有时很充分，有时完全不足的情况，直接影响到正常生产工作的开展。库房存在严重积压时，找不到直接责任人，任由原材料长时间废弃。

5. 质量验收风险

质量验收环节存在明显漏洞，做不到责任到人、核心验收数据规定不明晰，导致原材料品质不过关就进入生产现场、最终产品存在明显瑕疵就投入市场。

6. 法律 / 政策风险

经营的业务属于法律、政策高风险业务，如重污染项目。但企业并未在供应链管理时进行针对性的业务调整，导致生产过程中一旦出台相关法律、政策法规，企业生产直接关停，供应链管理无效。

7. 金融风险

缺乏金融风险的控制，在企业融资、贷款过程中只注重速度，或是对供应商、渠道商的收款、付款流程管理混乱，一旦出现问题，出现贷款无法正常发放、民间借贷利息过高、渠道商不按时结款等现象，导致企业资金链断裂。

8. 供应商风险

没有对供应商进行仔细考核，往往只关注价格、品质、生产周期等某一个细节，忽视对供应商的全局考核，从而频繁出现质量不过关、未能按时交货等问题。

9. 不可抗力风险

不可抗力风险是指不能预见、不能避免而且不能克服的客观情况，如火灾、水灾、地震等各类供应链中无法提前预知的各类风险。

12.1.2　供应链风险的特点、分析过程及控制

供应链管理是一门综合学科，将采购、物流、信息流、资金流、业务流和价值流一一囊括，包含从原材料和零部件的采购与供应、产品制造到运输与仓储、销售各种职能领域。正因为其庞大的体系，所以供应链风险的特点就在于它贯穿供应链运营的全过程。

供应链管理呈现闭合化、系统化的特点，任何一个环节出现风险，都有可能造成整体供应链最终效果不佳，无法达成预期目的。所以，对供应链的风险管理，要从各个环节的细节入手。

要想识别供应链风险，前提是区分风险是由内因还是外因造成的。确认风险属于内因还是外因，才能进行有针对性的改善。对内因，企业内部展开全员改善活动；对外因，进行内部全员改善的同时，还要加强与供应链上下游企业的协作，双方达成一致，才能有效化解风险。

识别风险的同时，还要对风险进行评估，分析其可能造成的后果及影响，将风险源、风险原因以及风险的正面、负面的结果——罗列，并结合风险发生的可能性和后果，确定风险等级。

完整的风险分析过程，包括以下4点。

（1）识别企业面临的各种风险。

（2）评估风险概率和可能带来的负面影响。

（3）确定企业承受风险的能力。

（4）确定风险消减和控制的优先等级。

对风险进行分析并评估后，要进行风险控制，对已识别和分析过的风险采取应对措施，合理规避或消除风险，并且确保风险发生时，能在最短时间内调动充足的人力、物力资源，以及在采购过程中实施风险监控、严格把关、及时核对、发现问题及时解决，出现与预期不一样的情况时，提前预防。

供应链处于不断变化之中，因此，供应链风险也始终存在，它不以企业的主观观点而消失或转移。所以，企业要不断捕捉供应链的动态数据，实时进行风险分析，采用各种措施减小风险事件发生的可能性，或者把可能的损失控制在一定的范围内，避免在风险发生时出现企业难以承担的损失。

12.2 供应链风险的分类与管理方法

针对供应链风险，企业要进行更加精准的分类，并找到管理方法，将风险产生的可能性控制到最低。

12.2.1 企业外因型六大风险

企业外因型风险主要包括六种类型。

1. 意外风险

意外风险，即无法提前预知的风险，具有明显的突发性。例如，企业进行采购时，出现突发自然灾害、经济政策变动、行业波动导致的价格变动等，这是企业无法控制的外部原因；或是物流过程中遭遇突发自然灾害，如地震、洪涝灾害、泥石流等，这些情况都属于意外风险。

2. 价格风险

价格风险分为两种情况。

（1）需要采购的产品属于某供应商的垄断类产品，企业的议价空间有限，导致在采购过程中，供应商操纵投标环境，企业不得不接受较高的价格，使企业采购遭受损失。

（2）企业进行采购，认为价格较为合理，最终达成采购协议。但随后此类物资出现明显价格下滑，导致企业采购成本较高，最终产品价格不具备市场竞争优势。

3. 采购质量风险

采购质量风险分为两种。

（1）供应商提供的原材料不符合双方约定的要求，企业短时间内无法实现供应商产品的替换，最终导致加工产品未达到质量标准。投放市场后，市场反馈极差，给客户带来经济、技术和人身安全的危害，并对企业自身声誉造成不良影响。

（2）采购的原材料品质不过关，需要进行返场维修，导致整个生产与交货期严重滞后，对企业的信誉和产品竞争力产生不良影响。

4. 技术进步风险

企业制造的产品已经被社会新兴的技术淘汰，导致产品大幅贬值甚至被淘汰，已采购的原材料无法用于生产而造成积压，给企业带来损失。

5. 合同欺诈风险

合同欺诈风险分为 4 种类型。

（1）合作方以虚假的身份与企业签订合同，通过伪造、假冒、作废的票据或其他虚假的产权证明作为合同担保，双方约定的合作事实上并不存在。

（2）合作方代理人接受付款、预付款后，携款逃跑。

（3）供应商为"皮包公司"，没有实际生产的能力，合同为空头合同。供应商将合同倒卖给其他企业进行生产，导致最终的产品无法保证质量与交货时间。

（4）供应商设置合同陷阱，如无故终止合同不承担损失，导致供应商随意违反合同规定，给企业带来损失。

6. 交期延误风险

供应商因为各种主观、客观原因无法按时完成生产，或在交货物流过程中出现问题，导致不能按期交货，给企业带来损失。

12.2.2　企业内因型六大风险

企业内因型风险主要包括以下六种类型。

1. 计划风险

计划风险分为 3 种。

（1）供应链规划设定不当，存在明显漏洞，如缺乏经销商、渠道商管理，产品生产完毕后无法按时投放市场。

（2）缺乏市场分析，消费市场需求出现明显变动，采购计划、生产计划缺乏准确性。

（3）采购计划、管理技术不适当或不科学，与目标发生较大偏离，出现采购量明显不足或过量的情况，导致生产无法按时进行、仓库成本激增等。

2. 合同管理风险

合同管理风险分为两种。

（1）合同条款模糊不清，或是责任约束过于简化，在没有进一步确认内容前盲目签约，导致后期出现问题但无法追回损失。

（2）合同签订后缺乏归档整理的规范，一旦发现问题、出现合同遗失的现象，导致维权的难度与时间增加，企业维权成本上升。

3. 验收风险

验收人员不按照规定进行规范性验收，导致产品出现数量不足、质量上以次充好、品种规格上货不对路等，给生产工作带来极大的危害，产品不良率快速提高，投放市场后引发用户的大量投诉，企业成本增加，商业口碑下滑。

4. 存量风险

存量风险分为 3 种。

（1）采购数量不能满足企业生产的需要，导致生产频繁出现因缺货而引发的停产，企业设备利用率低下、最终产品不能如期出货。

（2）采购数量过大，造成仓库积压，一方面导致仓库管理成本激增，另一方面造成资金紧张，失去了资金的机会利润。同时，还会形成存储损耗风险。

（3）缺乏对市场行情的精准预估，以较高的价格进行采购，造成价格风险的同时，原材料不得不积压于仓库。

5. 责任风险

企业内部缺乏责任管理体系，一旦出现问题无法找到直接负责人，造成企业内部管理混乱，采购、生产、库房管理等充满各类管理漏洞，存在采购报销随意、生产浪费随意、产品出库随意等现象。

6. 商务道德风险

企业内部商务道德管理不足，部分采购人员为了追求蝇头小利，不惜牺牲企业的利益，接受供应商的回扣，导致企业的利益受到损失。

12.2.3　供应链风险管理的四个阶段

供应链风险管理可分为四个阶段。

1. 第一阶段：风险识别

风险管理中，风险识别是最重要、也是难度最大的部分之一。任何对风险评估、控制和管理的正确行动都是基于正确的风险识别。只有做好风险识别，才能对风险进行分类，并描述这些风险及其特性。风险识别，可以通过以下两种方法进行。

（1）生产流程分析法。对企业整个生产经营过程进行全面分析，针对每一个环节，分析可能遇到的风险，通过风险列举法和流程图法，将风险明细化。风险列举法是指风险管理部门根据该企业的生产流程，列举出各个生产环节的所有风险，多数以表格的形式呈现；流程图法是指企业风险管理部门将整个企业生产过程一切环节系统化、顺序化、制成流程图，实现可视化，让每个人都可能快速发现隐患所在。

（2）财务表格分析法。财务部门通过资产负债表、损益表、营业报告书及其他有关资料进行分析，找到供应链存在的风险，包括财产、责任、生产等风险。

2. 第二阶段：风险分析评估

对存在的风险隐患进行评估。常用的方法为定性分析法和定量分析法。

（1）定性分析法。定性分析法是指通过对已经识别的风险，进行发生概率的预测，确认风险发生对项目目标产生的影响，包括时间框架和项目费用、进度、范围和质量等制约条件的承受度，从而对已识别的风险进行优先等级评价。

（2）定量分析法。定量风险分析通常在确定风险应对计划后进行，确定风险是否已经降至合理。定量分析法会多次进行，找到是否还有其他的风险管理措施。

定性分析法与定量分析法会结合进行，进一步确定已识别风险对企业的影响，并根据其影响对风险进行排序，确定关键风险项，并指导风险应对计划的制定。

3. 第三阶段：风险应对

根据风险分析评估，企业制定有针对性的风险应对方案。风险应对的方式包括风险转移、风险自留、损失融资等，以将风险造成的损失降至最低。

4. 第四阶段：风险监控

在进行风险应对的过程中，要做好时时风险监控，形成监控体系，并形成风险监控报告。如果发现风险应对方案没有达到风险降低的目的，要及时进行策略调整，保证风险不会扩大。

12.2.4 供应链风险的管理方法

供应链风险应对的管理方法主要有以下 4 种。

1. 风险转移（分担）

风险转移(分担)，即将风险进行分担,通过合同的约定让第三方承受风险的后果，包括供应商、渠道商等,此外还有保险转移等。通过风险转移（分担），企业的风险程度大大降低。

（1）合同转移。合同转移可以将部分或全部风险转移给一个或多个其他参与者。例如，企业与供应商约定：如果供应产品出现延期，供应商应当承担因此而造成的所有或部分责任，并说明具体赔付的计算方式。

（2）保险转移。保险转移是使用最为广泛的风险转移方式之一，包括基本险、企业财产综合险、利润损失险转移等。在保险责任范围条款中，基本险的责任范围包括火灾、雷击、爆炸、飞行物体及其他空中运行物体坠落。企业财产综合险增加了洪水、台风、龙卷风等自然灾害。利润损失险则设有保险期限，如果企业在赔偿期的 12 个月内遭遇火灾，企业就可以从保险公司处获得利润损失的赔偿，厂家停运多少天，就获得多少天的利润赔偿，从而降低风险。

2. 风险自留

风险自留，即风险承担，企业利用自己的资源来弥补损失。风险自留包括无计划自留和有计划自我保留两种。

（1）无计划自留。无计划自留是指风险出现后从收入中支付，没有在损失前做出资金安排。这种方法通常会引起资金周转困难，尤其当实际总损失远远大于预计损失时。所以，这种风险自留方式并不推荐，只有在风险造成的损失非常小时才有使用的价值。

（2）有计划自我保留。有计划自我保留是指根据风险评估，在损失发生前就已经安排好资金，确保损失出现后能及时获得资金以补偿损失。通常，企业会通过建立风险预留基金的方式来实现。

3. 损失融资

损失融资是指利用金融衍生工具对风险进行对冲，对冲由于利率、价格、汇率变化带来的损失。

损失融资不同于银行贷款，是一种与企业捆绑在一起的投资方式，不刻意回避资金的风险性，通过风险投资家的资金援助，抵御供应链风险带来的危机。风险投资家并不着眼于当前的盈亏，而在于其发展前景和增长潜力。这种方式尤其对高新技术领域的中小企业非常有帮助。

4. 风险控制

最有效的方法是加强风险控制，通过加强企业内部管理来规避、降低经营风险。"预防是解决危机的最好方法"，提前对供应链风险做好完整、细致的分析，将风险消灭在萌芽状态，是风险管理的最高境界，从机会成本角度看，降低十分的损失，就有十分的收益。加强对风险的前期管控，这是风险管理的最佳手段。

12.3 防范供应链风险的内部控制措施

要想做好供应链风险的管理，内部控制是重中之重。做好内部控制，风险发生的可能性就会大大降低。

12.3.1 建立与完善企业内控制度

要想建立与完善企业的内控制度，应当从以下 4 个角度入手。

1. 加强组织领导，完善内控工作体系

企业要建立完善的组织体系，这是内控得以推行的关键因素。企业应设立专门

的内控办公室，其业务直接对接高层领导，并不受其他部门的管理，主要工作为协调内部工作、组织内控制度编订，以及开展内控检查、跟踪整改，定期发布内控报告，包括企业高层在内的所有员工都要遵循其提出的建议。

2. 加强内控培训，提升全员内控素质

加强内控培训，提升全员内控素质，才能让风险管理意识得以落地。这种培训，要包含企业高层、中层管理领导与一线员工，形成全员化培训。对企业高层重点培训内控架构与长远规划，对中层管理领导重点培训内控管理与业务执行，对一线员工重点培训工作细节与操作技巧等。进行全员培训，全方位提升内控素质，才能发挥企业所有人的能动性。企业应充分利用会议、网络、报刊、培训班等形式，加强对内控知识的宣灌，形成独特的企业文化。

3. 加强宣传引导，营造良好内控环境

企业应充分利用现场看板、企业文化杂志等，大力对内控工作进行宣传。尤其对现场看板，要详细写明生产的具体内容、原材料的使用、改进策略等，形成完善的内控管理氛围，提升全体员工对内控工作的理解，对供应链风险管理建立更加深入的认识。

4. 规范审批权限，严格授权管理

规范审批权限，用制度创建内控流程。根据企业组织的规程，可以将风险较小、审批意义不大的权限适当下放，但对风险较大的项目要收紧权限，严格按照审批流程完成，如合同签署、资金支付、费用审批等，必须采用金字塔结构的管理方式，若缺少相关部门领导的签字，不得执行，实行"归口管理，部门审核报批"的程序，保证企业业务不存在流程混乱的现象。

12.3.2 加强对物资采购招标与签约的监督

采购是供应链管理中的起点与重点，必须加强对物资采购招标与签约的监督，才能保证供应链的第一环安全，为接下来的供应链整体管理奠定基础。

1. 规范招标采购，选择合适供应商

做好招标采购的规范，才能找到真正合适的供应商。企业应遵循以下原则。

（1）严格申请招标采购前置条件。对招标设定严格的前置条件，包括对企业注册年份、企业注册金额、企业主体经营类型等做出明确要求，不符合前置条件的企业不能进行招标活动，避免滥竽充数、实力不足的企业进入竞标环节。

（2）行业经验的丰富。严格规范前置条件的同时，还要对招标企业进行业务审核。对投标领域生产经验明显不足的企业，应将其排除在外。投标企业应提交往期项目说明书，否则应排除其竞标的权利。但不得设置不合理的注册资本、资质等级、业绩、人员配置、地域限制等条件，排斥、歧视潜在投标人。

（3）推行网上投标系统的建设。逐步建立供应链网上投标系统，实施网上报名、网上投标、网上评标、远程评标等管理方式。通过信息化手段，公开招投标信息，避免私下人为因素干扰，导致招投标活动存在徇私舞弊的现象。

（4）公示。供应商通过招投标确认后，应在网上投标系统进行短期公示，详细说明该企业资质、能力、报价等，所有企业员工可以在公示期进行信息举报或反馈。公示期内，所有员工不存在问题的，可进入下一阶段具体签约。

2. 加强合同审检，规避法务风险

进入签约阶段，企业法务部门应加强对合同的审查，规避法务风险。

（1）建立合同分级体系并审核。建立合同分级体系，划分"小额合同""一般合同""大额合同""重大合同"4 级，对不同级别的合同，进行相对应的审查强度。通常来说：合同金额小于 5 万元为"小额合同"，5 万元至 200 万元为"一般合同"，这两类合同由企业法务部门审核；200 万元至 1 000 万元为"大额合同"，法务部门应邀请第三方机构共同介入；大于 1 000 万元或涉及外资企业的合同为"重大合同"，应邀请国内该领域的法务专家共同审核。

（2）合同主体的再次审查。对合同主体进行再次审查，尤其对其过去的履约能力、信誉问题、经营的业务范围进行重点审查。如有必要，应当到对方企业所在地进行实地考察。

（3）确认合同内容的合法性。审查合同内容的合法性，确认不存在损害国家、集体或者第三人的利益，没有违反行政法规的强制性规定。同时，对合同条款进行审查，审查其是否约定明确，用词准确，表达清晰，杜绝表述含糊的词语，如"以上""以内"等类似的词语。

（4）违约责任的审查。对违约责任进行审查，确认违约责任是否规定明晰，是否存在不平等违约责任条款，是否违反《中华人民共和国合同法》的相关规定。如存在争议，应当在协商达成一致后再签约。

12.3.3　加强对供应链全流程、全方位的监督

内部管控措施中，加强对供应链全流程、全方位的监督，也会保证供应链风险的降低。

1. 健全全流程的监督

供应链全流程的监督，包含对计划、审批、询价、招标、签约、验收、核算、付款和领用等所有环节的监督，每一个环节都应落实到人，包括监督人、经办人、申请人、批准人，每个人的工作应记录在案，尤其对财务往来、原材料确认、原材料验收、原材料入库等，要精准到时间、金额、数量。

2. 内控审计、财务审计、制度考核

内控审计、财务审计、制度考核，构成内部控制的全方位审计，三管齐下，才能确保供应链的规范和控制风险的第二道防线发挥作用。

内控审计，就是确认、评价企业内部控制有效性的过程，包括确认和评价企业控制设计和控制运行缺陷和缺陷等级，分析缺陷形成的原因，提出改进内部控制建议。企业应定期分析内部审计机构和其他机构的责任、权限，确认企业实施的内部监督程序、方法、目标是否合理，结果是否有效。保证内部审计的科学性，才能让审计发挥应有的作用。

定期开展财务审计，确保会计期间发生的会计事项均被记录在有关账簿并在会计报表中列示，没有遗漏、隐瞒经济业务和会计事项，无账外资产。

尤其对结账付款的监督和审计，要做到每一笔入账、出账都有翔实内容说明、数量说明、时间说明、申请人 / 批准人说明。如果出现某些项目的数额与企业生产经营活动不相符的情况，就要对这些项目做重点检查，从总账科目追查至原始凭证，必要时应结合对往来账的函证、对存货和固定资产等多项资产的盘点，核实报表数字的真实性。

所有内控审计、财务审计都应形成制度考核体系，负责人承担相对应的责任。

企业通过制度进行考核，让考核形成定期、长期日常工作，确保内控工作"权有所属、责有所归"，不流于形式、不留下死角，能够覆盖生产经营全过程，这样才能让供应链上的所有员工建立责任心态，严格按照企业规定完成工作。

12.3.4 要考虑供应链风险，还要考虑企业总成本

供应链管理是一个庞大的体系，一个个供应链管理人员组成了完整的供应链架构，每个供应链管理人员尽可能将自己的工作做到极致，那么整体供应链最终就会实现最大效果。

但是，供应链管理人员不能只考虑风险，只关注自己的部分，忽视整体供应链的运营。这涉及企业的总成本。供应链的变化，会出现一定相互冲突的特征，如产品运输政策的优化可能会降低产品库存持有成本，最终实现系统总成本的降低，而不是仅关注单项成本的最优。如果供应链管理人员没有意识到这一点，只看到仓库调整会造成库管成本的增加，就拒绝进行业务调整，那么最终各部门就会各自为战，以自身业绩最优为工作第一目标，导致供应链的优化不能推行。

对这类问题，企业需要在进行供应链调整前，进行内部会议，让每个部门理解调整的目的。

1. 说明供应链调整的作用

对供应链重大调整，如采购产品更换导致的库房调整，在活动开始前企业应召开中高层会议，要求生产部门、采购部门、库房管理部门负责人共同参与，会议上说明供应链调整的意义，并强调各部门的积极配合才能达成最终结果。

2. 临时调整造成的单项成本增加不做绩效考核

供应链的临时调整会造成部分部门的运营成本增加，年度绩效考核可能存在不达标的现象，这是部分部门抵制调整，不愿配合其他部门主动进行业务整改的原因。对非部门造成的临时供应链调整带来的风险，不应纳入绩效考核，让相关部门不必承担过大的绩效压力，这样他们就会理解企业的供应链改革目的，主动进行配合。

3. 进行部门内部的全员改善

部门领导还应将相关会议内容、信息等在部门内部传达，通过小组会议等形式，告知全员供应链调整的方向、部门业务的调整细节等，从企业总体成本降低、利润

提升的角度传达通知，并告知全员调整造成的成本增加不会纳入绩效考核，部门将重新制定全新的绩效考核制度，降低全员的抵触心理。

12.4 供应链风险的控制手段与工具

进行供应链风险控制需要采用一定的手段与工具，保证风险始终控制在合理范围之内。

12.4.1 降低供应链风险的三大措施

降低供应链风险，主要通过以下三大措施进行。

1. 加强存货管理

做好存货管理，在保证安全库存的基础上，做好最低库存与最高库存的设定。

（1）安全库存。安全库存是为防止未来物资供应或需求的不确定性因素，如企业大量增加突发性订货，而准备的缓冲库存，并不以库存全满为最安全标准。安全库存的多少，取决于供应和需求的不确定性、顾客服务水平（或订货满足率），以及缺货成本和库存持有成本。

通常情况下，平均存货可用订货批量的一半，即为安全库存量。

（2）最低库存。最低库存是指存货在仓库中应储存的最小数量。如果低于此数据，很可能造成库存原材料不足、企业设备不得不停机的现象，影响企业正常生产，成本增加。

最低库存量的确定，可以按以下公式计算。

最低库存量＝最低日生产量 × 最长交付天数 ＋ 安全库存 ÷ 天

（3）最高库存。最高库存又称最高储备定额，是企业为控制物资库存量而规定的上限标准。超出这一数值，很有可能造成库存大量积压，库存成本提升，企业现金流紧张。

最高库存量的确定，可以按以下公式计算。

最高储备日数＝供应间隔日数＋整理准备日数＋保险日数

最高库存量＝平均每日耗用量 × 最高储备日数

2. 强化供应商管理库存

做好自身库存管理的同时，还要强化供应商管理库存，保证整条供应链的安全。

（1）JMI。供应链各方应从合作的精神出发，建立供应链协调管理的机制，对多方的库存管理数据进行汇总，共同制定库存计划，使供应链过程中的每个库存管理者（供应商、制造商、分销商）都可以协调库存管理，保证节点之间的企业需求与预期相一致，避免出现一家企业库存管理不足，影响整条供应链工作的开展的情况。

（2）VMI。建立 VMI 体系，供应链上的所有企业需要达成"深度信任"的关系，保证共享的数据精准，呈现动态变化，这样才能确保 VMI 体系的运行。

3. 多源供应商模式

为了避免供应商因为经营或其他问题导致整条供应链产生不可规避的风险，企业应建立多源供应商模式，降低风险。

（1）多个供应商供货。选择多个供应商供货，以避免交期时某个供应商无法正常供货，导致生产停机的情况发生。

（2）及时获得价格优势。与多个供应商合作时，要每天获取供应商的即时报价。一旦发现某供应商在保证品质的基础上，报价明显低于其他供应商，要把握采购时机进行原材料的采购，让采购成本始终处于最优。

12.4.2 供应链风险的转移措施

对供应链的风险，企业要建立一定的转移措施，降低风险的危害。

1. 面对市场价格波动的风险

面对市场波动造成的采购成本风险，企业可以与供应商签订框架合同约定，保证采购成本的稳定。框架合同是指合同双方企业就合同标的交易达成意向并对主要内容予以确定而订立的合同。具体的交易细节会在框架合同的基础上再细化成正式的合同。框架合同并不具体说明采购数量等，但会明确采购单价，具有法律效应。

框架合同主要应用于长期供应商，提供双方长期合作的框架规则，双方会进行长期、高频的重复交易。例如，企业需要从供应商处常年采购包装纸盒，双方在框架合同中约定：包装纸盒的采购价为 1 元，未来 3 年合约期内无论市场变化，都以此价格进行采购和供货。这样一来，无论纸张行业出现怎样的价格变动，企业都会以一个相对合理的价格进行采购，避免行业波动造成的成本增加，有效降低风险。

2. 套期保值

套期保值是指在现在市场和期货市场对同一类商品同时进行数量相等但方向相反的买卖活动，在买进和卖出实货的同时，在期货市场卖出和买进同等数量的期货。过一段时间，价格出现盈亏时相抵消，从而规避风险。

12.5　控制供应链风险的具体方法

对供应链风险控制，企业要掌握一系列具体方法，并在实际经营中灵活应用，确保风险的降低。

12.5.1　供应链环境下降低采购风险的四大方法

要想降低采购风险，可以采用以下四种方法。

1. 集权采购

集权采购是指企业将相关的职责或工作集中授予一个部门执行。通过集权采购，企业的采购活动得到统一，建立统一的采购标准流程，更利于管理。同时，采购人员将会专注特定领域的采购，深入了解行业知识的同时，与上下游企业建立更加紧密的联系，有助于提高质量与降低成本。

2. 建立供应商的长期伙伴关系

重视供应商管理，一旦确定能力过硬、服务过硬的供应商，要建立长期稳定的合作关系，这样有利于降低采购成本。同时，双方建立长期伙伴关系后可以进行更深层次的合作，包括对准时交货、成本、响应速度等方面进行考核和优化。

3. 加快物资采购的信息化建设

信息化建设将会大大提升采购的效率与精准度，降低采购风险。运用信息化平台，供应商的选择将不再局限于某个特定区域，会形成全球化选拔的模式，形成更丰富的报价、服务、口碑对比，大大降低采购风险。未来，能否运用信息化采购，直接决定企业的竞争能力。

4. 推行准时化采购（JIT 采购）管理模式

推行 JIT 采购管理模式，合理选择供应商，双方建立信息共享体系，企业进行小批量、高频次采购，实现零库存或少库存，有效降低运营成本。这一模式目前尚未成为主流，但未来将会成为供应链采购的重点模式，企业应及时推进。

12.5.2 时间风险控制方法

生产能否按时交货、能否按时开展营销活动，直接关系着最终的产品上市与销售结果，是供应链管理中非常关键的一个环节。通过以下 3 种方式，企业可以实现时间风险的控制。

1. 分析进度上造成延迟的可能原因

分析造成延迟的原因。

（1）估算是否准确。对供应链生产的时间估算是否准确，是否因为缺少详细规划或历史数据，造成进度上的延迟。

（2）项目中的资源是否充分利用。是否因为资源没有被充分利用，如设备处于长时间关闭状态、监控软件没有有效使用，造成进度上的延迟。

（3）人员技能是否达到要求。负责一线生产的员工是否符合要求，是否可以熟练操作设备，对问题是否能够快速解决。

（4）项目成员是否存在责任心不强的现象。员工能否正确对待工作，是否可以按时维护设备，是否能避免过高的不良率。

（5）是否存在沟通不当的现象。项目正式生产前，是否与本企业生产部门、供应商生产部门、销售商销售部门进行全方位的沟通，确认生产规格、生产时间、销售时间等。

以上 5 点都有可能造成时间风险不可控。这些工作，应当在正式生产前、生产过程中、正式上市后不断跟进，发现问题立刻解决而不是拖延，这样就能有效避免时间风险。

2. 阻止延期的措施

要想阻止延期的出现，应采用以下措施。

（1）提前进行供应链沟通。企业邀请供应商、销售商出席项目会议，明确说明项目的生产规划、上市规划，相关数据以表格形式发给供应商与渠道商。

（2）委派人员进驻现场。尤其对供应商，应委派人员进驻生产现场进行监督。如果发现供应商存在明显滞后、能力不足等问题，及时将信息传递至总公司，总公司进行协商、更换供应商等工作。

3. 时间风险控制的工具

通过工具，企业也可以实现时间风险的控制。

（1）供应链信息化平台。搭建信息化平台，供应链上的所有企业应当定期汇总工作进度，如果出现与预期明显不一致的延迟，系统会自动发出预警。企业根据预警，要求供应商说明原因并提出解决方案，否则有权更换供应商。

（2）合同。将时间节点明确写入合同，包括生产交期时间、销售开始时间等，并写明如果出现无故拖延应承担的责任和赔偿金额，用法律法规对供应商、销售商形成约束和压力。

12.5.3　成本风险控制方法

对成本风险，可以采用以下控制方法。

1. 分析成本风险形成的原因

分析成本风险形成的原因，从风险因素、风险事故、损失入手。

（1）风险因素。排查存在哪些风险因素，包括设备风险因素、工艺难度风险因素、人员管理品德风险因素、人员管理规范风险因素。风险因素是风险事故发生的潜在原因，提前对各个风险因素进行分析，确认风险可能性，并做出应急预案。

（2）风险事故是指造成成本风险的偶发事件，分析哪些可能出现的事件会造成成本风险。

（3）损失是指非故意的、非预期的和非计划的经济价值的减少，如设备损坏、人员流动等都会造成损失，应将这些内容纳入分析体系。

2. 阻止或最小化成本风险的措施

确认成本风险形成的原因，就要制定措施阻止或最小化成本风险。

（1）对可能存在的较大风险，在合同中与供应商进行约定，一旦出现风险供应商应承担的责任和金额赔付比例、方式，以转移风险的方式让供应商加强生产管理，降低成本风险。

（2）对企业自身可控的成本风险，提前建立风险基金，避免风险成为事故对企业造成的危害。

（3）定期召开供应链会议，要求所有企业汇报存在的问题，提出解决方案，否则实施等级降级、更换等措施。

（4）购买一定商业保险，转移风险。

12.5.4 质量风险控制方法

对质量风险，可以采用以下方式进行控制。

1. 分析质量风险产生的原因

质量风险产生的原因主要有以下3类。

（1）产品特性的原因。产品具有高精尖的特点，存在较高的生产工艺，产生质量不可控风险。

（2）生产设备的原因。生产设备过于老旧、存在隐患、维护不足等，造成生产质量难以控制。

（3）生产管理不到位的原因。生产现场管理不到位，车间设置不合理、人员管理不合理、设备的安装与使用不规范，造成质量风险。

2. 降低或最小化质量风险的措施

针对可能存在的原因，采用以下措施，可以有效降低或最小化质量风险。

（1）实地考察供应商的生产设备是否满足产品生产需求。

（2）委派现场监督员进驻供应商生产基地，现场监督生产管理，保证生产处于规范、合理的状态。

（3）将产品质量规格写入合同，并定期进行产品合格率检查。如果不良率触及红线，供应商应按照合同停工、排查、维修，并承担以此产生的所有损失。

3. 全面质量管理（TQM）

在供应链体系中建立全面质量管理（Total Quality Management，TQM）模式，全面介入企业生产的各个环节。企业全体人员，包括领导人员、工程技术人员、管理人员和工人等都参加质量管理，定期开展 TQM 培训活动，未通过考核不能进行生产工作。事实上，绝大多数的质量风险，都是由于企业员工对质量认识不足、不注重设备维护造成的，推行全面质量管理，让员工从认知上意识到质量的重要性，会大大降低质量风险。

4. 时间、成本与质量风险的三维控制

进行供应链风险控制时，不能只重视时间，忽视成本与质量，出现顾此失彼的现象。例如，只关注时间风险，一味追求"快"，最终产品质量不过关，导致产品无法进入市场，同样造成成本的居高不下，供应链风险控制毫无意义。

将时间风险控制、成本风险控制、质量风险控制的方法结合使用，保证三者始终处于可控的状态，这样才能保证供应链从整体上得到控制，多维度降低风险。

12.5.5　合同管理风险规避方法

合同管理是容易忽视的一个环节，但它也会造成风险。应建立规范的合同管理体系，规避风险。

1. 合同变更风险

合同签订后进行更改，会存在以下风险。

（1）合同主体变更的风险。合同履行过程中，如果合作企业进行主体变更，由第三方进行履行，会带来一系列的位置风险。企业对第三方的能力并不了解，其信用程度与履约能力都可能造成隐患。

为了防止这类事情的发生，在合同签订时，就应明确说明不得随意变更主体，在合同中约定"本合同的权利、义务不可转让"，否则承担相应责任。如果确有必要，第三方应经过考核、甲方确认后再进行主体变更，并签订补充条款作为原合同的补充协议，由双方盖章确认后方可生效。

（2）合同内容变更的风险。合同在履行的过程中，因为特殊情况而进行内容变更，这意味着给企业带来新的风险，包括质量、交货日期等都有变数。

对这类问题，企业应当在签订合同时就增加单方擅自变更合同的违约责任条款，从而限制对方变更合同，提高对方的违约成本。

2. 争议的处理

对争议的处理，可以约定：由双方协商解决，协商不成可向某仲裁委员会申请仲裁，或者约定向某方（供方或需方）所在地人民法院提起诉讼解决。不要做"由某法院管辖和向某仲裁委员会申请仲裁"之类的表述，这样的约定会视为无效。

3. 索赔

对索赔的条件、金额、赔款方式、赔款周期等，要在合同中明确说明，避免模棱两可的表述，尤其对供应商的不当行为应当一一写明。同时，企业应注意证据的收集，一旦发现供应商存在违规现象，要对生产现场进行记录，包括施工记录、备忘录、施工月报及生产照片等。

12.5.6　商务活动中的道德风险控制方法

对商务活动中可能存在的道德风险，可以通过以下手段进行控制。

1. 建立商务工作人员工作标准

建立商务工作人员的工作标准，包括出差、出行方式、住宿规格、餐饮规格、短途交通规格、宴请客户规格等，按级别与类型建立分级标准，报销必须严格按照标准进行，超出标准财务部门有权拒绝。

2. 商务活动中存在的道德违规行为

商务活动中，主要存在的道德违规行为有以下 7 类。

（1）销售部门虚报业绩、竞业问题（借助自身优势与竞争企业进行交易）。

（2）采购部门接受商业回扣、舞弊为第三方牟利。

（3）技术部门泄露商业机密、携带商业机密跳槽至竞争对手。

（4）行政部门高管或高管秘书、助理泄露商业机密。

（5）信息部门恶意透露商业机密，如客户名单、销售数据。

（6）安保部门监守自盗。

（7）财务部门篡改原始凭证，与他人串通进行舞弊。

这 7 类行为中，接受商业回扣、舞弊为第三方牟利的现象最常见，应特别重视。

3. 防范舞弊措施

要想防范舞弊，应做好以下两个措施。

（1）零容忍。一旦发现舞弊现象绝不容忍，立刻开展内部调查，相关当事人立刻停职、调离岗位，严重者送交公检法机关，并在企业内开展全员专项会议进行通报。

（2）建立举报平台。企业开通独立的"反腐举报"平台，该平台由企业纪委、高层主管直接管理，其他部门没有权限进入后台。同时，做好举报人信息保护，信息以加密形式进行传输，保证内部舞弊行为可以在第一时间被揭露。

4. 如何杜绝"回扣"

对采购人员频发的"回扣"现象，应采用以下方式杜绝。

（1）安排两个人共同采购。

（2）数额较大的采购，或涉及重要部件的采购，采用集体决策模式。

（3）严格制定采购程序，分散采购人员的决策权限。

（4）与采购人员签订协议，一旦发现"吃回扣"现象，将会给予相应的处罚。

12.5.7 如何防止受制于供应商

企业与一家或共同区域内的多家供应商建立长期合作关系，久而久之会存在一定程度上受制于供应商的可能性，供应商随意提价、拖延交期等。为了避免这种受限，企业可以采用以下方法。

1. 全球采购

借助信息化平台，进行全球采购，不再局限于某个区域的供应商。

2. 开发新的供应商

在建立长期合作的基础上，不停止新供应商开发的步伐。一旦找到更合适的供应商，将其引入供应链体系。

3. 注意业务经营的总成本

时刻注意业务经营的总成本，一旦发现供应商的报价已经超出总成本，即便已经合作多年，也要立刻叫停，并知会对方自身无法承担其报价。

4. 一次性采购

避免独家供货，应当与多个供应商建立合作关系，定期进行循环，用一次性采购的模式让供应商感到其可以被替换。

5. 利用供应商的垄断形象

利用供应商的垄断形象，强调其行为已经违反《中华人民共和国反垄断法》，让其感受到压力。在受到利用垄断形象的指责时，供应商会感到不安、想要辩解，主动进行商谈解决问题。

6. 增强相互依赖性

从供应商处采购的同时，也会给供应商提供其他服务，如业务转介绍、新科技渠道引入等，让供应商对企业产生依赖性，不再单方面限制企业。

7. 更好地掌握信息

了解供应商对企业的依赖程度，如果自己是供应商客户中采购量最大或合作最长的一家，明确表示可以选择更换供应商，让供应商意识到不能离开这家企业，从而做出让步。

8. 协商长期合同

订立长期合作框架，将价格、品质写入框架合同，保证合同具有持续性，供应商不得随意更改价格，否则企业有权停止合作。

9. 与其他企业联手

与其他具有同样产品需求的企业联合采购，用数量压低价格。多数供应商都会接受这一要求。

10. 让最终客户参与

提供最终客户的调查报告，其中明确说明"产品价格过高，如果有替代品可以放弃品牌"。最终客户的态度要求供应商进行降价，这是市场的选择，否则品牌将无法继续发展，供应商也不能赚取利润。

11. 未雨绸缪，化解控制（寻找新的替代品）

时刻进行替代品的全球遴选，一旦发现有可以替代的企业，立刻进行合作，并让供应商看到对方已经进入供应链系统。唯有如此，让供应商意识到自己不能完全控制企业，企业才能摆脱被供应商限制的局面。